法意清华

主　编　王振民
副主编　陈新宇　廖　莹　张剑文

清華大學出版社
北　京

图书在版编目（CIP）数据

法意清华/王振民主编. -- 北京：清华大学出版社，2015
ISBN 978-7-302-41590-9

Ⅰ.①法… Ⅱ.①王… Ⅲ.①法律工作者－生平事迹－中国－近代 ②清华大学－校史－近代 Ⅳ.①K825.19 ②G649.281

中国版本图书馆CIP数据核字（2015）第220380号

责任编辑：刘　晶
封面设计：汉风唐韵
责任校对：王荣静
责任印制：王静怡

出版发行：清华大学出版社
网　　址：http://www.tup.com.cn，http://www.wqbook.com
地　　址：北京清华大学学研大厦A座　　邮　　编：100084
社 总 机：010-62770175　　邮　　购：010-62786544
投稿与读者服务：010-62776969，c-service@tup.tsinghua.edu.cn
质量反馈：010-62772015，zhiliang@tup.tsinghua.edu.cn
印 装 者：三河市中晟雅豪印务有限公司
经　　销：全国新华书店
开　　本：170mm×240mm　　印　　张：15.75　　字　　数：237千字
版　　次：2015年10月第1版　　印　　次：2015年10月第1次印刷
定　　价：68.00元

产品编号：066318-01

谨以此书献给清华大学法学院复建20周年

编委会成员

清华大学法学院复建二十周年纪

王振民（清华大学法学院院长）

百余年来，清华的法政教育与清华同步成长。

谈清华的历史，要从义和团运动谈起。1900年，中国北方发生了义和团运动，西方列强借机入侵，1900年8月14日占领北京，这是时隔四十年之后中国首都北京第二次被外国军队占领（第一次是1860年的英法联军占领北京，并火烧圆明园）。1901年9月7日中国被迫与11国签订《辛丑条约》，“量中华之物力，结与国之欢心”，向各国赔偿白银4亿5千万两，分39年付清，年息4厘，共达9亿8000多万两。加上地方赔款2000多万两，赔款总数超过10亿两。

各国向清政府敲诈的赔款实际上远远超出他们在战争中的真正损失。在多方努力下，1908年美国决定退还超出其实际损失的赔款，数额大约为1200万美元，全数用于选派留学生赴美学习。为此，1909年清政府成立游美学务处，开始招收放洋生。1911年的那个春天，在即将结束267年统治之前夕，清政府决定把被英法联军1860年焚毁的圆明园之东部偏园清华园拿出来，作为游美肄业馆的馆址，改名“清华学堂”，这就是今日清华大学之来历。

当时派遣留美的学生，必须“身体强壮，性情纯正，相貌完全，身家清白，恰当年龄”，汉语程度必须能作文并有文历知识，英文程度能直接进入美国大学学习。还要求80%学农业、机械工程、数学、物理、化学、铁路工程、银行等，其余20%学法律、政治、财经、师范等。

辛亥革命后，1912年改清华学堂为清华学校。1925年成立大学部，开始了本土本科教育和专业设置。1928年清华学校改组为“国立清华大学”，开始现代大学教育，自此清华的名字越叫越响，不再是一个皇家园林的匾额，也不再仅仅是一个地名，而是与一个举世闻名的学府联系在一起。历晚清，经民国，再到新中国，一个大学和一个国家，风雨同舟，同甘共苦，屹立不倒。

清华法政教育的历史也可追溯百年。如前所述，从1909到

1929年的早期留学生已经有一些学习法律。据统计，早期派出的1000多名留学生中，大约150多名学习法政。他们回国后有些从事法律工作，例如，著名法学家钱端升教授、燕树棠教授、王化成教授，著名法官梅汝璈、著名检察官向哲濬等都是早期“清华法律人”的杰出代表。那时的清华已经在为国家准备法律人才。

法学院1929年成立，是1928年清华改为大学后最早成立的学院之一。因此，法学院不是清华的新院，而是老院。从1929年法学院成立到1952年撤销，清华开展了卓有成效的法政教育，赵凤喈、陈之迈、王化成、程树德、燕树棠、威莱特（Dr. Quineey Wright）、张奚若、钱端升、邵循恪等大家执教于此。毕业生中有王铁崖、陈体强、楼邦彦、龚祥瑞、端木正等著名法学家。王铁崖先生后来担任国际法院大法官，端木正先生后来担任最高人民法院副院长。

从1952年到1995年，清华法学院的建制尽管不复存在，正规法学教育被中断，但是清华大学其他院系的毕业生有一些长期从事法律工作，他们以一种特殊的方式传递清华法学的薪火。最高人民法院前院长郑天翔、最高人民检察院前检察长贾春旺、司法部前部长张福森等就是其中的杰出代表，还有许多从事法律实务的优秀律师。此外，1952年全国大学院系调整尽管把清华改造为多科性工业大学，但其优良的学术传统和深厚文化底蕴未改，清华的科学精神和人文关怀得以延续，为后来重建综合大学、恢复法学教育提供了条件。

在1995年秋天，清华大学法律学系终于复建，1999年恢复法学院。20年时间，法学院从小到大、由弱到强，综合实力进入国内法学院前列。复建至今，我们已经培养7000多名优秀法律人才，他们在国家和国际法律、政治、经济、社会等多领域崭露头角，演绎着清华法律人在21世纪的新故事、新传奇，重新解释清华法学的含义和意义。

水木清华，法意萦回，曾令无数学子流连迷醉，一生情牵。萧公权在《问学谏往录》中说：“清华五年的生活，就治学的便利和环境的安适说，几乎近于理想”，“从前我在清华学校肄业两年。后来又在清华大学任教五年。这‘再造’的大恩是无法忘却的。”浦薛凤回忆录中以“清华弦歌”为题述其执教清华前后十余载桃李春风的“黄金时代”。梅汝璈曾说：“受了清华的教育，就意味着对国家、民族应当有什么样的担当。”端木正1950年获得巴黎大学博士学位之后，在其文凭论文《论中国的海洋捕获法》封面上，醒目地写着两行法文字：“法学博士端木正，北京国立清华大学前助教”，是对清华情有独钟的印记。

任何遗忘都是应该反省的。哪怕只是因为时光流徙，世事荣枯。反省的一种方法便是追寻与追述。追寻与追述，是为开启未来。一如复建后清华法学院一位学子所言：“铭故于史，为鉴于后，则须量百年之短长。”所追寻者，过往踪迹，一事一物，片纸只言，连缀勾划而成历史。所追述者，曾经的风骨、学识、气度、境界，以及浮沉遭际。

回顾清华不平凡的历史，简述一百多年清华法学特殊的发展轨迹，把清华法学的历史追溯到清华始建之时，目的是检视清华何以成为今日之清华。就像一个人，一个大学、一个学院也都有自己的品格、精神和特征，有自己的与众不同的特质。那么清华大学法学院，或者说清华大学的法学研究和法学教育有何独特的品格特点，这与清华独特的历史又有何关系呢？

我认为最突出的一点是，清华法学（包括清华法学院的教育理念、价值取向和使命宗旨、清华法学的教师和学生）具有强烈的家国情怀，换句话说就是国家意识和国际视野。清华大学诞生于多灾多难的旧中国，无论当时的办学经费或者这个校园，都起源于血雨腥风的战火，是民族耻辱的产物。从诞生那天起，清华大学就注定对这个国家、这个民族、这个世界承担着特殊责任。反观百余年清华的历史，也许正是戴着“赔款大学”这顶耻辱的帽子，使得一代又一代清华人异常爱国，清华学子无法不先天下之忧而忧、以天下为己任，为民族复兴和国家崛起而发奋努力。一代又一代清华人时刻牢记“为天地立心，为生民立命，为往圣继绝学，为万世开太平”的古训，牢记清华“自强不息，厚德载物”的校训，为中华崛起而读书、而奋斗。1924年6月2日《清华周刊》发表梁启超谈话录，题目是《清华底成败与中国底安危》，他说，“往后中国底世界，简直可说是清华底世界。……将来中国弄底好，固然是清华学生底功劳，弄不好也就是清华学生底罪孽。清华与国家有极密切连带关系。”任公之言，字字千斤，振聋发聩，令代代清华人不能不为国家、为民族而发愤读书！何美欢教授2002年放弃香港优越的生活条件毅然决然来到清华法学院任教，别人问为什么，她说自己的一切学术都是为了中国。为了中国，为了清华法学，为了清华学生，何美欢教授战斗到生命的最后一刻，鞠躬尽瘁，死而后已，用生命诠释了21世纪清华法学的终极关怀和精神品格。

同样，清华法学的历史也是中国近百余年历史的真实写照。几次开办，几次停办，恰恰证明了法律、法学在中国命运的变迁，使得清华法律人同样具有浓浓的家国情怀。从第一位赴美国攻读法律的张福运先生（后来收回中国海关主权，成为中国海关的第一位华人关长），到1946—1949年参加东京审判的中国法官梅汝璈和检察官向哲濬，以及钱端升、王铁崖、端木正、陈体强等，一直到2010年离开我们的“一切学术为了中国”的何美欢教授，从他们身上，我们都能看到那种鲜明的清华特色、清华气质和清华品格：他们精通国际，明了世情，同时非常爱国，具有广阔的国际视野，学术水平一流，同时爱国一流。清华很洋气，又“很中国”。西学一流，国学也一流。无论100年前或者100年后，清华都是中国最“洋气”、最国际化的学府，无论是这里的西洋式建筑，或者众多的外语课程，在这里你尽可了解世界上最前沿的东西。另外，这里又非常爱国，而且是发自内心的，每次看到近春园被英法联军焚毁后剩下的残垣断壁，每次看到清华学堂、大礼堂、图书馆、老校门等早期建筑，沉甸甸的责任感就油然而生：为了中国，为了人类的和平进步事业，为了公平正义的国际秩序，为了那比阳光都珍贵的社会公正！总结清华法学百余年的“品”和“格”，我认为这是第一条。

爱国和国际视野可能会冲突，但是，在这里你发现这二者异常完美的结合。无论学术研究或者人才培养，无论老师或者学生，我们在全国和世界范围来自我定位，立足于解决21世纪中国和平崛起和人类可持续和平发展中产生的重大法律理论和实践问题。作为清华法律人，今天我们的志向就是为要法治的确立，为建设社会主义法治国家而努力，为人类的和平发展以及美好未来作贡献。

第二，对学术卓越的强烈追求。强烈的爱国情操、远大的报国志向和对人类未来的深切关怀，能让人产生强烈的学习、研究动力，释放出无穷的能量。也许正是发自内心的爱国情操，使得清华人非常刻苦，非常努力。无论清华大学，或者清华法学，都给人一个强烈印象，那就是追求一流！一个做律师的校友告诉我，只要你说是清华毕业的，就会让人对你的专业和人品产生一种信赖感，人家相信清华以及清华的“产品”；清华毕业生，除了忠诚可靠，专业上也完全没有问题，没有清华人不能解决的问题。在清华工作任教二十年，也让我时时刻刻感受到这种气氛，任何事情不干则已，一干就一定是一流的、最好的。清华绝对不做二流的事情，一定是一流的。我们对学术、对教育的要求就是精益求精，做中国和世界一流的学术，让人在专业上无可挑剔。王铁崖教授生前在母校清华的一次演讲中说，清华教育给他最深刻的印象就是“认真”二字，做学问一定要做到卓越，做到极致。

在学术上，我们还非常强调创新。我们十分明了世界法学、法律的最新状态，具有国际竞争力，同时一定立足于中国特色社会主义法学理论的形成和中国法治的确立。中华法系曾经在世界上独树一帜，曾经是四大法系之一。今天中国的法治建设也必将形成独特的理论和制度，这需要中国的法律学人为之探索、为之奋斗。我们既不崇洋媚外，也不闭门造车，而是立足于中国，吸收人类法治文明的一切成果，力求理论和制度创新，从而产生拥有自己独立“知识产权”的理论和制度成果。1929 年清华国学研究院导师陈寅恪为纪念王国维先生而撰写的碑文中写出“独立之精神，自由之思想”这一箴言。我们把这十个字也作为我们学术精神的写照。唯有坚持此，才可能进行理论和制度创新，才可能形成独树一帜的中国特色社会主义法学，再造新的“中华法系”。

第三，理论与实践的完美结合，这也是百余年清华法学的一个特点。这里研究阳春白雪的理论，世界各国的法学大家可以在这里神侃后现代；这里也常常深入社会最基层，知名教授带领学生到偏僻乡野做实证研究，当年的高考文科状元毕业后到举世闻名的艾滋病村当村官，来自杭州的优秀学生自愿到大漠深处从事民族地区的法律工作。清华法学立意高远，理论高深，但又脚踏实地，立足基层，解决社会运行中的实际问题。著名法学家钱端升先生所在的1920级清华学子毕业时给母校建立了一个日晷，现在仍然放置于清华大礼堂前草坪的南端，日晷上用中文和拉丁文写着“行胜于言”。这就是清华理论联系实际的真实写照，清华务实的精神就是这么形成的。

法学既是理论的，也是应用的，也属于职业教育的范畴。我们同时注意细节的培养，教育学生既不要在大的原则问题上犯错误，更不要在小事上出差翻船。比如我们重视对语言文字、标点符号甚至语法和书法的训练，教会学生如何起草法律文书，如何与人沟通，如何演讲谈判，如何待人接物等，法律工作者应该懂得的知识、技巧、技术我们都会教，其目的就是让学生能够理论联系实际，解决实际问题，毕业后能够很快进入工作状态。

第四，清华法学还十分强调道德约束和人文关怀。法学教育的职业性很容易走向只重视“术”的教育。然而，丧失理想和价值追求的职业教育就变成纯粹的技术和技巧教育，成为一种“术”，而不是高尚的“道”。迷失方向的“术”越好，破坏力越强。我们认为，法学教育绝非简单的职业教育、浅层次的技能教育，而也应该同时是一种理想教育，是“道”的教育，有其明确的价值取向和价值追求。大学是文明的灯塔，是讲理想的地方。我们立足实际，但并非一切存在的都是合理的，大学一定要引导社会，而非完全被社会所引导。如果大学也市侩短视、急功近利，这个国家和民族就没有希望了。尤其法律是双刃剑，法律人对社会进步既可以发挥正面积极的作用，也可能发挥负面消极的作用。法律人要破坏，其破坏的强度、广度将远远超过普通人。没有道德约束的法律人是最可怕的动物。法律是高尚、高贵、高雅的职业，法律人也应该是高尚、高贵、高雅的人。只有建立在道德基础上的事业，才具有可持续性。永远不能让法律技巧超越人类美德谦卑的要求，不要忘记了天上的星空和心中的道德律。法律人应该有悲悯之心，有人文关怀，中国古代衙门审案讲求“天理、国法、人情”，这里的“天理”就是要符合常识和社会发展的规律，“人情”

其实就是要有人文关怀，以人为本，了解民间疾苦，解决人民的问题。

1932 年清华法学院增设法律学系之初，就提出“本学系宗旨，系对于应用及学理两方面，务求均衡发展，力避偏重之积习，以期造就社会上应变人才，而挽救历来机械的训练之流弊”。梅贻琦校长当时指出：“法学理论之研究，为大学所应着重，而为普通法校所忽视者，故愿于此方向，一为矫正。”今天我们仍然十分重视法学理论之研究，重视理想信念教育和社会责任教育，培养学生具有正确的价值观，有良好的道德风尚和职业习惯，成为正人君子和道德精英。鼓励学生树立远大理想，带着理想去学习，带着理想去工作，带着理想去解决实际问题。清华法律人能够与社会打成一片，又能够超凡脱俗、洁身自好。这就是清华法学的理念。我们的目标是，培养既有远大理想，又能脚踏实地解决实际问题的人才，成为能够解决实际问题的理想主义者，或者说做拥有远大理想和价值追求的实干家。

百余年来清华法学虽间有中断，但弦歌不辍，精神永续。百年来形成的这种特殊的品格，是一代又一代清华法律人积累起来的最宝贵的财富。今天的纪念，不仅要传承百余年清华法学的薪火，更重要的是告诉今日清华法律人，一定要传承并发扬光大这些精神，要“厚德”，要“载物”。法治天下，重任在肩。时任清华法学院教授的张奚若先生曾经语重心长告诉清华学子：努力吧，时代决不辜负你们，希望你们也不要辜负时代。清华的前辈们没有辜负时代和人民的重托。在未来的岁月里，我们要赋予清华法学以新的内涵和外延，为清华法学增添新的荣誉和光荣，为依法治国，建设社会主义法治国家毫无保留地贡献新一代清华法律人的智慧和力量。

眺望未来，清华法学必将不孚众望，不辱使命，焕发出新的生机与活力，“历千万祀，与天壤而同久，共三光而永光”。百年清华，法意重回，已是佳风景，并将是最好风景。这风景，无论浪潮涌落，不负往者，亦不负来者。

目录

第一辑

萌芽期

第一章 综论[①]

清华的历史，渊源于1909年由美国退还超收的庚子赔款所设立的游美学务处及游美肄业馆，1911年以清华学堂之名开办，采八年连贯制，分为中等和高等两个阶段，大致各为四年，高等科毕业后派遣留美。1912年改名为清华学校，1922年起改为四三一制，即中等科四年，高等科三年及大学一年，并逐年停招中等科学生。1925年中等科结束，设立大学部和国学研究院，与旧制留美预备部并行，至1929年最后一届留美预备部和最后一批国学研究院学生毕业。1928年清华学校改为国立清华大学，在抗战以前已成为国内著名大学。[②]1937年抗战爆发，南迁长沙，与北京大学、南开大学组成国立长沙临时大学，1938年三校再迁至昆明，改名为国立西南联合大学，成为战时著名学府。抗战胜利后三校复员，于1946年迁回清华园原址。

1952年，全国高校院系调整后，清华大学成为一所多科性工业大学，重点为国家培养工程技术人才，被誉为“红色工程师的摇篮”。1978年以来，清华大学进入了一个蓬勃发展的新时期，逐步恢复了理科、经济、法律、管理和文科类学科，并成立了研究生院和继续教育学院。在国家和教育部的大力支持下，经过“211工程”建设和“985工程”的实施，清华大学在学科建设、人才培养、师资队伍、科学研究、国际合作、社会服务以及整体办学条件等方面均跃上了一个新的台阶。目前，清华大学设有16个学院，56个系，已成为一所具有理学、工学、法学、文学、艺术学、历史学、哲学、经济学、管理学、教育学和医学等学科的综合性、研究型、开放式大学。

清华法学的历史乃依托于上述校史而展开。其大致可分为四个阶段：萌芽期，包括庚款前三批学生直接赴美的“史前期”和留美预备

① 据陈新宇《近代清华法政教育研究（1909—1937）》一文之第一第二部分改写（经作者授权）。原文载《政法论坛》，2009（4）。

② 参见苏云峰：《从清华学堂到清华大学（1911—1929）》，“前言”，北京，生活·读书·新知三联书店，2001。

部时期，这一阶段清华尚无系统法政教育，但其课程设置中有法政科目，留美学生中亦有一定比例学生学习法政。成长期，从1925年清华成立大学部，下设政治学系，到1952年全国高校院系调整取消法学院，此为其比较系统的法政教育阶段。弦歌不辍时期，从1952年到1995年，清华虽然无法学院的建制，但其精神传承不断。法学教育的新诗篇时期，从1995年复建法律学系、1999年复建法学院，清华法学迎来其发展的崭新一页。

下文介绍萌芽期，即“史前期”与留美预备部时期。

第一节 史前期

依据宣统元年（1909）《遣派游美学生办法大纲》，游美学务处的职能是“考选学生、管理肄业馆、遣派学生”等事宜，肄业馆乃为“选取各省学生暂留学习”，其采用美式教育方式，以便“学生熟习课程，到美入学可无扞格”。①依据计划，这批退还庚款的使用，乃前四年每年派遣百人至美国留学，自第五年起，每年至少派遣五十人赴美留学，一直至该项退还赔款用毕为止。②但因为时间等因素，前三批（1909—1911）考取学生③并未达预定人数，亦未入馆（堂）学习，而是直接赴美。

当时派遣学生的资格是：质地聪明、性格纯正、身体强壮、身家清白、恰当年龄、中文程度要有作文数百字的能力、中国古典文学及历史要有基本知识、英文程度要能直入美国大学和专门学校听讲、要完成一般性学习的预备课程。④第一批（1909）有630人报考，录取47人（其中有后来成为清华校长的金邦正、梅贻琦、生物学家秉志、冶金和陶瓷学家周仁、化学家张子高等），第二批（1910）400余人报考，录取70人（其中有胡适、赵元任、竺可桢等），⑤第三批（1911）从考入清华学堂的468人中最后甄考选取63人。⑥可见清华留美考试一

① 清华大学校史研究室：《清华大学史料选编》第一卷，120页，北京，清华大学出版社，1991。

② 参见《外务部致柔克义公使》，《美国外交关系》，1908，收入《清华大学史料选编》第一卷，102～103页。

③ 此三批直接赴美学生的名单收入《清华大学史料选编》第四卷，636～637页，北京，清华大学出版社，1994。

④ 《派遣美国留学生的章程草案》，《美国外交关系》，1908，收入《清华大学史料选编》第一卷，107页。

⑤ 《校史》，载《国立清华大学二十周年纪念刊》，1931年5月，收入《清华大学史料选编》第一卷，45页。

⑥ 参见苏云峰：《从清华学堂到清华大学（1911—1929）》，17～18页，北京，生活·读书·新知三联书店，2001。

图1-1-1　第一批留美学生合影

开始即设立相当严格之标准。

前三批的180人中，学习法政的仅为19人，约占10.6%，这样的比例显然不算高。其原因与当时的留学政策不无关系，依据宣统元年五月二十三日（1909年7月10日）《会奏收还美国赔款遣派学生赴美留学办法折》，当时“选取学生……以十分之八习农工商矿等科；以十分之二习法政理财师范诸学。”①

依据《清华同学录》（国立清华大学校长办公室印行，1937年4月），这三批学生中学习法政的19人名单如次：第一批只有唐悦良1人，第二批有胡适、何峻业、胡继贤、刘寰伟4人；第三批14人：王赓、徐光、梁基泰、柴春林、张国辉、张福运、陈嘉助、黄宗法、陆守经、陆懋德、邓宗瀛、卫挺生、谭齐蓁。

此19人，从早期职业选择来看，以教育、政经、外交为主，均为当时处于动荡中的国家急需的领域。据《清华同学录》，唐悦良、胡适、陈嘉助、陆懋德、陆守经等均供职大学，王赓、胡继贤、张福运、张国辉、梁基泰、柴春林、邓宗瀛、卫挺生等供职南京及地方政

① 《清华大学史料选编》第一卷，116页。《派遣美国留学生的章程草案》也有类似的表达：“派出的留学生中将有百分之八十是将专修工业技术、农业、机械工程、采矿、物理及化学、铁路工程、建筑、银行、铁路管理、以及类似学科。另外百分之二十将专修法律及政治学。”《美国外交关系》，1908，收入同卷，107页。当然，两者相比，仍有细微差别，毕竟“法政理财师范”与“法律及政治学”不能完全等同，其中原因，尚有待考。

府，刘寰伟、司徒尧等服务铁路、银行等经济部门，黄宗法于天津租界执行律师业务。他们中的大多数虽后来跨越多种领域履职，但仍以政经、外交、教育为职业目标，声名最著者如胡适、唐悦良、张福运，一生事业俱在此中。而并未在清华园有过实质校园生活的前三批“史前期”留美生，对母校亦极有感情，与母校的情感联络甚为密切。例如，张福运 1920 年曾与薛桂轮、梅贻琦、蔡正、黄凤华等组织了一个清华幸福委员会，致力于清华和清华同学会之发展。①

“史前期”留美生的职业取向与对母校的热心及同学情谊，并非被刻意导向的结果，却俨然成为此后清华学校乃至清华大学学子的一种性情。

第二节　留美预备部时期

宣统二年十一月（1910 年 12 月），因游美肄业馆的用地是清华园旧址，上有咸丰帝御书扁额，兼该馆学生不仅限于游美一途，为达名实相副之效，外交部与学部呈请将“游美肄业馆”改名为“清华学堂”。②其后民国肇建，循教育部令改名为“清华学校”。③

依据宣统三年正月（1911 年 2 月）的《清华学堂章程》④，学堂以进德修业、自强不息为教育之方针。其学科大致分为十类：一、哲学教育类；二、本国文学类；三、世界文学类；四、美术音乐类；五、史学政治类；六、数学天文类；七、物理化学类；八、动植生理类；九、地文地质类；十、体育手工类。虽有第五类学科涉及法政，高等科的文实两科必修科目中，亦有政治课目，但可以说这一时期并无系统的法政课程，仅有之少数课程，亦是基础入门类（详见本辑第二章第一节）。此时期的教育，正如学者指出，是“文理并重的通才教育”并以“西文部之学科为主要课程”，⑤后者显然与留美之需要有密切关

① 参见《清华同学会》，《清华周刊》235 ~ 249 期，1922 年双四节特刊，收入《清华大学史料选编》第一卷，233 页。

② 《外交部学部呈明游美肄业馆改名为清华学堂缘由》，清华大学档案，全宗号 1，目录号 1，案卷号 3，收入《清华大学史料选编》第一卷，141 页。

③ 《呈外交部文》，清华大学档案，全宗号 1，目录号 1，案卷号 3，收入《清华大学史料选编》第一卷，158 页。

④ 《清华大学史料选编》第一卷，146~147 页。

⑤ 苏云峰：《从清华学堂到清华大学（1911—1929）》，162、164 页。

联。据说就英语能力而言，中等科的学生已能直接阅读世界文学名著，具有使用英语从事写作、演说与辩论等能力。① 当然，这批人的中学功底，实际上在入校前就打下很好的基础。比如后来的法学院院长陈岱孙，6岁入私塾，一直念到15岁，读的是经史及诗文的线装古书。② 钱端升、萧公权、浦薛凤等皆有类似的经历。③ 这批人在人生求知欲最盛，学习能力最强之时期，即奠定比较扎实的中学基础，加上出国前及出国后系统的西学教育，会通中西，自然是水到渠成。《清华周刊》此一时期刊发的文章，多涉国文课、英美文学著作翻译、文艺创作，却极少涉及法政课程，亦可佐证当时“通才教育”的情形。

此时期虽无系统的法政教育，但与其相关、颇值关注的事宜有三：

一是学校对演说辩论的重视与鼓励。演讲是清华学生的课外作业之一，《学生奖励规则》所附奖品十四项中，与演说辩论有关者五项，占三分之一强。这一时期清华有如“国语演说辩论会”“英语演说辩论会”“演说会”、“演说辩论组”等12个演讲辩论社团，并举行形式众多的比赛，开当时北京高校演说辩论之风。其间题目不乏与法政相关，一些比赛的参赛者乃至优胜者中，有许多未来法政人。

二是1920年政治学研究会的成立。该会以“纠合同志，公共讨论及研究而切有关于政治之问题及学理，一为扩充公民智识提倡公民责任，一为将来肄业专科中预备起见”为宗旨，以讨论会、请名人演讲政治学理及各国政情、法庭模拟演习、实地参观政治等方式展开活动。④ 其会员亦多为未来之法政人，有如：吴国桢、浦薛凤、胡敦元、翟桓、李迪俊等。

三是学生会中学生法庭的设立。清华学生会成立后，渐次发展，受美国政治制度之影响，采取三权分立的自治形式，以评议部为立法机关、干事部为行政机关，有鉴于司法机关之缺乏，故于1922年3月23日设立学生法庭，以补此阙。其采用新大陆司法制度，审判部

① 苏云峰：《从清华学堂到清华大学（1911—1929）》，164页。

② 陈岱孙：《我的青年时代——从求学到从教》，收于陈岱孙：《陈岱孙遗稿和文稿拾零》，5页，北京，北京大学出版社，2005。

③ 详见钱端升：《我的自述》，收入赵宝煦等编《钱端升先生纪念文集》，390页，北京，中国政法大学出版社，2000。萧公权：《问学谏往录》，15～23页；浦丽琳：《清华经历竟疑梦——追忆父亲浦薛凤教授》，收入宗璞、熊秉明主编：《永远的清华园——清华子弟眼中的父辈》，375页，北京，北京出版社，2001。

④ 苏云峰：《从清华学堂到清华大学（1911—1929）》，262～263页。

用陪审制。[①]

应该说，留美预备部时期，从现有的资料来看，尚未系统地开设法政课程，但学校于通识特别是外语的方面的培养、学生口才能力的训练，皆是对将来留学乃至法政专业学习，奠定善莫大焉之基础，未来的法政人亦在此领域表现活跃。同时，对法政有兴趣之同学亦已经开始有意识地组织研究之团体。学生法庭之设立，亦足可反映当时清华学生的民主自治意识与法政素养。

依据 1937 年《清华同学录》，这个时期留美预备部共有 973 人放洋，其中学习法政的有 133 人，约占 13.7%，分别是：1912 年何穆等 4 人、1913 年余日宣等 4 人、1914 年金岳霖等 3 人、1915 年何孝元等 4 人、1916 年黄华等 3 人、1917 年向哲濬等 3 人、1918 年汪心渠等 3 人、1919 年钱端升等 6 人、1920 年萧公权、刘师舜等 14 人、1921 年沈乃正、吴国桢、浦薛凤等 9 人、1922 年罗隆基等 12 人、1923 年王化成等 9 人、1924 年梅汝璈等 14 人、1925 年王造时等 6 人、1926 年史国刚等 12 人、1927 年朱都范等 9 人；1928 年张汇文等 9 人，1929 年李德明等 9 人。（详细名单及赴美留学、随后任职等简况见本卷附录一）

除此之外，清华这一时期还有所谓的专科生、幼年生和津贴生和补助教部官费生。这与当时建校（堂）伊始，资金较为充裕而合格学生较少有关，乃增加学生之举。[②] 其中亦有学习法政之人。

专科生区分男女。所谓专科生（男生），依据《专科学生留美试验规则》[③]，对报考对象的要求是：属本国籍，年龄在二十六岁以内，曾在国内外法、矿、电机、机械、土木工程、纺织、农林各专门学校毕业，能直接进美国大学院 Post-Graduate Course 各专科研究高深学问者。其每年招生为 10 名。从此要求来看，其与留美预备部相比，学生年龄、学历要更高，主要是选取往美国大学直接进入研究生阶段的学习。依据《女学生赴美试验规则》[④]，其年龄须在十八岁以上、二十五岁以下，国学至少须有中学毕业，英文及其他学科须能直进美

① 《清华学校的学生会》，《清华周刊》235—249 期，1922 年双四节特刊，收入《清华大学史料选编》第一卷，207 ~ 208 页。

② 参见曹云祥：《清华学校之过去现在及将来》，《清华周刊》清华十五年纪念增刊，1926 年 3 月，收入《清华大学史料选编》第一卷，42 页。

③ 《清华一览》，1919，收入《清华大学史料选编》第一卷，224 ~ 225 页。

④ 《清华周刊》，1919，收入《清华大学史料选编》第一卷，226 ~ 228 页。

国大学校肄业。录取后选择进美校研究之专科为：教育、幼稚园专科、体育、家政学和医科。这一时期共有专科生120人出国，其中学习法政的有专科男生4人：1916年的燕树棠、1918年的康时敏、1923年的石颎、1925年的曾友豪。

限于史料，幼年生的录取条件尚未得知，但此时期仅有1911年一批幼年人12人派遣出国，其中有3人学习法政：李达、陈宏振、薛学海。

所谓津贴生，依据宣统元年（1909）《奏设游美学务处津贴在美自费生章程》[①]，“津贴之役，所以体恤寒畯，奖励游学，期使在美自费诸生之有志向上而无力卒学者得成所学，归国效用”，对象是“大学正班肄业，实业已入第二年班以上”且“境况实在困苦、功课实有成绩者”，类似的规范可见《清华学校津贴在美自费生章程》。[②]1909—1936年，清华津贴生学习法政的有邱昌渭等12人。（有必要指出，《清华同学录》上很多津贴生并无注明其在美留学的信息，所以这一数据并不全面）

限于史料，补助教部官费生的情况不详。

对这一时期的法政留学生，可注意的有如下几点：

（一）延续了史前期的特点，留学的学校多为美国名校，诸如Columbia、Yale、Chicago、Princeton、Harvard等，且多以较快的时间拿到学位，第一个学位一般都少于四年，更有不少是在两年内拿到，这说明留学时应该是直接进入美国大学的二、三年级就读，可证学生素质不低；其中，更有不少人是读了两个不同的学位，这也从一个侧面反映了清华留美预备部时代通识教育的成果（最为特别的是金岳霖，其后来转向哲学领域并大放异彩）。

（二）留学回国后，有不少成为清华及其法政教育的教员。比如：浦薛凤（曾任政治学系主任）、钱端升、燕树棠（曾任法律学系主任）、王化成、余日宣（曾任政治学系主任）、金岳霖（曾在政治学系任教，后任哲学系主任、文学院院长）、刘师舜、陈之迈、陈复光、沈乃正、萧公权、杨光泩、张忠绂、胡道维等。

① 《清华大学史料选编》第一卷，129～130页。

② 《清华一览》，1919，收入《清华大学史料选编》第一卷，229～231页。“津贴之设，所以体恤寒畯，奖励游学，使在美自费生之有志上进而无力卒学者，得以学成致用。”“津贴在美自费生，以品行纯正、学业优美、家境贫寒并须在美国大学第二年本科肄业者为合格。”

（三）这批学生在留学期间多有结社办刊等活动，早期共产党人徐永煐、冀朝鼎主持、创办的报刊就有《国民日报》《奋斗》《先锋周报》《今日中国》《美亚杂志》等，其余尚有何杰才任《共和月报》社长，留美学生会会刊《留美学生年报》（最初名为《美国留学报告》）历任主编中有胡适、罗隆基、邱昌渭、梁朝威等法政人，《中国学生月刊》主编有法政人杨永清、何杰才、杨光泩。留美学生会、政治学会、经济学会等社团中法政人均参与较多。当然，他们在清华学校预备留美时，结社办刊等活动已然相当活跃，例如萌生于五四运动的清华学生会、“大江学会”“唯真学会”“教育学会”等社团，法政人或担当重要角色或为发起及运作者，《清华周刊》亦由学生主办，法政人在其中颇为活跃，不惟发表文章为数众多，还有多人在其中担任总编辑等要职。

（四）大多担当“公共知识分子”甚而“革命知识分子”的角色，较少“专业知识分子”。这一取向具象之一即为，无论从事何样职业，总不辍发言论政之士子情怀，几乎人人参与报刊言论，许多人热衷创办报刊或担当主笔，跻身当时重要时评家、政治评论家之列，如钱端升、罗隆基、王造时、林同济、陈之迈等。

这批法政留学生，后来颇多在各自领域有广泛影响者，有如萧公权、钱端升、浦薛凤、杨永清、燕树棠、梅汝璈、向哲濬、杨光泩、王化成、甘介侯、刘师舜、刘驭万、段茂澜、时昭瀛、李迪俊、陈之迈、吴国桢、王造时、罗隆基等。亦有多人虽未有举世瞩目之声名，仍以其成就堪称各自领域中坚，其履历亦足令人称道。

以职业分布论，这批法政留美生有从教经历者甚多，于时局动荡、内忧外患之际，以救国报国志向从政者、投身革命者亦为数众多。大体可以说，赴美学习法政者，或多或少以天下为任，胸怀政治抱负，归国后投身教育以开启民智为社会培养更多英才，或投身政界以直接参与国是，也就是理所当然的选择了。而法政人由于其志趣及学术训练，始终是社会变动的敏感人群，在风起云涌的年代，他们在各个领域弄潮并因此浮沉世间于是也不足为奇。

第二章　留美预备期校园生活

清华留美预备时期，没有法律学系，亦无法政专业。当时清华的特点，浦薛凤归纳为十项：来自全国、英语教学、强迫运动、重视道德、多方竞赛、鼓励组织、倡导体育、自治民主、分数严格、专科自选。[①] 彼时系统的法政教育远远不能实现，但因为竞赛、结社、自治的倡导及训练，以及少量法政基础课程的熏染，清华校内并不缺少法政思想与法政氛围，表现为几个方面：一是在课程设置上，虽然没有系统的法政课程，但也有与法政相关的课程，如政治学、国际法、比较政制、公民学、劳动法等，"偏公法""国际化"是当时清华法政课程的特点；二是清华课外活动丰富，学生们热衷于各种演讲辩论比赛和法政社团活动，清华关涉时事法政演讲辩论之热烈开当时国内高校之风气，而法政人在社团活动中为主要力量；三是推崇自治，"五四"运动之后成立的清华学生会和学生法庭是学生们进行自治和司法理念的试验场，在校内掀起阵阵风潮；四是法政学生以《清华周刊》为平台发表一系列对时政的看法，尤为活跃；五是在历次爱国学生运动中，不少法政人成为学生运动的主要组织者和领导者，初显其社会担当。

第一节　课程设置：通才教育理念下的法政萌芽

自 1911 至 1929 近二十年间，清华的学制经历若许变迁。

清华学堂初成立时，办中等高等二科，都以 4 年毕业。几个月后，即改为中等科 5 年，高等科 3 年，直到 1913 年的 7 月。同年 8 月，又恢复中等、高等科 3 年，直到 1913 年 7 月。同年 8 月起，停招中等科一年级生。1921 年，改高等科四年级为大学一年级。大一级学生仍为留美预备生。这时，全校从中二到大一，共有 7 个年级。1925 年设立大学部，招收大学一年级生，向完全大学过渡，从这时起，学

① 《浦薛凤回忆录》(上)，"万里家山一梦中"，55 页，合肥，黄山书社，2009。

校实际上分为三个部分：一为旧制部，即留美预备部，其学生称旧制生，分四级，其程度与国内高中二三年级、及大学一二年级相等，包括旧制大一学生；二为大学部，1925年创设，大学部学生，不再是留美预备生，叫作新制生；三为研究院，1925年新设。自1923年起，停招旧制生。至1929年，旧制最后一级毕业，留美预备部全部结束。[①]

留美预备时期，清华并无系统的法政课程，仅有的少数法政相关课程，亦是基础入门类。此时期的教育，正如学者指出，是"文理并重的通才教育"并以"西文部之学科为主要课程"，[②]后者显然与留美之需要有密切关联。

依据宣统三年正月（1911年2月）的《清华学堂章程》[③]，学堂以进德修业、自强不息为教育之方针。其学科大致分为十类：(1)哲学教育类；(2)本国文学类；(3)世界文学类；(4)美术音乐类；(5)史学政治类；(6)数学天文类；(7)物理化学类；(8)动植生理类；(9)地文地质类；(10)体育手工类。其中，从中等科到高等科八年的课程中，皆有涉及法政的第五类学科。

但根据1911年9月6日的《游美学务处改行清华学堂章程缘由致外务部申呈》(宣统三年七月十四日)，《申呈》后附经过修订的《清华学堂章程》在第二章第五条列举了高等、中等两科教授科目，高等科科目为：修身、国文、英文、世界历史、美国史、高等代数、几何、三教、解析几何、物理、化学、动物学、植物学、矿物学、生理学、法文或德文、拉丁文、手工、图画、体操；中等科科目为：修身、国文、英文、算术代数、几何、三角、中国历史、中国地理、外国历史、外国地理、博物、物理、化学、地文地质、手工、图画、乐歌、体操。根据这份上呈的拟修订《清华学堂章程》，高等、中等两科所修科目中并无法律。

1914年《北京清华学校近章》[④]，学校以培植全才，增进国力为宗旨，以造成能考入美国大学与彼都人士受同等之教育为范围。高等科

① 清华大学校史编写组编著：《清华校史稿》，25页，北京，中华书局，1981。

② 苏云峰：《从清华学堂到清华大学（1911—1929）》，162、164页，北京，生活·读书·新知三联书店，2001。

③ 《清华大学史料选编》第一卷，146～147页。

④ 《神舟》第一卷第二册，1914年7月，收入《清华大学史料选编》第一卷，159～163页。

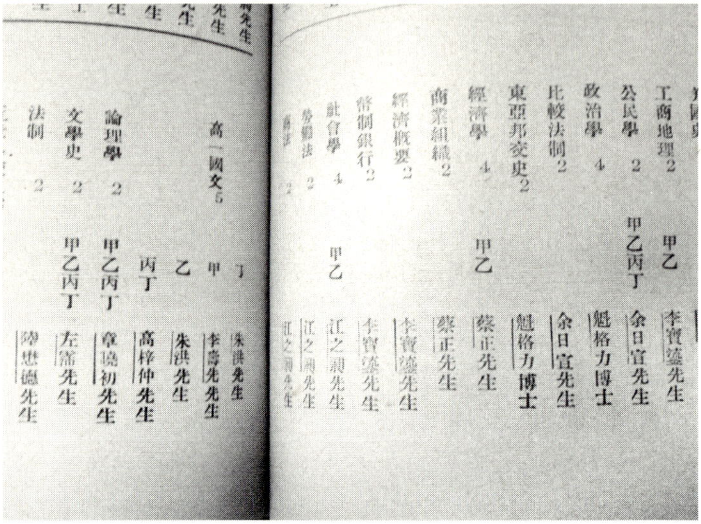

工商地理 2 甲乙 李寶鎏先生
公民學 2 甲乙丙丁 余日宣先生
政治學 4 魁格力博士
比較法制 2 余日宣先生
東亞邦交史 2 魁格力博士
經濟學 4 甲乙 蔡正先生
商業組織 2 蔡正先生
經濟概要 2 李寶鎏先生
貨幣銀行 2 李寶鎏先生
社會學 4 甲乙 江之泳先生
勞動法 2 江之泳先生
商法 2 江之泳先生
高一國文 5 丁 朱洪先生
甲 李崇先生
乙 朱洪先生
丙丁 高梓仲先生
論理學 2 甲乙丙丁 章熵初先生
文學史 2 甲乙丙丁 左霈先生
法制 2 陸懋德先生

图1-2-1 《高等科功课表》，《清华周刊》第255期1922年

的文实两科必修科目中，亦有政治科目。但具体内容尚不得知。

1916 年《清华高等科中西文课程表》的选修课有政治学、国际法。①

依据 1922 年的高等科功课表②，当时清华课程分为英文、方言、自然科学、数学、艺术、社会科学和国文七部，其中涉及法政的课程有两部，一是社会科学部的课程中，有余日宣开设的“公民学”和“比较法制”、魁格力开设的“比较法制”、江之昶开设的“劳动法”和“商法”；二是国文部的课程中，有陆懋德给二年级开设的“法制”。

依据《1924—1925 年的课程表》③，中等四年级共同科目中有“公民学”，其开设目的“在使学生知公民之责任。研究项目 :（1）群众生活。分家族、学校及市区观察之。（2）市区之公益事件，如卫生、保安、观瞻、道德等。（3）工业社会之雏形。（4）中国中央省区、地方政治之组织及概况。并鼓励学生留心时事，及考虑现今中国之政治社会各问题。研究方法，有讲演、问答、讨论、报告等。”浦薛凤在其回忆录中提及在中等科设有“议事规则”(Parliamentary Law)

① 苏云峰 :《从清华学堂到清华大学（1911—1929）》，187 页。
② 《清华周刊》第 254 期，1922 年 10 月 14 日，29 ~ 32 页。
③ 《清华一览》1925、1926 年，收入《清华大学史料选编》第一卷，307 ~ 327 页。

一课，详述主席、发言、提案、辩论、表决、复议等程序，“此盖民主社会中人人应知应守之公正议事规则”。[1]

依据1925年12月3日经教职员会议通过课程委员会议定的《民国十五年至十六年学程细目》（适用于旧制学生）[2]和《1925年秋教员授课表》[3]，社会科学课组仅有余日宣开设的“政治学及远东政治”和钱端升开设的“比较政治（中央及地方）”两门法政课程。

从这些略显零散的课程可知，留美预备时期的清华法政显然并非显学。究其原因，法律学与一国的法治环境和法律文化是息息相关的，彼时刚刚推翻清王朝，旋即陷入军阀混战，各路军阀政权交替无不打着立宪的旗号，短短十几年间，立宪之多超出正常，“法治”畸形，而“法律”一词难含褒义。按照蔡元培1923年的说法，北京官吏、议员堕落，阁员受军阀控制，法律是舞文工具，政治上毫无是非可言，只重利害，不要人格。[4]大环境如此，能够将法律当作一门学问的人有多少就可想而知了。王化成对这一时期课程情况做过简明扼要的概括：“民国十四年以先……当时学校亦设有二三关于政治学之课程，惟以办学目的，在求深造于国外，故课程性质，尽属基本浅显学科。”[5]

第二节　学会与结社：法政思想的扩展

清华的教育是课内与课外并重。虽然留美预备时期在学校正式课程设置中没有系统法政教育，却并不妨碍法政思想在课外发展，校内已有很多涉及法政的社团，当时学生之所以积极发起和踊跃参与此类社团，一般出于对社会的关心和对法政的兴趣，从所成立各种社团来看，可以发现两个特点：其一，学校演讲辩论事业十分红火，无论校方还是学生都十分推崇，频频发起社际比赛、级际比赛以及校际演讲辩论比赛。其二，成立的法政相关社团很多，除了有名的大社团以外，校内还存在很多小社团，人数不必多，有对法政的共同兴趣即足以号

① 《浦薛凤回忆录》（上），“万里家山一梦中”，56页，合肥，黄山书社，2009年。

② 《清华周刊》第363期，1925年12月11日，收入《清华大学史料选编》第一卷，334～338页。

③ 《清华周刊》第350期，1925年9月11日，收入《清华大学史料选编》第一卷，338～340页。

④ 《蔡元培全集》，第4册，312页，台湾商务印书馆，1968。

⑤ 《政治学系概况》，《清华周刊》向导专号，1935年6月14日，收入《清华大学史料选编》第二卷，362页，北京，清华大学出版社，1991。

召同人。比如王造时在清华读书期间，曾组织一个似学术又似政治或友谊的团体，叫作“仁社”，成员多为期同班的同学如彭文应、徐敦璋、罗纶、陈国玱、沈熙瑞等人；又如1919年9月，中等科四年级有几位同学感到专读功课太无趣味，想做点别的事来发展自己，酝酿两个月后成立了一个读书会，成员包括一九二二级之陈石孚（后得历史和经济学士学位）、时昭瀛（国际法硕士）和一九二三级之吴景超（社会学博士）、王绳祖（地理学硕士）等七人，这个读书会一年之后定名为“二十”（因在1920年成立）；其三，在这些社团的成员中，有很多熟悉的法政人的名字：李迪俊、王化成、翟恒、张忠绂、梁朝威、张彝鼎、谌志远、王造时等，可以说他们的人生选择与这一时期经历是分不开的。

一、演说辩论盛况空前

清华的课外活动有五大目标：（1）以运动比赛培养学生的健全体格与男子汉气概；（2）以演说与辩论比赛来培养修辞、雄辩、领导能力、民主风范与以理服人的民主风格，及胜不骄败不馁的积极进取精神。（3）以自由开放的态度，培养学生的理性与独立判断精神。（4）以文学创造、音乐艺术心上、戏剧表演来培养学生的高尚品性。（5）以社会服务来表现对社会及不幸通报的同情与关怀。[①]由此可以看出，当时人们认为演说辩论不仅作为一种表达方式，还与民主和领导力有密切关系，可能正是这种思想，使得演讲辩论在清华早期很长一段时间

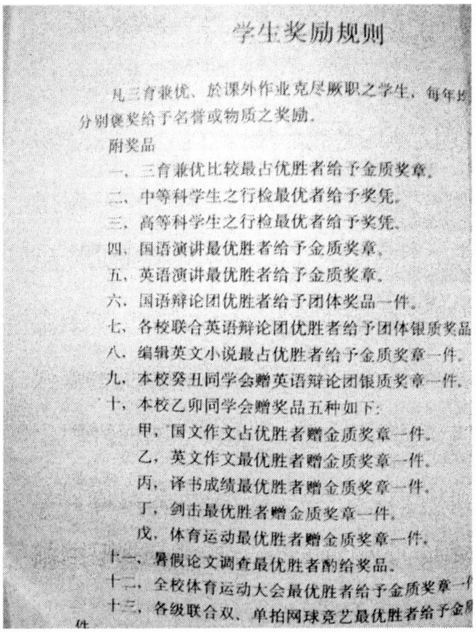
学生奖励规则

凡三育兼优、於课外作业克尽厥职之学生，每年

分别褒奖给予名誉或物质之奖励。

附奖品

一、三育兼优比较最占优胜者给予金质奖章。

二、中等科学生之行检最优者给予奖凭。

三、高等科学生之行检最优者给予奖凭。

四、国语演讲最优胜者给予金质奖章。

五、英语演讲最优胜者给予金质奖章。

六、国语辩论团优胜者给予团体奖品一件。

七、各校联合英语辩论团优胜者给予团体银质奖品

八、编辑英文小说最占优胜者给予金质奖章一件。

九、本校癸丑同学会赠英语辩论团银质奖章一件。

十、本校乙卯同学会赠奖品五种如下：

甲、国文作文占优胜者赠金质奖章一件。

乙、英文作文最优胜者赠金质奖章一件。

丙、译书成绩最优胜者赠金质奖章一件。

丁、剑击最优胜者赠金质奖章一件。

戊、体育运动最优胜者赠金质奖章一件。

十一、暑假论文调查最优胜者酌给奖品。

十二、全校体育运动大会最优胜者给予金质奖章一

十三、各级联合双、单拍网球竞艺最优胜者给予金

件

图1-2-2　《学生奖励规则》，《清华一览》，1919年

① 苏云峰：《从清华学堂到清华大学（1911—1929）》，290页，台湾“中央研究院近代史研究所”，1996。

内既是官方热衷的大型活动，同时也得到学生们的积极响应，也有广大学生自发组织的各种以练习演讲辩论为目的的社团，演说辩论遂成为一种重要的教学方法，可谓盛况空前。

《学生奖励规则》所附奖品十四项中，就有如“国语演讲最优者胜者给予金质奖章”“英语演讲最优胜者给予金质奖章”“国语辩论团优胜者给予团体奖品一件”“各校联合英语辩论团优胜者给予团体银质奖品一件”“本校乙卯同学会赠英语辩论团银质奖章一件”等五项，占三分之一强。①

（一）社团林立

当时成立的有关演讲辩论的社团为数众多，不完全列举如下：

“英文文学会”（The English Literary Association）：1911 年成立，目的在练习演说辩论和议会议事法，激发会员关怀时事，联络感情；

“法语社”：1914 年 4 月成立，激发社员对法语的兴趣，提供练习的机会；

“文友会”（Literary Fraternity）：1915 年 9 月底成立，以练习英文演说辩论为目的；

“文学会”（Literary Junto）：以练习辩论演说为宗旨；

“辞达社”：1916 年 10 月成立，是中等科破除级界，最早开放于全科同学练习演说辩论的一个社团；

“辞命研究会”：1918 年春由中等科“国语演说会”“辞达社”“演习辞命会”“竞进会”，改组合并而成；

“英语演说辩论会”（Chatter Box）：1920 年成立，每两星期开会一次，辩论演说相间举行。

这些社团虽有英文、法文、国语或其他不同侧重，但其基本目的和宗旨都是给同学们提供演说辩论练习机会，增进同学演说辩论水平。除自己练习以外，一些社团还会邀请校内教授和社会演讲名流作为裁判或指导，比如由新大一级学生在 1927 年初设立的“演说辩论组”，其中国语组就聘请余日宣教授指导，告诉同学们写稿、姿势和声音等注意要点。②

---

① 《清华一览》，1919，收入《清华大学史料选编》第一卷，192 页。

② 《清华周刊》第 408 期，1927 年 4 月 29 日。

值得一提的是“国语演说辩论会”，在当时学生演说辩论社团林立、缺乏系统的情况下，学校鼓励高等科学生成立作为本校学生练习国语演说辩论的总组织，即国语演说辩论会，1916 年成立后经常组织校级比赛，各级均有辩论员，还邀请名人发表演说，比如 1917 年敦请北京大学教员胡适之博士到会演说。① 该会 1919 年以前主要有马绍良先生组织筹备，到 1919 年正式成立，罗隆基为会长，姚永励等为副会长。② 到 1922 年，施滉任会长，冀朝鼎任副会长兼干事，陈念宗为通信书记，魏毓贤为记录书记 ③，此后该会每星期举行常会一次，年终还有“年终演说大会”。1922 年四五月间，演说者先后有潘大逵、全增嘏、冀朝鼎、于德仁、陈念宗、汤爵芝等并由余日宣先生裁判。1923 年 4 月，因冀朝鼎久病未愈，无人主持，新举会长潘大逵。④

（二）开高校演说辩论竞赛之风

清华的演说和辩论比赛数量和形式众多，除社团内部练习比赛外，学校设立演说辩论委员会，负责定期举办校内之级际比赛、社际比赛和校际比赛，并且往往先在各级举办演说辩论比赛，分别选出演说和辩论代表，参加全校比赛，校内的比赛可以持续两个月。清华对于演说辩论的重视，开当时北京高校演说辩论之风。

按照苏云峰先生的说法，1912—1919 年是清华演说辩论之兴起与极盛时期。⑤ 根据潘大逵先生（法政学生）的回忆，清华举行演说比赛，是从 1914 年开始的，获得冠军的有陈达（1914 年）、何浩若（1920 年）、罗隆基（1921 年）等人，也包括潘大逵自己（1924 年）；1924 年的清华校队，由闻齐（闻一多的三弟）、王仕倬和潘大逵组成，与南开对阵，地点在清华，清华为正方，获得冠军。

获得 1924 年清华国语演说比赛第一名的潘大逵对当时学校演说辩论情况如此回忆：

我担任过国语演说会会长及课外活动委员会主任。我何以会对演

① 《清华周刊》第 119 期，1917 年 11 月 15 日。
② 《清华周刊》第 169 期，1919 年 5 月 8 日。
③ 《清华周刊》第 241 期，1922 年 3 月 24 日。
④ 《清华周刊》第 279 期，1923 年 4 月 27 日。
⑤ 同上，291 页。

说发生兴趣，这应归功于同班学友施滉的诱导。施滉是云南人，因有川滇黔三省是一家之说，我们可算是大同乡，故常有来往。他鼓励我练习演说，要我满怀信心、勇气十足地报名参加竞赛，结果，我居然在 1924 年获得我校国语演说比赛的第一名。闻齐（闻一多的三弟）得第二名。我的题目是“学生自治的真价值”。[①]

辩论比赛规则如下：

（一）辩论员每人至多不得五分钟。惟组反组可以自择。（二）辩论之材料需自出心裁。（三）除每级之各级辩论员三人外。高等科同学均可参与。（四）裁判员及评判法。[②]

综观当时清华的演说辩论，可以发现两大特点：第一，演说辩论的题目不乏与法政相关，比如“如何使中国之共和成为永久的制度”“共和政体不宜于今日之中国”“中国现阶段的改革政治应重于社会”“Resolved that China Should Join the League of Nations to Perpetuate Peace”“Resolved that China Should Withdraw from the League of Nations”“Resolved that Japanese capital should be given concessions for the exploitation of the naturalresources of Manchuria”“中国之内政问题及解决之道”“中国于

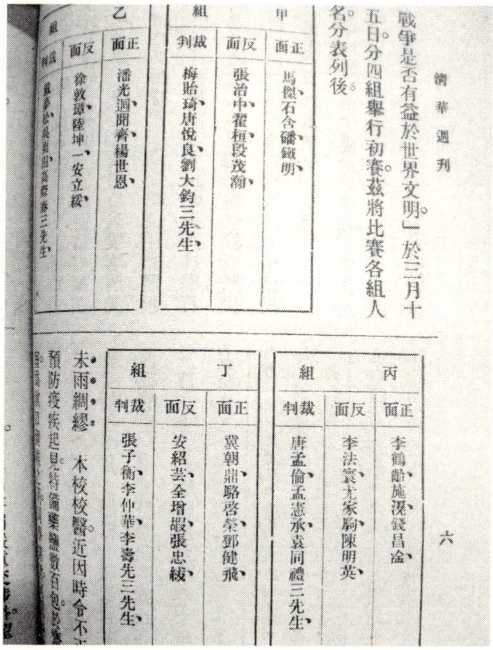
清華週刊

戰爭是否有益於世界文明」於三月十五日分四組舉行初賽。茲將比賽各組人名。分表列後。

組		
甲組 正面	反面	判裁
馬傑、石含磻、錢明、	張治中、翟桓、段茂瀚、	梅貽琦、唐悅良、劉大鈞三先生、
乙組 正面	反面	判裁
潘光迥、聞齊、楊世恩、	徐敦璋、陸坤一、安立綏、	[illegible]三先生
丙組 正面	反面	判裁
李鶴齡、施滉、錢昌淦、	李法寰、尤家駒、陳明英、	唐孟倫、孟憲承、袁同禮三先生、
丁組 正面	反面	判裁
冀朝鼎、駱啓榮、鄭健飛、	安紹芸、全增嘏、張忠紱、	張子衡、李仲華、李壽先三先生、

未雨綢繆　本校校醫近因時令不……預防疫疾起見。特備藥……數百包。……

六

图1-2-3　演说初赛对阵表，《清华周刊》第162期，1919年

① 潘大逵：《风雨九十年——潘大逵回忆录》，55 页，成都，成都出版社，1992。

② 《清华周刊》第 123 期，1917 年 12 月 13 日。

欧战后应加入万国和平会以促进世界和平”等。[1] 第二，在这些比赛的参赛者乃至优胜者以及裁判员中，常常可以看到清华法政人的身影，比如：何穆、何义均、张汇文、张彝鼎、苏宗固、罗隆基、浦薛凤等。在 1923 年 5 月的英语演说决赛中，裁判员为魁格雷博士及清华旧同学张福运先生。[2] 在 1919 年的中等科联合辩论次赛中，题目为“欧战结局后世界永久和平必能实现”，李鹤龄、钱昌淦为正组，张治中、翟桓、段茂澜为反组；安绍芸、张忠绂、全增嘏为正组，潘光迥、杨世恩、闻齐为反组。[3] 在 1922 年底学校举行的级际国语辩论中，大一有翟桓，王化成，高二有王造时，均为法政人。[4] 为了锻炼自己这方面的能力，浦薛凤曾学一位希腊演讲政治家，把小白光滑的石子，放在口中，天天去西院溪旁练习演讲，颇有成效而选入了清华学校的辩论队。在美国翰墨林大学求学时，还得到全校演讲比赛第一名；[5] 另一位法政人冀朝鼎在美国芝加哥大学学习时，在芝加哥大学旁边有个华盛顿公司，每到星期天，那里都有自发的群众集会，可以自由在会上演说、辩论各种政治与社会问题，冀朝鼎几乎每星期天都去，经过长期的实践，冀朝鼎的演说才能达到了很高的水平。[6]

二、政治学研究会

政治学研究会由清华高等科同学十人组织成立于 1920 年。该会以“纠合同志，公共讨论及研究而切有关于政治之问题及学理，一为扩充公民智识提倡公民责任，一为将来肄业专科中预备起见”为宗旨，以讨论会、请名人演讲政治学理及各国政情、法庭模拟演习、实地参观政治等方式展开活动。[7]

其会员亦多为未来之法政人，有如：吴国桢、浦薛凤、胡敦元、翟桓、李迪俊、张忠绂、王化成、梁朝威。1922 年该会举行选举，

① 参见苏云峰:《从清华学堂到清华大学（1911—1929）》，265 ~ 273 页，更详细的介绍，可见孙宏云:《中国现代政治学的展开:清华政治学系的早期发展（1926—1937）》，248 ~ 255 页，北京，生活·读书·新知三联书店，2005。

② 《清华周刊》第 283 期，1923 年 5 月 25 日。

③ 《清华周刊》第 163 期，1919 年 3 月 20 日。

④ 《清华周刊》第 264 期，1922 年 12 月 22 日。

⑤ 浦丽琳 :《清华经历竟疑梦——追忆父亲浦薛凤教授》，385 页。

⑥ 周培源 :《清华三位最早的共产党员》，载庄丽君主编，《世纪清华》，25 页，北京，光明日报出版社，1998。

⑦ 苏云峰 :《从清华学堂到清华大学（1911—1929）》，262 ~ 263 页。

吴大钧当选为队长；李迪俊当选为书记；周思信当选为会计；刘锡嘏当选为摄影干事。

政治学研究会经常邀请名人来校演讲。1922 年 10 月中旬请饶孟任讲《论国宪中省宪之商榷》。1926 年 4 月在工字厅开迎新大会，有新会员 30 人，请钱端升教授演讲《国际联盟与罗加纳会议问题》，5 月办 3 次演讲会，主题分别为国际交涉方法、使馆组织和欧洲外交大概。1927 年 12 月 1 日拟请《北京导报》（***Peking Leader***）主笔 Mr. Clark 讲《英俄关系》，和《顺天时报》主笔讲《中日关系》。研究会讨论的话题多与法政相关，比如“国际联盟（Lague of Nations）之组织”“The Government of China”“中国政党之过去历史及现在情形”“Plato 的政治理想”“Aristotle 的政治理想”[①]。1921 年 4 月出版《现今中国之内政与外交》一书。课余还举办参观外交部、英美使馆和有关研究活动，编制政治书报指导等。

为发挥团体优势，政治学研究会还分工合作研究某一专题。1922 年的制宪问题，是国人议论的重要话题，政治学研究会对此给予特别关注，全体会员分若干组，每期研究各国宪法的一部分，将其结果或疑点报告或提出来。[②] 政治学研究会的研讨活动在各会员的论文题目中，有：李迪俊——中国政党发达史；王化成：Chinese Politics Since 1912；在分组讨论宪法中，甲组——研究关于中央政府者，李迪俊（主席）、王化成、梁朝威等；乙组——研究关于地方政府者，翟桓（主席）。

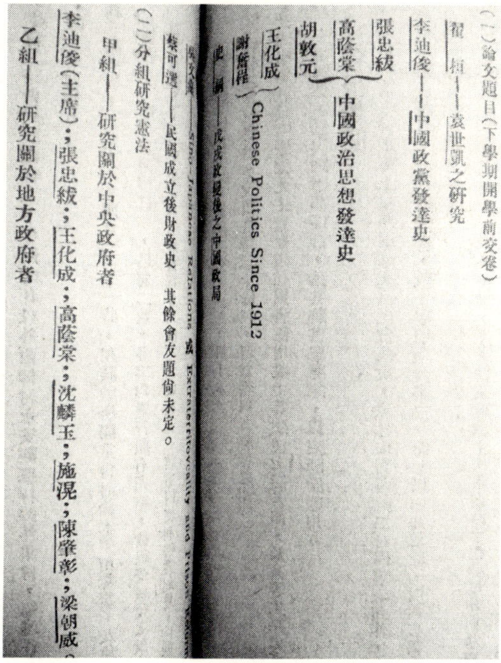
（一）論文題目（下學期開學前交卷）
翟　桓——袁世凱之研究
李迪俊——中國政黨發達史
張忠紱、高陰棠、胡敦元——中國政治思想發達史
王化成——Chinese Politics Since 1912
——戊戌政變後之中國政局
蔡可選——民國成立後財政史　其餘會友題尚未定。
（二）分組研究憲法
甲組——研究關於中央政府者
李迪俊（主席），張忠紱，王化成，高陰棠，沈麟玉，施滉，陳肇彰，梁朝威。
乙組——研究關於地方政府者

图1-2-4　政治学研究会各人之研究题目和研究小组，《清华周刊》第255期，1922年

① 参见《清华周刊》第 213、236、239、240、246 期。

② 《清华周刊》第 252 期，1922 年 9 月 30 日。

三、两相对峙：唯真学会与大江学会

清华 1920 级以前，学生中没有什么小团体。1921 年以后的几级，才开始有组织地讨论政治话题。经过五四运动，在学生中逐渐形成了两个方向、两条路线的组织，一是唯真学会，一是大江学会。“唯真学会”主张社会改造，“大江学会”不主张社会改造。虽然都是学生社团组织，但大江学会与唯真学会差异巨大，在校园内均有一定影响。两个团体，一左一右，成为清华学生运动中的两个核心，两相对峙。

（一）唯真学会

唯真学会的前身是“暑期修业团”，1918 年 7 月，由施滉与冀朝鼎等组织成立，旨在响应和宣传新文化运动，成为清华第一个进步社团，出版杂志，宣传新文化，冀朝鼎为团长。“暑期修业团”出过《修业杂志》，提倡白话文和文字改革。何永吉有篇主张“牠”字（即“他”“她”之外，再加一个中性的“牠”）的文章发表在上面。还翻译过托尔斯泰的文章。封面题签是到北大请蔡元培题的，可见已跳出清华大门。这个刊物出了二三期即停止。“修业团”在施滉加入后，改组成“唯真学会”。

图1-2-5　唯真学会成员集体照
前排左1徐永瑛、左4冀朝鼎、左6施滉

1919年12月25日“修业团”开年终俱乐会时通过决定要把章程全体推翻，重行改造，新大纲决定之后，修整后的学会更名为“唯真学会”，宗旨是“本互助和奋斗的精神，研究学术，改良社会，以求人类的真幸福。”主要观点是寻求真理，真理所在，即趋往之，由于寻求真理的关系，无形中倾向马克思主义和社会主义。“唯真”对社会问题和经济问题比较重视，其活动内容在清华校园各会（社）中，显得更深刻、更实际、更具可行性。学会组织会员创办平民夜校，参加生产劳动，深入到人力车工人、赶毛驴车的农民等最下层的劳动个体中调查研究，对会员要求做到不抽烟、不喝酒、不嫖、不赌等“八不主义”,《清华周刊》对“唯真学会”的活动给予“成绩很好,很勇敢”的评价，应该承认这也是当时整个学校给予的评价。

唯真学会于1920年10月2日召开第一次常会，会员共六人，徐永煐，周先庚，梅汝璈，何永吉，冀朝鼎，施滉，施滉任会长。当天会议通过了以下事项：[①]

> （甲）公认以后的“唯真”为品学互助的团体，作会员精神上的中心点——这是他们的新观念。
>
> （乙）会务暂分为两种：
>
> （一）会员实行行检上的互相砥砺。
>
> （二）学问上之互相砥砺。
>
> （丙）每礼拜开一次会。

行检上的互相砥砺：会员之间相互进行德育上的批评和智育上的帮助，虽然德育上的批评可能让会员感到不好意思实行，容易引起意气上的争执，但不过是一时气愤所致，争执过后大家的感情照旧，“还是梁山泊上的弟兄，愈打愈亲热的样子”。

> 会友彼此批评，皆能开诚尽言，一发不苟。如会友中有会食时态度不佳等处，均被批评及之，具此种不苟精神，诚不枉以“唯真”令名也。[②]

学问上之互相砥砺：唯真学会围绕学术研究进行了一系列活动和尝试，包括：(1) 分科研究，就是会友两人以上可以自由为一科研究学术，后来又把会友分作几组去读书，想把读书心得拿来做开会报告，后因大家繁杂事情过多，几乎没有实行。(2) 讨论问题，是实现该

① 《清华周刊》第194期，1920年10月15日，42页。
② 《清华周刊》第306期，《校闻》栏，1924年3月21日，34页。

会宗旨的较好手段，就好些问题展开过讨论，后因同学们对这件事情不很有兴趣，所以没有一个问题得到完满的解决，但这种共同讨论的精神还是为当时的学生赞同的。（3）刊布出版物，第一本出版物于1920年上半年出版，名为《唯真》，创刊号内容大致说明该会历史及组织并有读书心得等文字。

赴粤滇考察：1924年春，会长施滉与会友徐永瑛在寒假漫游粤滇，返校后学会在高等科学生接待室为两位接风，冀朝鼎为当晚主席，除两名会友外出辩论外，其余都列席会议。下面为《清华周刊》上记载的当晚情况：

主席请二君报告其二月来游历之观感。旋以此种办法过于拘谨，且二君又无准备，遂改为自由问答。一时万问骤至，二君遂为众口之的。但能对答如流，毫无难色，真所谓“士别三日当拭目相待”也。是晚徐君所谈多为广东情形，施君所谈者则为云南情形。二君皆饱吸西南空气，其言论观察与吾辈久处腐败之北京者迥然不同。旧友重逢，只恨时光易逝。七句半钟一鸣，会友遂恋恋而散。①

赴粤拜访孙中山、李大钊：清华学校对留美前的学生都要安排时间和资金让他们回家探亲或游览，1924年1月，施滉、徐永煐等利用这个机会南下革命策源地广州，向敬仰已久的李大钊和孙中山，寻求个人人生、中国革命前途、国家统一等重大问题的指点。施滉、徐永煐、何永吉三人代表“唯真学会”到广州拜访孙中山先生。孙中山和他们谈了两个多小时，鼓励他们要努力学习，以俄为师。同年，在他们出国前夕，又曾去向李大钊请教。在与李大钊的交谈中，他们对共产党开始有所认识，李大钊叮嘱他们要注意了解美国的社会情况，特别指出留学生应该注意一切为了祖国，要结合中国的实际情况学习对人民有用的知识。

（二）“超桃”组织

1923年初，施滉、冀朝鼎、徐永煐、胡敦源、章友江、罗宗震、梅汝璈和女师大附中学生罗静宜八人，在唯真学会内部又成立了一个名叫“超桃”的秘密核心组织。“超桃”，即超过桃园结义的意思。针对当时清华学生中“科学救国”“教育救国”等思潮，秘密宣誓要以“政

① 《清华周刊》第308期，《新闻》栏，1924年4月4日，14页。

治救国”。“政治救国”是通过政治途径来改造社会，是“超桃”的一项原则，另一原则是强调拥护孙中山，这是针对当时国民党内许多人不尊重孙中山而发。（清华同学中不少北方官僚的儿子，也不把孙放在眼里,所以在校内也需要强调尊重孙中山）。“超桃”是秘密组织，他们强调集体主义精神，有严格的纪律，大家维护施滉为领导，“超桃组织”一直存在到会员大部分都参加了共产党为止。在短短的4年时间里，其成员组织参加了“五・卅”运动，支援北伐战争，还组织了留美学生和华侨进行反对帝国主义、封建军阀等各种活动。特别是1923年秋，施滉被选为清华学校学生会会长后，“超桃”在清华各类学生活动中起着核心作用，使学校的学生工作出现了新局面，该组织在当时清华学生的进步活动中起着核心的作用。

1925年暑假,“超桃”成员徐永煐、罗静宜等陆续到达美国。9月，由施滉主持，在旧金山伯克利召开了“超桃”在国外的第一次会议。会议交流了国内“五・卅”运动的情况和美国共产党、工人支持中国革命斗争的情况，分析了国内形势，把共产党和国民党的主张进行了反复对比，决定加入共产党。这次会议是“超桃”由爱国到追求共产主义的转折点，也是他们在认识上的一次飞跃。施滉、徐永煐等加入美共，冀朝鼎1927年2月代表美国反帝大同盟参加在布鲁塞尔举行的全世界反帝大同盟大会时由廖焕星介绍加入共产党，他们成为中国留美学生的第一批共产党员，于是成立了一个中国支部，由美共领导。随后“超桃”宣布解散(“超桃”中人,只有梅汝璈一人未加入共产党)。[①]

（三）大江学会

大江学会的前身，是通信小组。1923年春，清华1921级和1922级留美同学中逐渐形成了两个通信小组。前者有闻一多、吴泽霖、罗隆基、钱宗堡、浦薛凤、沈有乾、何浩若等，后者有闻亦传（闻一多的堂哥)、时昭瀛、潘光旦、刘聪强、陈石孚、刘昭禹等。通信小组的主要活动是“互相通信，报告消息，讨论问题”，以便“在这干枯孤寂的留学生活中加进一点新兴趣、新精神”，同时体现“清华底合作精神”。通信团体的成立反映了留美青年学生对当时留学生颓唐风气的担忧，反映了当时这些留美学生的社会责任感和国家意识。

① 《清华甲子级访谈：冀朝鼎同志访问记录》。

中国内忧外患不断加深的年代，在外求学的青年学生饱受祖国沦丧之痛、遭人鄙视之苦，随着“一战”之后华盛顿“九国公约”的签订，形势趋于严峻，通信小组成员也经受着内心剧烈撞击。在此情形，大家一致赞成建立一个组织，以保持青年学生的爱国传统。1923 年 6 月 14 日，罗隆基、吴泽霖从威斯康星赶至芝加哥，就此事与闻一多、钱宗堡、刘聪强、何浩若、浦薛凤等交换看了法。起初，他们打算成立“新清华学会”，并商定在麦迪逊的夏令会上正式建立。

9 月 9 日下午，清华留美同学会中部年会在麦迪逊举行，闻一多担任书记，罗隆基、刘聪强、何浩若、浦薛凤、闻亦传、时昭瀛，以及刚刚抵美的 1923 级吴景超、孔繁祁等出席了这次会议。会议主题为“清华大改革案”，内容涉及改组清华董事会、组织清华基金调查委员会、校中中美职员同薪同待遇、教材应选择关于中国的材料、对清华驻美监督处意见、《清华周刊》改革等问题。[①] 上述讨论，为志同道合者建立新组织作了必要准备，不过也许并非所有与会者都赞成成立团体，正式成立的组织没有用“清华”二字，而是定名为“大江学会”。

一般意义上的“学会”专指学术研究而言，大江学会则已性质近于政治。这一点，从 1924 年 2 月 24 日罗隆基致施滉的一封信中可以窥知。信中解释说：大江学会的宗旨为“本自强不息的精神，持诚恳忠实的态度，取积极协作的方法，以谋国家的改造”。该信强调说：大江学会决非社交式的盟社，因为“社交式的盟社是不讲主张的，我们是崇奉一定的主张的。社交式的盟社，是要升平日互相提携的，我们是要改造中一同奋斗的。简言之，前者主共安乐，后者主共患难”。从这一点看，大江学会确有向政治组织发展的端倪，然而，它却有意强调大江学会不打算成为政党。信中声称他们不反对政党，“并且承认政党为政治生活上应有的活动”，只是鉴于“政党的范围是限于政治，大江决不限于政治的活动；政党改造的手段是要争立法院的多数，掌行政部的全权，我们的手段决不限于此”，故而“今日的大江必非政党的性质”。

大江学会的代表人物是罗隆基、何浩若、时昭瀛、潘光旦、梁实秋、闻一多。会员多为 1921、1922 两级，1923 级也有一些。冀朝鼎认为“他们标榜国家主义，反对马克思主义，反对苏联。由于讲国家主义的关

① 《清华大改革案之本文》，载《清华周刊》第 292、293 期，1923 年 11 月 2 日、9 日。

系，也反对国民党，但就是不反对帝国主义，颇有点像曾琦、左舜生的青年党，但不完全一样。”[①] 以客观看，这些青年知识分子，却是由于受到“外抗强权内除国贼”的激励，方鼓吹国家主义的。这些人提倡国家主义，是基于真诚热烈的爱国情绪，而非出自意识形态的分野。

当时留美学生中唯真学会的代表冀朝鼎回忆：

在旧金山会议上决定一边念书，一边活动。我们先后分别参加了美共领导的反帝大同盟。同时我在中美，他们在西美华侨中进行支持国民党和北伐的活动。这时，因为政治形势的迅速发展，在留学生中引起很大的变化，在如何对待国民党的态度问题上，标志着留学生政治上的分化，不久展开了一场大辩论。这年在芝加哥举行留学生大会，罗隆基从纽约赶来参加，亲自领导“大江”派的活动，参加辩论，反对国民党，和我们展开了激烈的辩论。论战的结果他们失败了，会上三分之二的学生选举我为芝加哥学生会的会长。

虽然政治立场迥异，但“唯真学会”与“大江学会”都是清华法政学子针对当时国家积贫积弱的状态而做出政治上的探索，是清华法政人民族责任感的彰显。

第三节　清华学生会“学生法庭”——学生自治与司法独立的试验场

清华学生会作为校内的学生自治组织，其发展经历了一个从无到有的渐变过程，最终形成于“五四运动”之后。在清华学生会成立之前高等科已有学生法庭[②]，因而准确地说，高等科的“学生法庭”早于清华学生会存在，作为全校性司法机关的“学生法庭”则在清华学生会成立之后才逐步设立。

一、高等科学生法庭

1921年6月，《清华周刊》刊登《试办清华学生法庭的章程》[③]，计32条，均按实际法庭之结构及程序设计，先在高等科试行。法庭

① 冀朝鼎：《清华甲子级访谈：冀朝鼎同志访问记录》。
② 《清华周刊》第127期，1918年1月10日，《校闻：学生法庭：校内现有组织高等科学生法庭之举》。
③ 《清华周刊》第七次增刊，1921年6月。

权限为“判决条件及拟定惩罚陈报本校校长”，分初级及高级二庭，各以检察审判二部构成，初级庭审判检察人员均由学生选举产生。初级庭受理案件包括高等科学生间争执、高等科学生违反本校校章事件由学生告发或由法庭检查部自行起诉者，不受理匿名控告。高级庭专受理所有不服初级庭判决而上诉案件，其审判人员改为由校长临时聘请教职员三人，其余由初级庭人员充任。

检察审判人员就职均需宣誓如下：

检察长/员就职誓词：

余誓以至诚，缺据事理，敬行检察长/员之职务。此誓。

审判长/员就职誓词：

余誓以至诚，不偏不倚，敬行审判长/员之职务。此誓。

据该章程可知，学生法庭宗旨有三：一是提倡学生自治，二是灌输法律知识，三是辅助校章实行。（《试办章程》第一条）学生法庭虽是学生自治的产物，但毕竟有赖于学校当局的推动和承认，因此有其局限性，比如学生法庭有判决权但无执行权，“若斟酌轻重执行惩罚等事，均应听凭校长核办。”（《试办章程》第二条）此一与生俱来的缺陷或者即决定了学生法庭此后的命运。

二、漫长酝酿：作为学生会“司法机关”的学生法庭

1919年12月，清华学生会由“五·四”期间清华学校各会、社组织起来的学生代表团更名而成。最初，清华学生会仅有评议、干事两部，其功能分别相当于立法机关和行政机关，随着学生们自治意识越发增强，以及三权分立思想的深入，频频有人呼吁在学生会内部成立“学生法庭”作为司法机关，关于是否设立“学生法庭”的讨论遂十分热烈。

从《清华周刊》上即可见其一斑。自1918年第133期《清华周刊》开始，就有孟宪承发表题为《学生法庭之真义》的评论文章，之后关于学生法庭的文章频见，比如陈念宗《学生法庭》[①]，动生《学生自治与学生法庭》[②]，王造时《学生法庭试行的研究》[③]，傅正《清华斋务处

① 《清华周刊》第七次增刊，1921年6月。

② 《清华周刊》第七次增刊，1921年6月。

③ 《清华周刊》第七次增刊，1921年6月。

与学生法庭》[①]。

1921年，罗隆基在就任学生会评议部的主席时发表演说《我的态度和主张》[②]，呼吁通过学生法庭的设立：

我认定清华学生大多数是赞成有法庭的；是赞成现在就要有法庭的，所以关于这个问题，我主张："清华学生法庭在最短的期间以内决定设法请大家通过并成立。"

我对这个问题，既采取激进的方法，下列二事亦愿附带的向一部分少数反对学生法庭的人声明：

（一）司法独立。学生会的职员不能被举为法庭的职员。疑我想借此满出风头者，可以少安毋躁。

（二）法律平等。我觉得我自己的道德品行是很薄弱，实在要拿法律来范围我自己的行动。我预备了做个作法自毙的商鞅。说我道德品行不配讲自治的人，请少安毋躁。

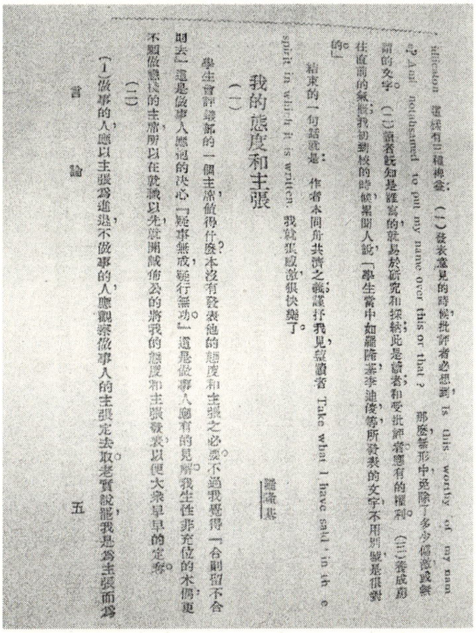
ification 當我有三種機會：（一）發表意見的時候，批評者必想到 is this worthy of my name? And not ashamed to put my name over this or that? 那麼無形中免除了多少偏激或無謂的文字。（二）讀者既知是誰寫的，就易於研究和採納，此是讀者和受批評者應有的權利。（三）養成勇往直前的氣概，我初到校的時候，累聞人說「學生當中如羅隆基李迪俊等所發表的文字不用別號是很對的。」

結束的一句話就是：作者本同舟共濟之義，謹抒我見，望讀者 Take what I have said in the spirit in which it is written. 我就很感激很快樂了。

我的態度和主張

羅隆基

（一）

學生會評議部的一個主席值得什麼？本沒有發表他的態度和主張之必要。不過我覺得「合則留不合則去」這是做事人應有的決心「疑事無成，疑行無功」這是做事人應有的見解。我生性非充位的木偶，更不願做戀棧的主席，所以在就職以先，就開誠佈公的將我的態度和主張發表，以便大眾早早的定奪。

（二）

（一）做事的人，應以主張為進退，不做事的人，應觀察做事人的主張，定去取。老實說罷，我是為主張而為

言論 五

图1-2-6　罗隆基：《我的态度和主张》，《清华周刊》第235期

学生们讨论的话题从是否需要设立学生法庭到应如何设立，更有关于学生法庭性质之深入分析，在校园内造成出巨大声势。

三、宣告成立

尽管有一批推动学生法庭成立的积极分子，学生法庭仍经历了一些周折。"学生法庭章程，业经委员会逐条讨论通过。决定由评议部将草案提交大会通过后，始生效力。"[③] 而1920年评议部的讨论结

① 《清华周刊》第246期，1922年5月5日。

② 《清华周刊》第七次增刊，1921年6月。

③ 《校闻》，《清华周刊》第187期，1920年5月7日。

果则是多数认为根本不必有法庭，遂否决设立法庭原案。[①]最终在1922年3月23日，学生法庭始宣告成立。清华学生会因1922年添设学生法庭而组织更为完备，“以全校而论，学生会俨如中央政府，评议部为立法机关，干事部为行政机关。而最大缺憾，则三权分立之自治，学生会尚少一司法机关。该会有鉴于此，于学生法庭，极力提倡，积极筹备，竟于本年三月二十三日告厥成功，而三权分立之自治，毕竟实现于清华。刻下学生会评议部有评议员四十八人。学生法庭采用新大陆司法制度。审判部用陪审制，现有审判员三人，检察部检察官三人。”[②]

1923年《清华周刊》刊载《清华学校学生会章程》[③]，是当时实际运行的版本，其中有关“学生法庭”一章摘录如下：

STUDENTS' COURT

图1-2-7　学生法庭

第六章　法庭

第四十条　本庭以辅助学校管理完成学生自治为宗旨。

第四十一条　本庭采用单级审判制。

① 《校闻》，《清华周刊》第188期，1920年5月21日。

② 《清华周刊》235～249期，1922年双四节特刊，1922年4月。

③ 《清华周刊》第283期，1923年。

第四十二条　本庭以审判检察两部组织之。

第四十三条　本庭审判部设审判员六人书记私人干事四人，检察部设检察员六人书记私人。

第四十四条　本庭审判员先由评议部选出十二人，然后由全体大会于十二人中决选六人，审判长由审判员互选之。

第四十五条　本庭检察员先由评议部选出十二人，然后再由全体大会于十二人中决选六人，检察长由检察员互选之。

第四十六条　本庭书记及干事由各部提交评议部通过之。

第四十七条　本庭职员任期一年，并得连任，其在任期内辞职者须经评议部通过，遗缺以次多数补充之。

第四十八条　本庭职员有行为不当或判决不公时由全体学生十人或评议员五人以上推出弹劾案，于评议部经评议员三分之二之出席、出席人数三分之二以上之通过即当解职，遗缺依法补充之。

第四十九条　本庭职员不得兼任评议员及干事部各科科长。

第五十条　本庭职员被告时在被告期内停止其职权，照普通会员一律审判。

第五十一条　本庭审判部受理下列案件，除关于学生会章程外，其余被告不愿由本庭处理者听之：

（1）受理学生个人间争执案件；

（2）受理学生团体间争执案件；

（3）受理学生个人与团体间争执案件；

（4）受理学校提出检察部起诉学生违犯校章案件。

第五十二条　本庭不受理下列案件：

（1）匿名控告；

（2）被告非学生。

第五十三条　本庭检察部受理下列案件：

（1）学生方面提出案件；

（2）非学生方面提出案件。

第五十四条　本庭检察部得自行检察并起诉。

第五十五条　本庭判决案件根据校章及学生会章程违犯校章者由校中处决执行，违犯学生会章程者由学生会执行。

第五十六条 本庭解释学生会一切章程之疑难。

第五十七条 本庭细则由本庭自定交评议部通过之。

《章程》规定“本庭采用单级审判制”（第四十一条），但根据后来《清华周刊》所记述学生法庭审判案件的实践，不服判决可提出复审。

上星期一所审张毓昆君归校逾期一案，已经学生法庭判决无罪。嗣经检察部于上星期三下午五时提出复审。由被告辩护人何浩若君出庭申辩，写来法令全书，认定此次复审，证明此次复审，不合法律。被告不能承认。于是双方皆在法律问题上,往返辩驳。相持一时之久，由审判员认定此次复审，被告无故缺席。按法上有第二次复审，如再不到时，即认为有罪，任审判员斟酌定罚云。①

四、小试牛刀：第一次开庭前后

学生法庭成立之后，旋即审理了张毓昆归校逾期一案。

学生法庭：组织清华学生法庭一案，自经全体同学通过后，学生会即积极筹备成立。闻已决定本月十五日下午为清华学生法庭正式成立时期，届时除审判员检察员正式宣誓外，拟请名人如董康、罗文干、刘崇佑等先生来校演说。闻校中当局对于此事亦十分注意。学生法庭章程已由王代理校长送呈外交部及董事会立案。而斋务长陈先生亦极事赞助。校中并已代审判员检察院缝制法庭所用衣服并筹备一切法庭布置云。②

当时判案盛况空前，许多学生现场旁听，“开幕时到会听名人演讲的很多，健忘的人恐怕要记不清楚当初投票表决的时候，究竟有一百几十几个人赞成的。③

翟桓发表《旁听学生法庭第一次开庭后》，详细描述学生法庭初次审判的情况，指出学生法庭需要改进的地方，比如章程需要进一步修改、审判长在开庭时错误征求被告对陪审员选任的同意、检察部与斋务处关系需要厘清、观众需注意观看秩序等等问题。尽管这次开庭程序多有瑕疵、各部人员职责尚不熟悉、各种关系尚待厘清，但总体来说，这次开审是“学生自治”和“司法独立”观念的第一次实践，其标志性意义自不待言。

① 《校闻》，载《清华周刊》第243期，1922年4月7日。

② 《校闻》，《清华周刊》第239期，1922年3月10日。

③ 实秋：《短评一束》，载《清华周刊》第243期，1922年4月7日。

旁听学生法庭第一次开审后[①]

翟桓

学生法庭已经成立了，至于他应不应成立我现在不必说，可让历史来证明。至于他的组织法也有许多很不妥的地方，当时评议部因为法庭急要成立，所以经董事会通过后之学校修正章程也无异议的通过了。我现在不是批评学生法庭章程，关于此点暂不多说。不过希望大家把章程再拿出来研究研究以为他日修改之预备。

这次的开庭很使一般人不满意。第一个大错误便是审判员请陪审员的事情。当被告辩护人起立质问陪审员为何不先得被告同意的时候，审判长居然回答应当在开庭时候征求被告的同意。我不知他根据那一条法律居然大胆若此？试问当时若是被告不同意，是不是临时在旁听员中找人补充，抑是即时宣告退庭？这岂不是大大笑话！况且征求被告同意时，应当把各陪审员的姓名年级大概说明一下，让被告有思索的机会然后才能答应同意于某某或不同意于某某。今审判部事先不能使被告知道陪审员是谁，临时征询被告同意，那么，到底被告应当根据什么说同意或不同意？征诸情理亦未免太说不通了。

细则没公布以前就不应当开庭，开庭后又做出这种不合情理的事情，更是荒谬绝伦！被告既然宣告无罪，那是无话可说，假使宣告有罪，大可到高级庭提起上诉。

此次的案件是斋务处转过来的。检察部既替斋务处说话，检察员便是斋务处的大律师。如此看来，斋务处到更清闲了，这倒可贺得很！这是修正后的章程上定的，当然不能责备检察部。不过检察部也还有检察的责任。不能说斋务处叫检察部辩护什么，他们就恭手从命。难道斋务处一向允许学生补假，诸位检察员还不知道么？此次斋务处的矛盾已经被告辩护人当场指出，斋务处的感想若何，我虽不得而知。不过看斋务处代表居然说出："……我不大清楚……"而最清楚于这件案子的人竟坐在旁听席中一言不发，我实在莫名其妙！我很希望检察部以后接受案件的时候也得先看一看那个案件有无接受的必要。如果年幼同学口角，斋务处也要交学生法庭办理，试问要斋务处到底有什么用？斋务处随便找出学生几个错儿交给学生法庭这便算尽了斋务

① 《清华周刊》第243期，1922年4月7日。

处的职务么？我一方面劝检察部要尽检察的职务，不要尽做斋务处的机器；一方面我更要劝斋务处能真心地实行刘崇佑先生的几句话："大事化小，小事化无！"要知学生法庭的"热气烘烘"，亦大非学校之福啊！

那天开庭的时候干事明明白白地招呼大家不要鼓掌，而陪审员报告无罪的时候，仍是拍手而起。盖人当情感极浓挚时每不能自制其言。我也是拍掌人之一；其实我和被告并不认识，我也没想到被告时有罪与否，心中只觉得被告是可怜，检察员是残忍，审判员是冷酷！故"无罪"之声既出，不禁心花之怒放，掌声随之而起矣！这正是人类同情心的表现，慎毋谓旁听者健忘。我以为这一阵掌声却是有意识的，同平常欢迎名人登坛演讲的拍掌声大大不同了！

我很希望同学以后如能存着"告人是自卫"和"被告是耻辱"的心理，便是学生法庭之大成功；如同学借学生法庭互相复仇的工具，那便是它的大失败！

五、惨淡运行、逐渐消弭

学生法庭之成立一波三折，其运行则是困难重重。从其首次开庭起，改良学生法庭的声音便此起彼伏。

"学生会：法庭委员会报告改良法庭意见；法庭简章交大会表决，不能召集时，得发票表决。""改良学生法庭委员会：该会已于上星期三将清华学生法庭简章修改完竣提交评议会裁决。"[①]

《清华周刊》第294期（1923年），施滉发表《今年的学生法庭》，介绍了该年学生法庭与以往不同的几个方面，例如陪审制改为审判制，还有人数、职权、检察部权限等的不同，并指出法庭有权并不影响自由。

《清华周刊》第九次增刊（1923年6月）刊载《学生方面一年来课外作业记》，"学生法庭：本学年学生法庭职员，迟至去年十一月初始行选出。审判部为施滉、张忠绂、冀朝鼎三君，检察部为李迪俊、胡毅、何鸿烈三君。"

学生法庭实际审理的案件在成立之初的一年内颇有几件，然时间

---

① 《新闻》，《清华周刊》260期，1922年11月25日。

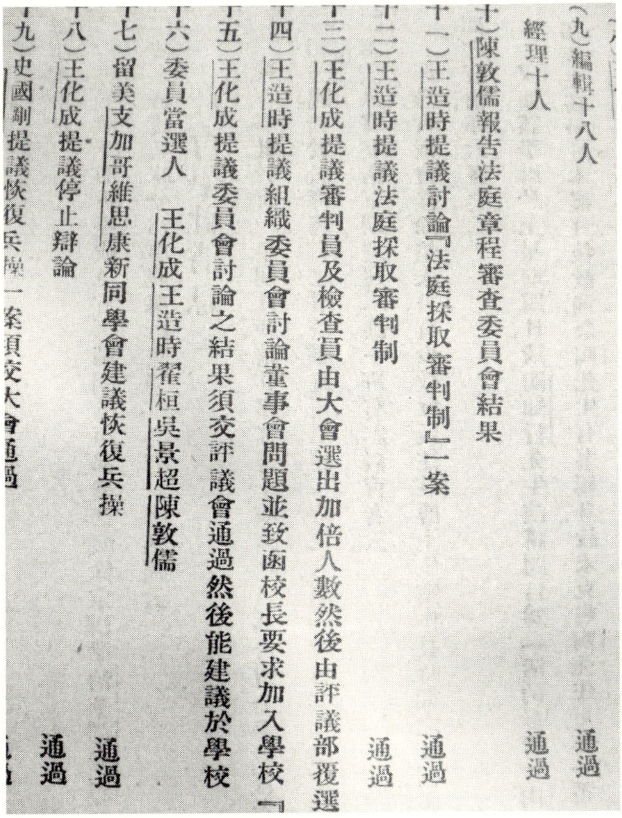

(九)編輯十八人 通過
經理十八人 通過
(十)陳敦儒報告法庭章程審查委員會結果
(十一)王造時提議討論『法庭採取審判制』一案 通過
(十二)王造時提議法庭採取審判制 通過
(十三)王化成提議審判員及檢查員由大會選出加倍人數然後由評議部覆選
(十四)王造時提議組織委員會討論董事會問題並致函校長要求加入學校『
(十五)王化成提議委員會討論之結果須交評議會通過然後能建議於學校
(十六)委員當選人 王化成王造時翟桓吳景超陳敦儒
(十七)留美支加哥維思康新同學會建議恢復兵操 通過
(十八)王化成提議停止辯論 通過
(十九)史國瑚提議恢復兵操一案須交大會通過

图1-2-8 关于学生法庭改良的提议，《清华周刊》第260期

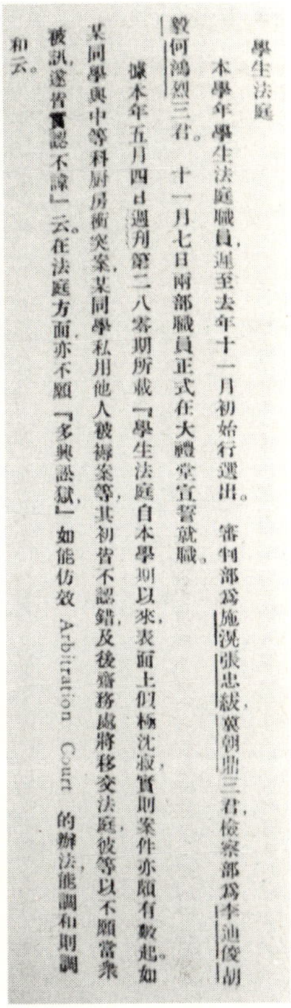

學生法庭

本學年學生法庭職員，遲至去年十一月初始行選出。審判部爲施滉張忠紱冀朝鼎三君，檢察部爲李迪俊胡毅何鴻烈三君。十一月七日兩部職員正式在大禮堂宣誓就職。

據本年五月四日週刊第二八〇期所載『學生法庭自本學期以來，表面上似極沉寂，實則案件亦頗有數起。如某同學與中等科厨房衝突案，某同學私用他人被褥案等，其初皆不認錯，及後齋務處將移交法庭，彼等以不願當衆被訊，遂皆實認不諱』云。在法庭方面亦不願『多興訟獄』，如能仿效 Arbitration Court 的辦法，能調和則調和云。

图1-2-9 1923年学生法庭成员，《清华周刊》第九次增刊，1923年6月。

一长，热情消退，学生法庭的处境每况愈下。

誌学生法庭：学生法庭自本期以来，表面上似极沉寂，实则案件亦颇有数起。如某同学与中科厨房冲突案，某同学私用他人被褥案等，期初皆不认错，及后闻斋务处将移交法庭，彼等以不远当众被讯，随皆供认不讳。在法庭方面，今岁所采的态度是：不远多开正式庭讯，拟仿Aribitration Court制，从事于布局形式informal的调和与判决云。[1]

《清华周刊》上关于学生法庭的报道也越来越少，1923年之后几乎没有，由此可见学生法庭陷入困境。学生法庭历经波折，终因实行

[1] 《清华周刊》第280（春假生活号下），1923年5月4日。

效果不佳而被取消，[①] 可谓其兴也勃焉，其衰也疾焉。

第四节　出版物：《清华周刊》

《清华周刊》于1914年春创刊，是学生自主主编的刊物，以“促进三育之进步，扩大清华之荣誉，培养完全国民之性格”为宗旨，内容含校闻、知识、学术与思想，包括言论、文苑与小说等。它为许多人文、学术和法政方面的领导人才提供了成长的平台。历任《清华周刊》总编辑之中，有罗隆基、浦薛凤、梅汝璈、彭文应等法政人，主要撰稿人之中法政人亦占相当比例。1925年以后，《清华周刊》上更是大谈政治，法政人在其中的身影更为活跃。下列一表，为法政人在清华留美预备期及留美读书时期发表于《清华周刊》上的文章，数量众多，内容广泛，有国文课程作业，有翻译外国小说，但更多的是对当前局势的看法和政治评论意见，可为早期清华法政人关心时局、敢言善辩的印证。

表1-2-1　留美预备期法政人在《清华周刊》发表文章概况

期　号	年　份	作　者	标　题
第54期	1915年	孙浩烜	《智中智》
第56期	1915年	浦薛凤	《渡海》
第84期	1916年	浦薛凤	《史记列孔子於世家论》
1917年第3期	1917年	向哲濬	《丁巳级毕业生别母校书》
第96期	1917年	杨宗翰	《课艺（阅纲鉴易知录札记）》
第98期	1917年	浦薛凤	《欧西野话》
第100期	1917年	严继光	《读史记札记》
第109期	1917年	严继光	《读史记货殖列传书后》（课艺）
第114期	1917年	罗隆基	《读中说笔记》（含英咀华）
第117期	1917年	罗隆基	《退学与华工翻译》
第118期	1917年	罗隆基	《读中说笔记》（续）

① 参见锋：《清华学生会的过去现在和将来》，《清华大学消夏周刊》迎新专号，收入《清华大学史料选编》第2卷，878页。

续表

期　号	年　份	作　者	标　题
第120期	1917年	赵锡麟	《留美通讯摘要》
		罗隆基	《读中说笔记》（续）
第121期	1917年	李迪俊	《孟子道性善说》
第123期	1917年	罗隆基	《南北学派》（含英咀华）
第124期	1917年	李迪俊	《国庆日庆祝记》
第125期	1917年	罗隆基	《为教育贫民者进一言》
第127期	1918年	罗隆基	？（含英咀华）
第131期	1918年	陈复光	《书校役某》
		李迪俊	《校内习语溯源》
第133期	1918年	浦薛凤	《红豆怨史》
		孟宪承	《学生法庭之真义》
		钱端升	《联邦制可否行于中国论》
第136期	1918年	张睿	《治盗说》
第138期	1918年	李迪俊	《谢安石出游山野论》
第140期	1918年	翟桓	《逸人高张贤士无名说》（国文成绩）
第145期	1918年	浦薛凤	《致新旧童子军书》
		赵锡麟	《西山消夏之回顾》
第147期	1918年	浦薛凤	《童子军汇志》
第148期	1918年	罗隆基	《息内争议》（国文成绩）
第149期	1918年	浦薛凤	《中华童子军协和组织政策及规则》
第150期	1918年	浦薛凤	《红豆怨史》
第151期	1918年	赵锡麟	《公理与强权》
		浦薛凤	《童子军汇志》
第152期	1918年	罗隆基	《左传臧武仲不能诘盗感言》
第155期	1918年	罗隆基	《级鬼篇》（*Class Spirit*）
第156期	1919年	罗隆基	《级鬼篇》（续）（*Class Spirit*）
		赵锡麟	《课余偶谈》
第157期	1919年	浦薛凤	《清华童子军与各处联络之先声》
第159期	1919年	罗隆基	《今后之清华》（言论）
第160期	1919年	赵锡麟	《参议院旁听记》（纪事）

续表

期号	年份	作者	标题
第 160 期	1919 年	罗隆基	《恶是何言也》（警钟）
		赵锡麟	《国内大事记》
第 161 期	1919 年	赵锡麟	《陈焕章博士演讲读经益处之纪设》（纪事）
		赵锡麟	《会议须法》（警钟）
第 162 期	1919 年	罗隆基	《清华国文教授改良之商榷》
		赵锡麟	《国内大事记》
第 163 期	1919 年	罗隆基	《清华国文教授改良之商榷》（续）
		浦薛凤	《读史箚记》（国文成绩）
第 165 期	1919 年	胡道维	《范文子不欲与楚战》（国文成绩）
		胡道维	《猴战》（国文成绩）
第 166 期	1919 年	萧公权	《质问》（言论）
第 167 期	1919 年	胡道维	《手段》（言论）
		胡道维	《教员之偏倚病》
第 168 期	1919 年	赵锡麟	？言七则
第 173 期	1919 年	赵锡麟	《出洋问题》《科长问题》《级长问题》（闲评）
第 175 期	1919 年	赵锡麟	《课余评论》（闲评）
		王造时	《一次被捕始末记》（纪事）
第 177 期	1919 年	赵锡麟	《世界常识》
		王造时	《一次被捕始末记》（续）
第 178 期	1919 年	王造时	《一次被捕始末记》
第 180 期	1919 年	王造时	《救国之第一步方法》
第 181 期	1919 年	王造时	《提倡社会教育》
第 182 期	1919 年	赵锡麟	《是何故也？ / 其故安在？》（言论）
第 185 期	1920 年	浦薛凤	《清华周刊》
		王造时	《学生自治的原始和界说》
		赵锡麟	《学校与家庭》《学生与校章》《西园工作》
		翟桓、周念成	《本学期会务一瞥》

续表

期　号	年　份	作　者	标　题
第 186 期	1920 年	赵锡麟	《改革国文部最宜注意之点——人的问题》
		王造时	《教授国文的我见》
		浦薛凤	《沙场夜梦》
第 187 期	1920 年	王造时	《男女同校的答辩》
第 188 期	1920 年	王造时	《答辩梁聂二君的〈驳孔教问题〉》
第 189 期	1920 年	翟桓	《一九一九年英国小说界之回头》
		翟桓译	《一个朋友（俄国柴霍甫著）》
第 210 期	1921 年	李迪俊	《清华周刊的糟点和补救他的方法》
第 211 期	1921 年	李迪俊（译）	《最后之动员令》
第 214 期	1921 年	李迪俊	《释〈时评〉》
		李迪俊	《旷？职和失职》
第 216 期	1921 年	姚永励	《清华学生的性命》
第 217 期	1921 年	姚永励	《中论清华学生之生命》
		李迪俊	《包办制和责任心》（时评）
第 218 期	1921 年	李迪俊	《我们为什么要求暑假留校》
第 220 期	1921 年	李迪俊	《进一步办法——一个重要的提议》
第七次增刊	1921 年	梁朝威	《各级应采用委员制及职员轮流的建议》
		王造时	《学生法庭试行的研究》
		陈念宗	《学生法庭》
		动生	《学生自治与学生法庭》
		赵锡麟	《清华国文部切实改进之机运》
第 235 期	1921 年	罗隆基	《我的态度和主张》
		姚永励	《解决母校问题之意见》
第 243 期	1922 年	翟桓	《旁听学生法庭第一次开庭后》
第 246 期	1922 年	赵锡麟	《取消留级后吾人应有之觉悟》
		傅正	《清华斋务处与学生法庭》
第八次增刊	1922 年	李迪俊	《灾区报告》
第 250 期	1922 年	王造时	《劈头一个问题——提高清华国文程度》

续表

期　号	年　份	作　者	标　题
第 252 期	1922 年	翟桓	《周刊内容彻底改革之商榷》
第 253 期	1922 年	梅汝璈	《辟文风》
第 264 期	1922 年	时昭瀛	《留美通信（续二五三期）》
第 265 期	1922 年	李迪俊	《评议部主席应当有主张吗？》
第 278 期	1923 年	翟桓	《评议部与学生会》
		翟桓	《董事会问题之旧话重提》
第 280 期（春假生活号下）	1923 年	李迪俊	《游张家口漫记》
		时昭瀛	《明尼苏他省同学新闻》
		赵锡麟	《留美通信〈锐德大学之生活〉》
第 282 期	1923 年	翟桓	《会社备案》
		谌志远	《“分数迷”与教员及记分法》
第 285 期（赠言号）	1923 年	翟桓	《留别之言：我为什么学政治？》
第九次增刊	1923 年	王造时	《改良清华计划大纲》
第 295 期	1923 年	梅汝璈	（社论）《辟妄说》
第 298 期	1924 年	梅汝璈	（社论）《清华毕业同学与董事会改组》
第 398 期第 27 卷第 1 号	1927 年	张彝鼎	《政党新论》
第 399 期第 27 卷 第 2 号	1927 年	张彝鼎	《公开与秘密的外交》
		张彝鼎	《政党新论》（续）
第 401 期第 27 卷 第 4 号	1927 年	张彝鼎	《日本宪本联合政局》
		张彝鼎	《政党新论》（续）
第 402 期第 27 卷 第 5 号	1927 年	张彝鼎	《英波关系略史》（学术研究）
		张彝鼎	《南北妥协》
		张彝鼎	《政党新论》（续）
第 403 期第 27 卷 第 6 号	1927 年	张彝鼎	《政党新论》（续）
第 405 期第 27 卷 第 8 号	1927 年	张彝鼎	《政党新论》（续）
第 407 期第 27 卷 第 9 号	1927 年	张彝鼎	《战争心理学中的几个假定》

续表

期　号	年　份	作　者	标　题
第409期 第27卷 第12号	1927年	张彝鼎	《战争心理学中的几个假定》
第410期 第27卷 第13号	1927年	张汇文	《威海卫问题》(学术研究)
第411期 第27卷 第14号	1927年	张汇文	《威海卫问题》
第412期 第27卷 第15号	1927年	张汇文	《威海卫问题》
		陈复光	《朱子学派与阳明学派之大别》

注：该表根据清华图书馆所藏《清华周刊》整理。

《清华周刊》也是当时师生讨论校务的平台，唐悦良、余日宣、陆懋德、燕树棠、胡道维、萧公权、王化成等在回校任教时期亦发表不少文章，或涉教学，或论时政，或为学术。如余日宣《清华课程问题的我见》、胡道维《多元政治论》、燕树棠《公道与法律》、萧公权《晋代反政治之政治思想》等。

第五节　爱国运动

清华由美国所退庚款而来，美国原想通过这种方式“从知识上与精神上支配中国的领袖”，“使类似（义和团运动）的事件难以再生。”由于退还庚款受到严格监管均投入清华学校，因而清华初期资金充足，教学条件优厚，这些都使清华成为当时国内高校中十分独特的一支，受到社会广泛关注，而这些关注中，对清华崇洋媚外的担忧和批评声音甚为强烈。无论外界如何质疑，清华学子的民族自尊心和爱国热情是不容置疑的，在历次爱国运动中，清华学子用实际行动诠释了知识分子对国家的责任。

一、“五四”运动

1919年5月4日，“五四”运动爆发。北京城内十几所学校3000余名学生游行示威，并火烧赵家楼，痛殴章宗祥。“五四”运动由北大首先发起，清华由于地理位置等原因，参加得迟了一些。当日下午，城内消息传到清华，使得远离市区偏僻闭塞的清华园沸腾起来，学生们义愤填膺，怒火中烧，当日晚，高等科二年级学生闻一多连夜赶写了岳飞的《满江红》并贴在饭厅门口，以表收复失地的决心。

次日，清华学生召开会议，当场一致通过了三件事：(1)与北京学生采取一致行动，宣布从即日起罢课；(2)组织成立“清华学生代表团”；(3)派代表与北京各校联络，互通声气。下午，各校学生在北大法科召开全体联合大会。清华派代表黄珏生等参加，并当场宣布：“我校僻处西郊，(昨日)未及进城，从今日起与各校一致行动。”

7日，清华学生代表团正式宣布成立，当日出席代表共有57人。代表团负责的事务有组织游行演讲，派代表往各省联络，派代表会见各国公使，致电巴黎和会要求主持公道等。

9日，清华校园内挂半旗，各处电线杆上都贴着“勿忘二十一条！”“还我青岛！”等标语。全体同学在体育馆举行了“国耻纪念会”，会上决议通电巴黎和会的中国代表，要求拒绝签字。全体同学庄严宣誓：“口血未干，丹诚难泯，言犹在耳，中岂忘心。中华民国八年五月九日，清华学校学生，从今以后，愿牺牲生命以保护中华民国人民、土地、主权，此誓。”散会后，还在大操场上焚烧了校内的日货。

“五四”游行大示威后，城内高校很多学生领袖被反动当局逮捕。各校代表应清华学生代表团的邀请，聚集清华工字厅内开会；决定为了营救被捕同学与扩大“五四”影响，各校组织宣传队立即上街进行宣传活动。6月3、4两日，各校共出动了几千学生上街宣传。清华同学也组织了“救国十人团”和18个宣传队(每队有5~10人)奔赴城内开展反帝爱国演讲。清华在6月3日有100余名同学进城演讲，被捕达40余人；4日进城演讲人数增至160余人，被捕者近100人。学生的爱国运动获得北京各界人民和上海工人的支持，宣布罢市罢工，下午北京政府迫于压力同意释放学生。学生的运动一直坚持到6月8日。后来6月28日中国代表团拒绝在对德和约上签字，“五四”爱国运动取得胜利。

潘大逵在其回忆录中对“五四”运动有如下记述：

在这场运动中，清华的代表人物是罗隆基、陆梅曾、陈长侗、何浩若等人，我们这些低年级同学，只是听候指挥，跟着游行，宣传、

呼口号，随他们的行动而行动。记得“五·四”当天，校中除少数几个学生领袖外，并未发动全体同学参加游行，这当然是由于我校离城太远，消息失灵，因而准备不及。但在以后几天及延续到六月、八月的游行示威，我们清华学生都是踊跃参加了的，有的同学且被捕走，但皆不过数日即行获释。从清华园入城，尽管有一站火车，可是一因人数多，再因开车时间也不合适，所以我们每参加游行，就得要半夜起床，洗了脸拿起冷馒头就步行出发，及至通过西直门到达天安门广场时，往往还是迟到。在“五·四”以后的几次游行示威中，我曾于东安市场作爱国反日宣传，站在板凳上讲演，并高呼“拒绝和约签字”“誓死争回青岛”“打倒卖国贼”“抵制日货”“废除二十一条”等口号。此一运动不旋踵间已弥漫及于全国。即在北京，亦有更多的群众受到机动，愤然而起，纷纷投身于运动之中，眼见星星之火，势将燎原。反动当局鉴于形势严重，镇压不了，只得于5月7日将“五·四”当天扣捕的几十名学生全部释放，究其用心，不外是想把局面缓和下来。

然而运动并未就此结束，学生还是继续罢课。到了6月，更在上海成立了全国学联，声势益见浩大。在运动中，青年学生们政治觉悟大大提高，精神奋发，斗志昂扬，人人作反帝反封建的急先锋。这时一些爱国忧时之士，认为只有“德先生（民主）”与“赛先生（科学）”才能救国救民，于是“德先生”与“赛先生”的口号一时响彻全国，高入云霄。爱国团结的旗帜四处飘扬，民气尤多奋张。这些可喜现象，都应视作是“五·四”运动的胜利。①

五四运动对于清华的震撼是巨大的。五四以前，清华学生的政治兴趣较为淡薄，对国家大事未显示关切，校内政治活动极少。而五四运动中，同学们的热情却很高涨，尤以法政人最为积极活跃。当时由冀朝鼎带着一个小队到西城宣武内城绒线胡同附近演讲，被军警拘捕，送往北大三院，关了三天。五四以后，革命的火种在清华园悄悄点燃了。

二、“三·一八”惨案

1926年3月12日，冯玉祥的国民军与奉系军阀作战期间，日本

① 潘大逵：《风雨九十年——潘大逵回忆录》，102页，成都，成都出版社，1992。

军舰掩护奉军军舰驶进天津大沽口，炮击国民军，守军死伤十余名。国民军坚决还击，将日舰驱逐出大沽口。日本竟联合英美等八国于16日向段祺瑞政府发出最后通牒，要求撤除大沽口国防设施的无理要求。3月18日，北京群众五千余人，由李大钊主持，在天安门集会抗议，要求拒绝八国通牒。段祺瑞下令开枪，当场打死四十七人，伤二百余人。清华学生参与了此次行动，并有学生丧生，令全清华愤怒。张彝鼎以其亲历撰文特为记述：

十八日惨案之经过①

张彝鼎②

国务院门口的惨剧发生以来，已经一周了。校内外人士或有不明了本校同学对该运动之经过情形者，特为专记述之于下：

十七日段宅的留学，本校学生初步之知，即次日的游行，亦直至十七日晚十时半，评议部主席黄仕俊始接到翠花胡同国民党部通知的电话。当即摇铃着急评议会，通过参加国民大会，同时并通过“专对外不对内”的原则，如涉及对内问题，本校即单独行动。当时有人问及对内对外界说，评议部乃决定由每级举二人为临时代表团，解决临时事件。时干事部主席徐君敦璋请假，彝以总务科副科长代行职权，当即请干事部各科长及其他同学帮忙筹备一切，次晨并请定方君宗汉为总指挥。

十八日晨八时半，方君带领同学出校时，彝以传单未就，未能离校。九时始偕尤君家驹进城，直至天安门，时大队已先到矣。是日国民大会由徐谦主席，讲坛前挂血衣及青天白日旗等。惟是日到会人数不及前数次之多。主席报告开会宗旨并演说后，即有人报告先一日留学情形及段政府之可恶等等。同学中有以大会于昨日清华疑案不符质予者，予以此事应询代表主席黄君。后因将及十二时同学遂决定赴东车站用午餐。至东站后因电信尚未到，遂由大会通过先随大队请愿后，再到王府井大街同学会用餐。此时大队遂行，彝与二三人同学先赴同学会。

我等甫抵同学会，忽闻枪声连响不绝，盖是时惨剧已开始矣。

① 《清华周刊》第372期，1926年3月26日。

② 1928年留美预备部毕业。国际公法——Ph.B.（Chicago）’29；政治学——M.A.(Chicago)’30；Ph.D.(Columbia)’33 武昌行营侍从第五处秘书。

急出门外，则见国民军大刀队往北飞奔，受伤者往南飞奔。枪声至十五六分钟后始停，而同学来者只有邹君邦梁等数人。后陆续逃来者前后约四五十人。据该君等报告谓，不知何故卫队忽然开枪，上网枕藉，情形惨不忍睹云云。

此时受伤同学大半赴协和，轻伤或未伤多陆续回校。是晚调查得结果如此：

韦杰三君（新大一）生殖器及腹部伤孔四。

丁绪淮君（高三）枪弹伤及肺部。

汪燕杰君（新大一）腿部受伤。

孟泰庄君（高一）腿部受伤。

黄仕俊君（大一）压伤。

何鸿烈君（高三）脚上踏伤。

当晚校中因评议部黄吴二主席均未返校，张君锐当选代理主席，次晨并通过反对惨杀案通电等案。并组织出席代表委员会，由包、张、汪、何、李等担任，专管大沽及惨杀两案，对外事件云。

旋黄君返校，同学中渐有表示不满者，此时条告满墙，颇有二年前反对改组董事会委员会五项原则之概云。二十日晚开大会，罢免评议会之议案，遂依法通过矣。有人解释法律，谓干事部为评议部产出，应随带罢免，亦经通过。临时举出委员黄、徐、温、王、汪、戚、程等七人，暂时负责。

自是日起学校已允停课一周以示哀悼。而新大一同学韦君杰三亦于二十一日晨一时，溘然长逝矣！呜呼痛哉！

在历次学生运动中，清华法政人皆积极奔走参与，虽难以计算其贡献，但以天下为任之担当已堪铭记于史。

第三章　列传

清华“史前期”留美生并无在清华园校园生活，清华学校留美预备部虽有教学活动，其中列有法政课程，仍不可称有系统法政教育。所有法政人所受系统严格训练，大抵俱在留美期间，自然遵循美国各校之规则。此一清华法政“萌芽期”历史，虽不可将这批法政人物的功业归之于清华的教育，然而如前所述，留美生之专业志趣、留美预备期校园生活之性情，在留美时期有相当延续，加之归国后多人曾任教清华及其他大学，其个体经验对于大学时期之法政教育遂有重要贡献。而清华学子相互间基于母校情感的联系，多少影响了一代清华人的职业取向，其相砥砺携助多少体现于各自的人生轨迹之中，因此亦有必要对其间脉络加以措意。

1909 至 1929 年自清华园赴美学习法政的庚款生，其中百科全书式人物胡适，传述之丰，自不必学舌重复；负有盛名如萧公权、钱端升等，早已是学术研究的对象；向哲濬、梅汝璈等亦超越历史沉浮，为人们重新认识。于此以清华法政名义为传，虽限于史料，撰者仍期望可以约略勾划早期清华法政人群像，尤其无闻于经传却亲身推动历史事件者，亦希望能够展现其应当被记载的贡献。

为撰述及阅读之便利，以下循例分教育学术、政经、外交、军事等类目，但须提醒读者注意的是，此一时期清华法政人“专业”分野并不十分明确，且出于法政人对国家社会态势的敏感及责任感，其职业、事业、关注总是应时而动，应事而变化。因而不少起初从教者在国家兴亡之际投身政界，却并非“学而优则仕”的典型；以教育学术为业者，在个人学术研究之外，亦大多参与政治活动或于报刊发表文章纵论时局。故此，本节之分类乃粗略划分，所依据者，亦人物行迹之主要方向而已。

第一节　教者列传

作为一时精英，留美生学成归国进入大学任教，是顺理成章的选

择。早期清华法政人甫归国先入大学执教，再转入或兼任政经外交等职业者，为数不少，例如张福运、卫挺生、刘师舜、王化成、陈之迈、甘介侯、时昭瀛、杨光泩，其中部分投身政界者在时局更易后又返回校园，如浦薛凤、沈乃正；亦有供职别处但长期或短期兼任大学教职者，如唐悦良、张国辉、段茂澜、李迪俊、张忠绂、刘驭万、冀朝鼎、乔万选、汪世铭等，以及脱离政界教书为业者如陆守经等；作为著名社会活动家、爱国民主人士的罗隆基、王造时、彭文应，执教大学是其在民国时主要职业之一；以东京大审判载入史册的向哲濬、梅汝璈也有相当辉煌的大学教授生涯。

本节所谓教者，乃以教育学术为业或为毕生主要事业者，如萧公权、钱端升、陆懋德、余日宣、鲍明钤、金岳霖、陈复光、华秀升、严继光、杨永清、燕树棠、林同济、沈乃正、王世富、潘大逵、孙浩烜、杨宗翰、王际真、余文灿、张汇文、翟楚、徐敦璋、张葆恒、崔钟秀、金通艺、谌志远、何孝元等。以教育学术为业者，大多先后在多所大学执教，除抗战时大学南迁等原因外，当时大学选聘教授之自由、留洋归国学者之受重视，应为主要原因。早期清华法政人的从教足迹，覆盖了当时中国全部重要学府，如清华大学、北京大学、燕京大学、辅仁大学、中央大学、复旦大学、南开大学、光华大学、东吴大学、武汉大学、中山大学等；而谈到东陆大学（云南大学之前身）、东吴大学早期发展，则无法绕过华秀升、杨永清之贡献。不论在哪所大学，清华早期法政人的执教科目大多未出法律、政治、经济等法政领域，个人学术兴趣亦着重于此。

从下表中，可观早期清华法政人民国时期执教国内大学情形之概貌：

表 1-3-1　早期清华法政人民国时期执教大学概览

清华大学	浦薛凤（曾任政治学系主任）、钱端升、燕树棠（曾任法律学系主任）、王化成、余日宣（曾任政治学系主任）、金岳霖（曾在政治学系任教，后任哲学系主任、文学院院长）、刘师舜、陈之迈、陈复光、沈乃正、萧公权、杨光泩、胡道维、陆懋德、刘寰伟

续表

北京大学	唐悦良、胡适（曾任文学院院长）、张福运、浦薛凤、钱端升、萧公权、燕树棠（曾任法律学系主任）、陈之迈、杨宗翰、胡道维、张忠绂（曾任政治系主任）、向哲濬、余文灿
南开大学	萧公权、陈之迈、余日宣（曾任教务长）、鲍明钤、沈乃正、段茂澜、张忠绂、林同济、陆守经、梅汝璈
西南联大	浦薛凤、王化成、沈乃正、罗隆基、梅汝璈、钱端升、燕树棠（法律学系主任）、陈之迈、金岳霖
燕京大学	萧公权、陈复光、徐敦璋、陆守经、王世富
北平师大	唐悦良、鲍明钤（曾任英文系主任）、杨宗翰、陆懋德、王世富
辅仁大学	杨宗翰、陆懋德、鲍明钤
交通大学（北京）	张福运（曾任校长）
东北大学	萧公权、张忠绂、鲍明钤
中央大学	钱端升、李迪俊、曾友豪、崔钟秀、翟楚、王季高、何义均、张汇文、向哲濬
政治大学	张汇文
复旦大学	卫挺生（曾任经济系主任）、余日宣、林同济、梅汝璈、程德谓
光华大学	罗隆基、潘大逵、彭文应、王造时、萧公权、金通艺
沪江大学	余日宣（曾署理校务）
大夏大学	孙浩烜（首任法学院院长）、甘介侯、谌志远
大同大学	程德谓、刘寰伟
同济大学	刘寰伟
上海法学院	潘大逵、彭文应
暨南大学	潘大逵、冀朝鼎
圣约翰大学	冀朝鼎
东吴大学	杨永清（首任华人校长）、乔万选、刘世芳、曾友豪、向哲濬
浙江大学	沈乃正
厦门大学	张国辉、王世富（曾任政治学系主任）
武汉大学	燕树棠（法律学系主任）、梅汝璈、时昭瀛

续表

中山大学	梁朝威、张葆恒（曾任外文系主任）
广东大学	谢保樵
四川大学	萧公权、徐敦璋、凌均吉
重庆大学	潘大逵（曾任法学院院长）
西南法学院	潘大逵（曾任政治系主任）
东陆（云南）大学	华秀升（曾任校长）、陈复光、严继光、浦薛凤、林同济（曾任文法学院院长）、潘大逵
河南大学	杨宗翰、王世富
兰州大学	曾友豪
湖南大学	翟楚
齐鲁大学	张国安

限于史料，一些人物如孙浩烜、谌志远、严继光、余文灿、徐敦璋、崔钟秀、金通艺、翟楚等仅有一鳞半爪信息，其执教及学术研究详情暂不得而知，简况请参看附录一。限于本书主旨、体例及篇幅，赴美学习法政而后转向文学、哲学、历史、工程等领域者，如刘寰伟[①]、陆懋德[②]、金岳霖[③]、王际真[④]、杨宗翰[⑤]、张葆恒等亦不加详述，

① 刘寰伟（1891—1982），又名刘炳植、刘译，广东台山人。1910年考取清华庚款留美预备班，随后赴美入读康乃尔大学，先后学习政治经济、土木工程、军事工程。1916年回国后投身教育，先后在北京清华大学、上海圣约翰大学、大同大学、市立工业专科学校、同济大学等校任教员、讲师、副教授、教授等职。又任天津水利委员会测量技师、上海华侨教育委员会总务秘书及沪杭甬铁路产业课课长。抗战期间，刘不愿为日军服务，日军焚毁其真如家宅。刘熟读本草，深晓家传医术，精心研究癣疾顽症，得其妻翁爱真大力支持。1933年起，将祖传秘方配以西药，并以传统中医药为配制法，研制成治癣症湿气、鹅掌疯等患疾的华佗膏，早期仅以馈赠亲友患者使用，因效果显著，传闻渐广，声誉不胫而走，继而酌收工本费以“刘氏药局”命名上市，行销渐畅，直至香港。1959年7月，“刘氏药局”并入闸北药材加工厂（闸北中药饮片厂前身）。后因年老体衰，弃商休闲。1980年1月，赴美国费城定居。（上海地方志—区县志—闸北区志—第三十九编人物，参见网址：http://www.shtong.gov.cn/node2/node4/node2249/zabei/node40620/node40622/node63623/userobject1ai52168.html）

② 陆懋德，别号泳沂，山东历城人，生于1885年。1911自清华赴美留学，获威斯康星大学文学学士及俄亥俄大学文科硕士学位。历任清华大学、北平师范大学、辅仁大学、西北师范学院教授。1937年起历任西安临时大学、西北联合大学、西北大学历史系教授、系主任。1944年，陕西省立师范专科学校成立，应校长郝耀东教授之邀，任陕西省立师专史地科教授。著有：《商容传说之伪辨》《甲骨文之历史及其价值》《形名发微》《中国上古史》《瑚琏考》等。其中《中国上古史》于1941年获民国政府教育部著作发明三等奖。值得一提的是，学术界对甲骨文的称谓在20世纪二十年代以前，没有一个统一的提法。自1923年陆懋德《甲骨文之历史及其价值》一文发表后，便约定俗成，把商代刻在龟甲、兽骨上的文字统称甲骨文了。（参见陕西师范大学档案馆网站资料及百度百科陆懋德词条）

请读者参看注脚文字及附录一。以下仅依既有材料，以自清华毕业时间为序，略述早期清华法政人从教事迹。

一、余日宣

余日宣（1890-1958），湖北蒲圻人。1913 年毕业于清华学校，赴美留学，1917 年获普林斯顿大学获政治学硕士学位，历任武昌文华大学教授、天津南开大学教授暨教务长、北京清华学校（大学）教授暨政治学系首任系主任、国民政府军政部中校秘书、上海沪江大学文学院教授暨校长、复旦大学外文系教授等职，讲授公民学、比较法制、政治学及远东政治、政治科学与政府等课程。其长兄余日章，亦为民国时期的著名人物，毕业于哈佛大学研究院，获得教育学硕士学位，曾任文华大学附中校长、黎元洪的英文秘书、全国青年协会总干事，参与过孙中山《建国大纲》的编写工作。

1926 年秋清华大学成立政治学系，余日宣为首任政治学系主任，教授有钱端升、刘师舜、郑麐等人，当年入政治学系 29 人，居全校

（接上页）

③ 金岳霖（1895—1984）中国哲学家、逻辑学家。字龙荪，浙江诸暨人士，生于湖南长沙。1911 年入北京清华学堂，1914—1921 年在美国宾夕法尼亚大学、哥伦比亚大学学习政治学，获哥伦比亚大学政治学博士。之后在英、德、法等国留学和从事研究工作。1925 年回国，1926 年在北京清华大学任教授，创办清华大学哲学系。以后任西南联大哲学系教授、清华大学哲学系主任和文学院院长、北京大学哲学系教授和系主任、中国科学院和中国社会科学院哲学研究所研究员和副所长。1954 年被选为中国科学院哲学社会科学部学部委员，1979 年被选为中国逻辑学会会长。1953 年加入中国民主同盟，曾任中央委员、中央常委。著有《逻辑》《论道》和《知识论》。 其中《论道》，其原创性思想之丰富，在中国现代哲学中罕见其匹，被贺麟称为“一本最有独创性的玄学著作”。 而《知识论》更在中国哲学史上首次构建了完整的知识论体系。（参见百度百科—金岳霖词条）

④ 王际真（Chi-Chen Wang，1899—？），字稚臣，原籍山东省桓台县，被誉为在美国中国古代和现代小说研究的奠基人，《红楼梦》以及中国现代小说家之代表鲁迅、巴金、老舍等均通过王际真的翻译第一次为西方人所知。1922 年自清华学校毕业赴美留学，先后在威斯康星及哥伦比亚大学学习政治及新闻学，获学士学位。曾任纽约艺术博物馆（Metropolitan Museum of Art）东方部职员，自 1929 年起任教哥伦比亚大学，曾主持哥大中文系 20 余年。王际真将《红楼梦》节译本 Dream of the Red Chamber，于 1929 年在美国、英国出版。1958 年，该节译本增补后，再次在纽约出版。王译本《红楼梦》虽然只是原书一半回数的节译本，但在杨宪益、戴乃迭 1978 年合译英文全译本出版之前，王际真的译本一直是英美最为流行的《红楼梦》版本，在西方颇受推重。王际真也是译介鲁迅作品的主要译者，共翻译鲁迅小说 13 篇，是当时翻译鲁迅作品最多的人。（参见陈汝洁：王际真：英译《红楼梦》第一人，联合日报 2002-4-26）

⑤ 杨宗翰，字伯屏，生于 1901 年，卒于 1992 年，1920 年，杨宗翰毕业于清华学校，随后留学哈佛，攻读经济思想史。1924 年毕业回国，曾在北京大学、辅仁大学、四川大学、山东大学等高校任教授，主要出任外文系主任，长于考古和莎士比亚研究。杨宗翰的人品学识相当受人尊敬，他精通英文，也能说德语和法语，还懂拉丁文，谙熟西方文化的脉络和思想的源流，于 1943 年被推举为中德学会的中方会长，自此之后，中德学会聚集了众多的中国社会名流。第二次世界大战后，杨宗翰去了国民政府驻雅典大使馆任职。1940 年代年后期，杨宗翰又回到了北平。1950 年，杨宗翰离开大陆赴香港，执教于香港大学。1962 年曾以港澳同胞身份被邀参加国庆典礼。

各系人数之冠。为1928年国立清华大学成立后政治学系的快速发展奠定基础。1928年6月，国民党北伐取得胜利，原由北洋政府控制的清华学校，转而归南京国民政府管辖。北洋奉系军阀退出北京后，校长温应星即向外交部辞职，外交部随即派余日宣代理校长，直至1928年8月17日由蔡元培等人大力举荐，南京国民政府在取得美国公使同意后任命的罗家伦校长接替。

1936年夏，时在沪江政治与历史系任教授的余日宣带领沪江"边疆问题研究社"部分成员远赴西安，面见张学良，向张学良宣传抗日救国。抗战胜利后，沪江大学于1945年10月1日正式复校。上海解放后，沪江大学的校务由余日宣、蔡尚思主持。后沪江大学部分并入复旦大学，余日宣遂任教复旦。

复旦大学曾受教于余日宣的学生回忆：余日宣教授德高望重学识渊博，布衣素服，平易近人，既是忠厚长者，又是睿智哲人。余日宣教授早年留学美国，英国首相劳合·乔治盛赞他的英语流利，谈吐从容。他曾执教南开中学，民国时期上海吴国祯市长以及新中国总理周恩来都是他的学生，但他虚怀若谷，从未宣扬。[①] 著有：《基督徒与集权国家》（香港青年协会书局，1939年1月出版）。

二、鲍明钤[②]

鲍明钤（1884—1961），原为余姚基督教会牧师。自幼生活清苦，曾在宁波读书，后到上海圣约翰学校，1910年入北京清华学堂（清华大学的前身），1913年毕业。经考试于1914年获得中国政府公费赴美留学。1914—1918就读耶鲁大学经济系，获学士学位。求学期间，先后担任"全球俱乐部"主

图1-3-1　鲍明钤

① 余日宣在沪江事迹，参见金昌间：《绵绵情思谢沪江——为纪念母校百年华诞而作》，《沪江青年报》，2007年10月22日。

② 参见《鲍明钤文集》，中国法制出版社2011年版，作者简介及序。

席、中国学生基督教学会主席、东部清华校友会（隶属中国学生俱乐部）主席。1918—1919 年于哥伦比亚大学获得硕士学位。1920—1921 年在霍普金斯大学学习政治学，取得美国政治学博士学位。此外他很重视神学，于 1918—1919 年在纽约协和神学院学习，1919—1920 年在耶鲁大学宗教学院取得学士学位。

1922 年冬回国，开始在天津南开大学教政治学。1923—1926 年任师范大学英文系主任，后到北平大学法学院任政治系教授和主任。1932 年到菲律宾大学任教。1933—1936 年任东北大学政治系教授。1938 年在伪满洲国新京建国大学任政治学教授。1939—1945 年，拒绝与日本侵略者合作，以生病为名在家休养。1946 年 6 月 10 日，与符定一、陈瑾昆一起赴延安考察。1947—1949 年，于朝阳大学、辅仁大学等校兼课，其间，因同情学生运动，曾一度被捕，后经亲属营救后始出狱。1952 年，全国高等院校院系调整，政治学专业被取消，英语课也为俄语课所取代，故赋闲在家。1961 年底病故。

著有 *Modern Democracy in China*（《中国民治论》，又名《中国民治主义》，于 2011 由商务印书馆作为《中华现代学术名著丛书》第一批英文品种图书出版）、*The Foreign Relations of China: A History and A Survey*（《中国对外关系：历史及概述》）、*The Open Door Doctrine in Relation to China*（《门户开放主义与中国的关系》）、*China and World Peace: Studies in Chinese International Relations*（《中国与世界和平：中国国际关系的研究》）、《中国现代政治》（演讲集）等。

图1-3-2 杨永清

三、杨永清

杨永清（1891—1956），中国教育家、外交家，为东吴大学首任中国籍校长。字惠庆，浙江省镇海县（宁波）人，生于江苏省无锡市基督徒家庭。

1909 年，毕业于东吴大学，随即任教于清心中学和东吴大学附属中学。1914 年，杨永清获得清华大学选派资格，赴美国威斯康星大学留学，1918 年获法学学士，1919 年获文学硕士。在美国留学期间，杨永清曾担任《中国学生月刊》的主编，1917 年出任美国中国学生会会长。

1922 年，杨永清被举荐为东吴大学的副校长，但未能成行。1927 年，杨永清出任东吴大学校长，是为东吴大学校史上第一任中国籍校长，直至 1952 年院系调整东吴大学并入江苏师范学院。杨永清就任东吴大学校长以后，励精图治，东吴大学取得了较大发展，成为我国东南著名的高等学府之一，抗日战争期间，东吴大学的内迁工作亦由杨永清主持。1945 年至 1946 年，杨永清曾先后就职于美国旧金山联合国国际秘书处和英国伦敦联合国国际秘书处。在 1947 年东吴大学欢迎杨永清回国的集会上，他说"永清有三件一直不能忘怀的事——祖国、母校东吴和青年。"

在服务东吴大学之前，杨永清有一段值得称道的外交生涯。1919—1922 年，杨永清在中国驻英公使馆担任随员秘书，同时兼任国际联盟第一届大会中国代表团秘书和华盛顿太平洋裁军会议中国代表团的秘书。1922—1927 年，杨永清曾就职于北京外交部，担任秘书和条约司等职务，负责起草取消不平等条约的照会，是时任外交部长顾维钧的得力助手。

作为享有国际声誉的学人，1935 年，应美国夏威夷大学，埃默里大学，杜克大学，鲍登大学的大学邀请，杨永清出任上述美国大学的客座教授，主讲中国文化，其讲稿结集为《学道爱人》(英文)，在美国出版。[①]

四、燕树棠[②]

燕树棠（1891—1984），字召亭，河北定县人。1914 年毕业于北洋大学法科，1916 年通过清华专科考试赴美，入哈佛大学、哥伦比

① 参见:《中国英美法学教育的摇篮(一)》,http://www.lawsz.cn/dongwu/xuetong/200612/280.html;《杨永清：东吴首任华人校长》,《姑苏晚报》, 2010 年 4 月 11 日。

② 关于燕树棠学术思想，请参看陈新宇：《法治的恪守者——燕树棠先生的生平与思想》，载《华东政法大学学报》, 2009 (4)。

图1-3-3　燕树棠

亚大学、耶鲁大学学习，1917 年获得哥伦比亚大学法学硕士学位（L.L.M.）、1920 年获得耶鲁大学法理学博士学位（J.S.D.）。

归国后，燕树棠曾担任北京大学法律学系教授暨系主任，武汉大学法律学系教授暨系第一任主任（燕氏曾三入武大，皆任系主任），清华大学法律学系、政治学系教授暨法律学系第一任系主任，西南联合大学法律学系教授暨系主任、系教授会主席，主讲国际私法、国际公法、宪法、法理学、民法概论、民法总则等课程。法学杏坛，燕氏堪称奠基者之一。

传道授业的同时，燕氏积极入世，曾兼任中央法制局编审、宪政实施协进会会员、监察院监察委员、第一届司法院大法官、联合国教育科学文化组织中国委员会第一届委员、中华民国法学会编辑委员会委员等职务，负责起草了《中华民国民法》亲属编草案，参与《中华民国宪法》草案之修改、讨论。

作为民主爱国人士，燕树棠嫉恶如仇，以法为剑，反抗威权暴政。1926 年“三·一八”惨案发生后，其有状告段祺瑞之举；1945 年抗战结束后的反内战运动中，其是《国立西南联合大学全体教授为 11 月 25 日地方军政当局侵害集会自由事件抗议书》的八名起草委员之一；在“一二·一”惨案发生后，其为联大法律委员会委员之一，对包括云南省前警备司令关麟征、第五军军长邱清泉在内的涉案人员提起诉讼。

1949 年后，燕树棠在武汉大学法律系编译室、武汉大学图书馆工作，并兼任湖北省政协委员、湖北省政协政治学习小组副组长、中国对外文化协会武汉分会理事、中国政法学会理事会理事等职，历经“运动”，仍以顽强之生命力，守来平反之日。1984 年 2 月 20 日，贤者其萎，享年九十有三。

燕树棠笔耕不辍，著有论文、时评与书评多篇，所论既有对西学理论之引介梳理，又有对中国问题之研究阐发，内容兼及法理、宪法、国际法、民法、刑法、司法制度与法学教育诸多领域。其著述经后人整理编辑，以《公道、自由与法》之名刊行（汉语法学文丛，清华大学出版社，2007）。

图1-3-4　华秀升

五、华秀升[①]

华秀升（1895—1954）名时杰。蒙古族。玉溪市通海县城兴家巷人。1908年考入北京清华学校，是清华1917年百米赛跑中超越当时著名的运动员潘文炳10.04秒成绩的短跑健将，这个成绩也是民国初年全国的最好成绩，直到1926年才被人打破。1919年赴美留学，先后入密苏里大学、哥伦比亚大学学习政治经济，获学士、硕士学位。毕业回国后，1924年被聘为东陆大学（今云南大学）教授兼文科主任，同时兼任高等师范学校校长和美术学校校长；1928年任东陆大学副校长、代理校长。

在华秀升主持东陆大学期间，对机构实行重大改革：取消训育部，只设学监管理学生生活；积极倡导不同学术思想争鸣，活跃学校的学术民主气氛；同意学生恢复自治会，由学生自选自治会主席；实行严格的学分制，考核学生的学业成绩；加强学生体育锻炼，提高身体素质；亲自到北京、上海聘请著名教授来校任教等。他的这一系列改革让东陆大学的面貌一新，受到教育界的赞赏。

1931年日本侵占东北的消息传来，华秀升领导东陆大学师生于当年月恢复了1928年因抗议日本出兵山东而组织的救国会，在师生中组织义勇军进行军事训练，把正准备出版的学术性刊物《东大月刊》改为《东大特刊·抗日专号》出版，亲自写了刊头语，阐明出专刊的目的是“拿笔杆子来尽我们当国民的义务”。1933年他被任命为云南

① 参见施律：《云大第二任校长华秀升在云南首先推行学分制》，载《生活新报》，2006-4-16。

图1-3-5　钱端升

省审计处处长、会计处处长，抗日战争胜利后任云南省财政厅厅长。

1948年，中统密电缉拿严办在财政厅供职的中共地下党员李绍基、张亚民，华秀升得知这一消息后，不畏风险，立即派人密告他们两人迅速离开昆明，使二人免遭逮捕。昆明解放前夕，朋友们劝他出国，他毅然留在昆明，并积极拥护和支持云南省政府主席卢汉和平起义。

六、钱端升[①]

钱端升（1900—1990），字寿朋，1900年2月25日生于上海，1917年考入北京清华学校，1919年被选送美国北达科他州立大学，后入哈佛大学研究院深造，24岁获哲学博士学位。

钱端升“以教书为业，也以教书为生”，但亦关心时政，在时评领域占有一席之地。作为政治学、法学教授，1924年归国后，钱端升先在清华大学讲授政治学、宪法学。1927年，任教于南京中央大学，1930年，钱端升回清华政治学系任教并兼任课北大，1934年再度前往南京中央大学。抗日战争爆发后，钱端升参与筹建西南联大法学院，于辛勤教学外，撰写有关国际时事的论文和学术研究的专著，积极参加加强抗日统一战线的活动。1937—1949年，钱端升四次应邀赴美国参加学术会议和讲学。其中1947年10月至1948年，钱端升任哈佛大学客座教授，讲授《中国政府与政治》。1948年回国后于北京大学任教，被选为第一届中央研究院院士。1949年5月，被任命为北大法学院院长。1952年院系调整，钱端升参与北京政法学院筹建并担任首任院长。

作为时评家，钱端升1927年在《现代评论》杂志连续发表论述，强烈要求废除“领事裁判”，归还租界；并主张吸取西方经验，建立完善的中国行政系统。1934年，继任天津《益世报》主笔，数月间

① 关于钱端升学术及生平，请参看《钱端升先生纪念文集》，北京，中国政法大学出版社，2000；许章润：《所戒者何——钱端升的宪政研究与人生历程》，北大法律信息网；陈夏红：《百年中国法律人剪影》，北京，中国法制出版社，2006。

发表议论170篇，针砭时弊，后被迫去职。钱端升在1947年之后还是储安平主编的《观察》杂志撰稿人之一，写了不少抨击国民党的法西斯统治的文字。

除了坚持学术报国、言论救国之外，钱端升亦以实际行动参与救国、建国大计。1937年卢沟桥事变后，上海"八·一三"战事骤起，日本侵华势力大举进犯。南京国民政府特意派出胡适、张忠绂和钱端升三位北大教授，赴美、英、法等国宣传抗日，争取各方的援助，到1938年才返回国内。1949年后，兼任外交学会副会长、对外友协副会长、世界和平理事会理事、外交部顾问，致力于新中国法制建设。1954年，钱端升被聘为全国人大宪法起草委员会顾问，参加新中国第一部宪法的起草。

1957年，钱端升被错划为右派，迫离讲坛。1974年，出任外交部国际问题研究所顾问及法律顾问。"文革"结束后，被选为第六届全国人民代表大会常务委员会委员、法律委员会副主任委员等职，主编法律学丛书。1990年1月21日病逝。

钱端升毕生从事政治学、法学研究，并积极参与政治，在一系列重大问题上提出自己的看法。钱端升撰有《法国的政治组织》(1930)、《德国的政府》(1934)、《法国的政府》(1934)、《比较宪法》(1938)、《民国政治史》(1939)、《战后世界之改造》(1943)、《中国政府与政治》(1950年，美国哈佛大学出版，英文版)等学术专著，合著有《比较宪法》《民国政制史》等。

七、陈复光[①]

陈复光（？—？），字勋仲，清华学校1920级留美生，在哈佛大学获得外交史及国际法博士学位（1923年）后，赴欧洲考察。回国后，先后在清华大学、燕京大学任教，同时兼任北京政府司法部所属法权讨论会秘书。1928年，陈复光到黄埔陆军军官学校任教官。1930年，回到云南被聘为东陆大学（云南大学前身）教授，主讲各国政治，兼任云南全省公路经费委员会委员，抗战期间任陆军第三十八军特别党部筹备委员会常务委员。

① 参见谢本书：《著名学者陈复光与中俄关系史研究》，《云南社会主义学院学报》，2000(1)。

陈复光的《有清一代之中俄关系》（云南大学文法学院 1947 年）被学界认为是 1912 年至 1949 年间中国研究清代中俄关系史的最高成就。作者在自序中说："盖撰史首在搜罗广博，取材精当，而撰外交史，尤须采集有关各国对外国策之资料，庶纪事立论，较近客观。学术研究，宜力求正确也。"在这种认识的指导下，他从 20 世纪 20 年代在美国哈佛大学学习外交史及国际法时起，就多方搜集资料，凡有关的各国外交档册、官书、当事人之传记、奏议、回忆录、日记、谈话记录及其他有关的外交史名著和译述，都在他的搜集研究之列。经过 20 多年的努力，终于完成了这部在资料和学术水平上都超过前人的著作。《有清一代之中俄关系》一书不但在当时是首屈一指的，在今天看来也有较高的参考价值。

八、萧公权①

萧公权（1897—1981），原名笃平，自号迹园，笔名君衡，江西泰和人。1920 年，自清华毕业，后赴美留学，就读于密苏里大学新闻专业和康奈尔大学哲学系。1926 年取得康奈尔大学博士学位后回国，先后在南开大学、东北大学、燕京大学、清华大学等校任教。抗战爆发后，迁成都，任教于四川大学、成都燕京大学、光华大学，抗战胜利后继续在光华大学及四川大学任教。1948 年，当选为中华民国第一届中央研究院院士。1949 年底赴美出任西雅图华盛顿大学教授，1968 年循例退休。

图1-3-6　萧公权

先生才为世出，生于忧患，学于域外，执鞭中土，终老异乡，乃近百年来文化变局中立定脚跟，深入西方学术领域，然后心平气和地在中西新旧

① 萧公权之生平及学术思想，请参看萧公权著：《宪政与民主》，"附录"汪荣祖撰"萧公权先生传略""萧公权先生学术次第"二文，北京，清华大学出版社，2006。

各种学问之间，加以折衷调和、锤铸涵融，自成一家之言的中国人文学者，在中国政治学与宪政研究领域留下巨大的足迹与影响。

其著述有：博士论文《政治多元论》，经恺德林教授(George E.G.Catlin)介绍，由伦敦著名出版社出版，并列为“国际心理学哲学及科学方法丛书”之一；《宪政与民主》，为其自1932年移讲清华大学起，1948年去国前为止，撰写了一系列分别发表于国内的著名报章与杂志上的政论文字，凡二十二篇；《中国政治思想史》，被教育部审定为“部定大学用书”；《中国乡村》(英文)，获美国学术团体协会“人文学术奖”；《问学谏往录》，回忆录；《康有为变法与大同思想研究》(英文)。其著述经其弟子汪荣祖先生辑成《萧公权全集》，计九册。

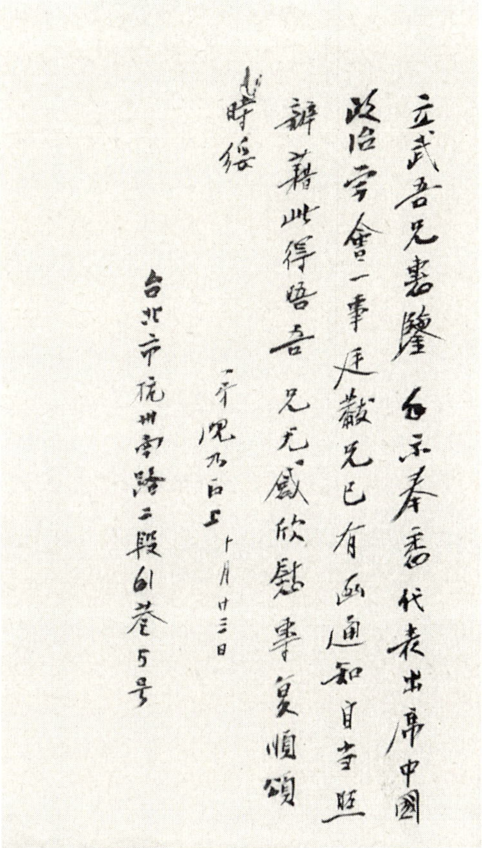
立武吾兄惠鑒 台示奉悉 代表出席中國政治學會一事 廷黻兄已有函通知自當照辦 藉此得晤吾兄 尤感欣慰 專复 順頌
時綏
弟沈乃正上 十月廿三日
台北市杭州南路二段61巷5号

图1-3-7　沈乃正手札

1981年11月4日萧公权先生逝世于美国西雅图寓所。

九、沈乃正

沈乃正(1899—？)，浙江嘉兴人，1921年毕业于清华学校，随即赴美留学，1923年印第安纳州立大学国际公法学士，1927年哈佛大学哲学博士。回国后先后担任南开大学政治系教授，国立清华大学政治学系教授，浙江大学政治系教授兼主任。沈乃正在抗战时期响应国民政府号召，加入政府，任军官团上校教官，内政部民政司科长，上海市政府参事等职。1949 年赴台后回归大学，在台湾大学法学院政治学系担任教授。著有《美国政党》《比较政治制度》《法国地方政制》等。

十、王世富[①]

王世富，字善赏，福建闽侯人。清华学校留美预备部毕业，赴美国留学，获威斯康星大学政治学博士学位。回国后历任教育部部聘国立编译馆简任编译，《中国评论周报》专任编辑，国立北平师范大学、燕京大学文学院历史系教授，厦门大学、河南大学政治学教授。

1930 年秋，王世富受聘为厦门大学法学院政治学教授，先后开设过比较政制、世界政治、远东外交史、世界外交史、政党论、外交学、外交程式、国际政治概论等课程，同时还兼授国际公法。1931 年 2 月，王世富被推举为校务会议委员。1932 年 8 月，接任政治学系主任一职。之后还兼任过学校学业助进委员会主席。

王世富在厦门大学任教期间，不仅承担了繁重的教学任务，而且还热心参与学生的课外活动。1931 年，法学院学生发起成立了国际关系学会，王世富任指导教授。学会的每次研讨活动，王世富均坚持到场讲评。该学会甚至于多次假王世富住宅为活动场所。在他的关心和支持下，国际关系学会的成绩备受称道。

1934 年夏，王世富辞去厦门大学教职，北上受聘为河南大学政治学教授，后又兼任河南省政府及绥靖公署合办国际政治研究班导师。因前河南省主席刘峙推荐，任中国驻土耳其大使馆秘书。

抗日战争胜利后，厦门大学一方面积极筹划学校从长汀复员厦门，另一方面四处延聘名师，发展校务。为此，王世富于 1945 年 12 月重回厦门大学，再次受聘为法学院政治系教授，但一年多后又离校他就。“文革”中逝世。

十一、潘大逵

潘大逵（1902—1991），四川开县人。1924 年毕业于清华学校并

① 王世富生平主要资料参见侯利标：《私立时期厦门大学法学教师传略》，厦门大学法学院网站；任职驻土耳其使馆经历，据何凤山：《外交生涯四十年》，713 页，香港，香港中文大学出版社，1990；逝世时间据张建智：《文博玩家——王世襄传》，94 ~ 95 页，秀威资讯 2010。

赴美留学，获得斯坦福大学政治学学士学位，威斯康星大学政治学硕士学位。其间1928年春到诺威齐陆军大学特别班学习军事。

1930年回国后，潘大逵先在暨南大学兼课，后任上海法学院专职教授兼政治系主任，江西中正大学法学院教授，云南大学教授，重庆西南法学院教授兼政治系主任，重庆大学政治系教授及法学院院长，讲授政治学、政治思想史、欧美宪法史、外交史等课程。潘大逵一生钟爱教育事业，离开讲坛后仍保持与教育的密切联系，晚年还应邀讲授比较宪法课程，并担任一些大专院校的名誉职务，例如四川大学法律系名誉主任、西南财经大学法律系名誉主任等。

图1-3-8 早年潘大逵

潘大逵在实际政治斗争中亦多有作为。1935年参与发起上海文化界救国会，为负责人之一，并于次年参加全国各界救国联合会。1937年与宋庆龄、何香凝、胡愈之等签名发起"救国入狱运动"。1943年参与筹建昆明民盟组织，1944年被选为中国民主政团同盟中央委员。1946年，任《民主周刊》社长，抨击投降主义，宣传抗日民主。

1949年以后，曾任西南军政委员会文教部副部长，民盟中央委员、民盟四川省委主任委员、民盟中央参议委员会副主任，四川省第一、四、五届政协副主席，第一、五、六、七届全国人大代表，四川省文史研究馆馆长，中国政治学会顾问，中国法学会宪法学研究会顾问等职。其间政治运动频仍，身心俱有所伤。1991年6月26日于成都逝世，享年九十岁。

潘大逵主攻政治理论、思想、历史和宪法，著有《欧美各国宪法史》《中国宪法史纲要》《近代政治思潮》《风雨九十年——潘大逵回忆录》（成都出版社1992年版）等。

图1-3-9　林同济

十二、林同济[①]

林同济（1906—1980），笔名耕青，福建福州人。16岁毕业于北京崇德中学。1926年毕业于清华学校，后赴美留学，在密歇根大学攻读国际关系和西方文学史，获学士学位，1930年获加利福尼亚大学伯克利分校政治学硕士学位，1933年获该校政治学博士学位。1930年至1932年在加州大学和奥克兰米尔斯学院任讲师，讲授中国文化史。1934年回国，任天津南开大学政治学教授，1937年至1942年任云南大学文法学院院长，1942年至1945年任北碚复旦大学比较政治学教授。

在抗战时期，与雷海宗、贺麟等创办《战国策》半月刊，在《大公报》上开辟《战国副刊》，探索民族救亡图存之道，形成颇有影响的战国策派。

1949年后任上海复旦大学英语及西方文学教授，成为颇有影响的莎士比亚专家，曾经翻译多部莎氏著作，但只有《哈姆雷特》手稿保留下来。1958年被划为“右派”，后获平反。1980年在美国讲学期间因心脏病发去世。

主要著述有《时代之波》《日本对东三省之铁路侵略：东北之死机》《文化形态史观》《丹麦王子哈姆雷的悲剧》（译著）、《天地之间：林同济文集》等。

十三、张汇文[②]

张汇文（1905—1986），号叔海，山东临朐人。小时候念私塾，14岁进北京汇文中学，17岁考入清华大学，1928年留学美国，在斯坦福大学先后获公法政治系学士、硕士、博士学位。回国后先后在南

---

① 林同济简介参见百度百科—林同济词条；学术思想请参看许纪霖：《林同济的三种境界》，《天地之间：林同济文集》序，原载《历史研究》，2003（4）。

② 据《上海社会科学志》第十二编人物。

京中央大学、南京国立政治大学任教。在中央大学时，创办刊物《是非公论》。

张汇文1931年被选为美国斯坦福大学Pi Sigma Alpha荣誉学会会员，并得到“金钥匙”奖。1943年至1947年应聘担任英国剑桥大学交换教授。1944年被选为英国科学法律协会Atheneum的名誉会员。此间，代表中国出席在伦敦举行的联合国教科文组织关于社会科学的筹备会议。1947在上海创办了《上海英文自由论坛报》，任主笔、总经理。1949年5月，张汇文以国民党立法委员身份与其他52位立法委员联合发表宣言，拥护中国共产党。解放后，张汇文先后在东吴大学法学院、复旦大学法学院、上海社会科学院法学研究所任教授等职。

张汇文在政治制度、国际法等领域有很高的学术成就，著有《公法概念与行政管理效率》《儒家的有效管理理论》。20世纪70年代末张汇文较早地恢复了国际法方面的研究，1979年参加《辞海》定稿，担任国际法学分科的主编。

自1956年起，张汇文历任上海市第二、四、五、七届人大代表、第七届人大常委会委员兼政法委员会副主任；上海市历届政协委员及第二、三、五、六届政协常委兼法制委员会副主任；中国国民党革命委员会中央委员和上海市委员会副主任委员；中国国际法学会副会长；上海市法学会副会长、顾问；上海市国际关系学会理事；上海社会科学院学术委员会委员、华东政法学院学术委员会委员；上海国际问题研究所教授、顾问；上海社会科学院法学研究所教授、顾问。

十四、何孝元

何孝元（1896—1976），字达峰，闽县（今福州市区）人。早年入清华学校学习工程学。民国5年（1916年），赴美深造，研究英美契约法，获哥伦比亚大学政治学士、芝加哥大学法学博士学位。民国18年，回国任山东省特别法政大学教授。后到上海持志大学、法政大学、大夏大学任教授近20年。

1950年，任台湾省立地方行政专科学校法学教授；次年，兼司法行政科主任。1955年，该校改制为法商学院，任法律系主任。1961年，学校并为中兴大学，孝元仍主系务。3年后，兼校法学研究所主任。另兼台湾大学、政治大学、辅仁大学课程。

孝元治学严谨，精通英、日、法、德等国语言，悉心研究英美法学和中国古代民刑律例，融汇中西，推重法理学和罗马法。著有《民法总则》《民法债篇总论》《中国债法与英美契约法之比较》《工业所有权之研究》《英美侵权行为法概述》等10多种。

第二节　政经列传

从事政治经济领域工作，至今仍是法政人职业选择的主流。早期清华法政人投身政经领域，有四种情形：其一为执教大学者响应政府号召，投身行政、外交等国家急需人才的事业，可称学者入仕；其二为留学归国直接进入政经领域或经历大学短暂教职随即从政，可称直入政坛；其三为作为社会活动家以组织政治团体、积极论政等方式参与政治；其四为进入银行、商会、公司等经济实体服务。

民国时期学者入仕之动机，大抵出于书生报国之理想，法政人所学政治、法律、经济诸学，固然可以通过执教大学培育英才以贡献国家，但更为直接的方法，则是亲身从政发挥所学。在20世纪30年代，清华法政人离开校园从政，研究者认为这可能是“九·一八”事变后，一些清华教授不满足于做一名躲在书斋里的纯学者。入仕学者之心声，由蒋廷黻①一番话可观大略。1935年12月，清华大学历史系主任蒋廷黻应蒋介石约请，担任行政院政务处长。蒋廷黻说：“我之离开清华，并不是由于失望，而是因为当时国内的局势日渐恶化，对日抗战已不可避免，因而应政府号召参加抗战实义不容辞。”浦薛凤对于学者入仕，也说：“此批教授投身政界，大抵系属短期性质，及俟服务告一段落，多数仍回大学执教研究与著述。”1939年3月，浦薛凤飞渝从政，从此开始，担任国防最高委员会参事7年。浦薛凤的女公子浦丽琳在《浦薛凤回忆录》代序中说，“因爱国心切，应国家召，以学

① 蒋廷黻（1895—1965），湖南宝庆人。中国历史学家，民国时期外交家，台湾某研究院院士。1911年由教会资助赴美求学，就读于派克学院、哥伦比亚大学研究院，攻读历史获哲学博士学位。1923年回国先后任南开大学、清华大学教授，清华大学文学院院长、历史系主任。他主张兼重中外历史，在研究中国近代外交史过程中，形成了一套对近代中外关系变化如何影响中国历史发展的看法。1935年以非国民党员的学者身份参加国民党政府，任行政院政务处长，从此离开清华大学从事外交事务，1945年被任命为中国驻联合国常任代表。1961年改任台湾驻美“大使”。

者身份从政。”[①] 当时的知识精英在抗战救亡的背景下，投身政界从此与权力发生联系，实际上是对国民政府的抗战在理性上的一种认同。

早期清华法政人以学者入仕者，有浦薛凤、陈之迈、王化成、沈乃正、刘师舜、何杰才、何义均等。他们的从政，一如浦薛凤所言：“不论从政执教，予均保持学以致用之信念，努力以赴，衷心无愧。”[②] 也有曾任职汪伪政府者如胡道维[③]，虽或有苦衷，此一经历亦不必讳言。

直入政坛者，有卓越如张福运者，“显赫”如吴国桢者，亦有被他人故事湮没如王赓者。在1937年《清华同学录》“经历”一栏中，供职政府者远多于执教大学者。当时学者入仕尚未成风气，直入政坛实为早期清华法政人在那个国家危机深重年代的第一选择。

以组织政治团体、积极论政等方式参与政治，有罗隆基、王造时、彭文应等，其与闻政治的源头可追溯至求学清华学校时期。

服务经济实体者，1937《清华同学录》中有司徒尧（香港广东省银行香港分行经理）、李达（汉口中央银行经理）、薛学海（无锡商会执行委员，无锡豫康纱厂整理委员会，庆丰豫康等厂董事）、徐也箴（上海飞运公司）、余曹济（开封四省农民银行行长）、钟可成（上海中国营业公司）、李赓昌（天津开滦矿务局北平分局经理）、沈麟玉（上海中央银行），惜乎资料匮乏，其详情不得而知。

另有作为经济学家、国际活动家的红色革命家冀朝鼎，抱“政治救国”之信念，为信仰而奋斗，其传奇处又不与众人同。

限于所掌握史料，仅于下文略表部分早期清华法政人在政治经济领域活动情形，仍以自清华毕业时间为序。

一、张福运[④]

张福运（1890—1983），山东福山（今烟台）人。1910年考取清华庚款留美预备班后，1911年赴美国哈佛大学学习，成为第一位就读

① 刘宜庆：《浦薛凤与清华学者的从政》，光明网—博览群书，2020-3-7。

② 刘宜庆：《浦薛凤与清华学者的从政》，光明网—博览群书，2020-3-7。

③ 胡道维（1898—？），湖北枝江人。1923年毕业于清华学校。后赴美留学，获普林斯顿大学哲学博士学位。1927年任加拿大马季尼大学讲师。1929年任太平洋问题调查会代表，汉口《武汉英文日报》社长兼总编辑。后任北京大学、清华大学政治系、北京女子师范学院经济组教授；北京市政府参事，中华教育总会委员。1940年4月任汪伪政府外交部美洲司司长，后任汪伪政府宪政实施委员会委员。

④ 参见程麟荪、张之香主编：《张福运与近代中国海关》，“序言”和“张福运：一位爱国的改革家”两文，上海，上海社会科学院出版社，2007。

Mr. Chang Fu-Yun

張福運華景文

图1-3-10　张福运

于哈佛大学法学院的中国人。1917年获哈佛大学法学士学位。

回国后，张福运任教于北京大学，传授国际法。后入北京政府交通部和外交部工作，历任交通部航政司司长等职，曾担任中国代表团秘书，参加华盛顿“国际限制海军军备会议”。1922年至1925年间担任交通大学（北京）校长。

1927年应哈佛同窗、国民政府财政部长宋子文之邀，担任国民政府财政部首任关务署署长兼国定税则委员会委员长。在张氏的殚精竭虑、厥功尽职之下，截至1933年，中国完全收复了关税自主权。同时，通过改革海关行政管理体制，张氏在不影响中国海关正常运行的情况下，成功地实现了其国有化，为中国海关正本清源作出卓越贡献。其后曾在全国经济委员会、中国国防供应公司等处工作，担任联合国大会中国代表团的法律与经济委员会代表，后再任国民政府关务署署长兼国定税则委员会委员长。1949年赴美供职于亚洲学会。1983年逝世于旧金山寓所。

张福运对母校甚为热心，1920年曾与薛桂轮、梅贻琦、蔡正、黄凤华等组织了一个清华幸福委员会，致力于清华和清华同学会之发展。1988年，张福运逝世五年后，他的女儿张之香和她的丈夫共同在哈佛大学法学院创办了“张福运基金会”，致力于发展中国的法学教育和研究。

二、卫挺生[①]

卫挺生（1890—1977），字申父、琛甫，号经野。湖北枣阳人。少年时先后就读日本大成中学、武昌两湖书院、高等矿业学堂。1911年考取清华留美预备班，随后在美国密歇根大学、哈佛大学攻读文理、政治经济、银行财政等科，1916年获哈佛大学政治经济学士，1918年获哈佛大学工商管理硕士（MBA），通中、英、法、德、俄、日六种文字。1920年回国

① 参见《枣阳志》，及卫光立：《财政专家——卫挺生》，中华卫氏网。

后，于南京高师任教，参与筹办国立东南大学。次年去北京任美国人端纳所办“经济讨论处”英文撰述员，后任中国银行总管理处秘书，并在燕京大学、朝阳学院、盐务学校兼课。

图1-3-11　卫挺生

1927 年，南京国民政府成立，以财政部次长钱新之荐，卫挺生任关务署税科长，同时在交通大学兼课。次年 10 月，出任立法院立法委员（国民政府第二届立法会），设计《财政管理法》，起草《公债法》《预算法》《会计法》《统计法》《公库法》《决算法》等一系列财政法规。1938 年 6 月，任湖北省政府委员。卸任湖北省政府委员后，卫挺生专任立法委员，代理法制委员会委员长及烟专卖局副董事长，同时兼任复旦大学经济系主任、中央政治学校计政学院教授。其间主持起草《公司法》，参加了《土地法》与《宪法》的起草和讨论修改。1943 年春，卫挺生草拟《地方税捐条例》，意图废止杂税杂捐。1944 年，卫挺生以中国财政代表团顾问身份出席在美国召开国际平准基金协会，经力争，中国当选为该会常务理事国，得以在国际金融组织长期保持“四强”之一的地位。

1948 年卫挺生去香港在华侨学院、香港书院、新亚书院、珠海书院讲学，1949 年到台湾大学图书馆作徐福东渡事研究，写作徐福东渡记，书稿写成后，定名为《徐福入日本建国考》出版（1950，香港商务印书馆）。1953 年 11 月飞往马尼拉市，在菲律宾大学任教授。1956 年 8 月，卫挺生赴美国哈佛大学植物标本馆，从事药用植物资料的翻译工作，并利用该馆藏书，致力于学术研究。1977 年 5 月在美国加利福尼亚病逝。

著有《穆天子传考》《山海经今考》《徐福入日本建国考》《驺衍子今考》《南美三强利用外资兴国事例》《欧战中英法美之金融》《战时财政》《财政改造》《中国主计制度》等。其《徐福入日本建国考》，因提出十多点论据证明徐福乃日本神武天皇，而在国际学术界颇有影响。

图1-3-12　戴恩赛与孙琬结婚照

三、戴恩赛

戴恩赛（1896—1955），原籍广东长乐（今五华），生于香港。孙中山女婿。早年就读于上海圣约翰大学。1914年毕业于清华留美预备学校，入美国哥伦比亚大学学国际法，获哲学博士学位。1918年回国，任广东军政府外交部秘书、政治组组长。1921年任梧州市政厅长，与孙中山次女孙婉在广州结婚。1923年10月任陆海军大元帅大本营财政部梧州关监督剑外交部特派广西交涉员。1925年孙中山病重时在北京侍疾，为孙中山遗嘱证明人之一。此后历任广东治河督办、驻巴西公使等职。1946年任翠亨中山纪念中学校长。1955年1月16日在澳门病逝。

戴恩赛对文物收藏的兴趣，使得他成为孙中山家族文化遗产的守护者，由他多年精心保存的孙中山家族文物1700余件于2008年由其养女司徒倩捐赠深圳博物馆。①

图1-3-13　何杰才

四、何杰才②

何杰才（1894—1969），又名其伟、仲慈。上海颛桥镇人。1915年北京清华学校毕业后公费留学美国，先后入哈佛大学、耶鲁大学、哥伦比亚大学，获国际公法学硕士学位。旅美期间，曾任《留美学生月报》总编辑、《共和月报》社长、留美经济学会会长、中国驻美使馆随员、太平洋会议宣传处股长等职，著有《中日条约论》《英日同盟论》

① 参见刘莎莎：《解密民国第一家庭》，《深圳特区报》，2010-6-24。

② 据《上海地方志》之上海县志—第三十二篇人物，参见网址：http://www.shtong.gov.cn/node2/node4/node2250/shanghai/node54197/node54199/node63622/userobject1ai52049.html。

《山东问题之解决》等英文著作。1922 年回国，在北京从事新闻工作，任《英文日报》总主笔，《英文世界晚报》总经理兼总主笔。1924 年入政界，曾任北京政府交通部秘书、国务院秘书、外交部机要处主任等职。1927 年国民革命军到达上海后，于 3 月任上海市绘丈局局长兼上海市代理交涉员。次年 3 月，任国民政府外交部第三司司长。此后离开政界，长期赋闲于上海家中。1930 年，一度执教于上海交通大学等大学。解放初期，在光华大学任教二年，因患病离职，1969 年病逝。

五、谢保樵

谢保樵（1896—？），广东南海人。1919 年毕业于清华学校，后赴美国留学，入霍金斯大学学习经济、政治，1923 年获哲学博士学位。回国后，历任北平法政大学、交通大学、天津北洋大学及广东大学教授，国民政府外交部、交通部及财政部科长，武昌土地局局长，汉口第三特别区主任，浙江卷烟税局副局长，江苏烟酒税局局长，中国国民党中央党部国际宣传委员会委员，铁道部秘书及中国航空公司秘书等。1931 年任广九铁路管理局局长。1933 年 1 月，任立法院编译处处长。1948 年 4 月，任驻泰国全权大使，1950 年 3 月离职。

1944 年 5 月 17 日，“中外记者西北考察团”一行 21 人赴延安等抗日根据地考察，6 月 9 日抵达延安，时任国民党外事局副局长的谢保樵为团长。[①]

六、吴国桢

吴国桢（1903—1984），字峙之、维周，湖北建始人。1914 年考入天津南开中学就读。自南开毕业后，吴国桢就读北京清华学校，1921 年毕业后前往美国留学，在格林内尔学院获得经济学硕士之后，1926 年获得普林斯顿大学政治学博士。

图1-3-14　吴国桢

1926 年回国之后进入政界，曾任

① 参见张伟：《史海回眸：中外记者参观团访延安》，载《环球时报》，2002-11-18。

汉口市土地局长、财政局长，1928年出任湖北省财政厅长；1932年出任汉口市长。1939年出任重庆市长。1942年，重庆大隧道惨案发生，吴国桢被免职。1943年，吴国桢出任外交部政务次长，1945年出任中国国民党中央宣传部长。1946年2月至1949年3月任上海市长。

1949年12月7日，国民党政权迁往台北。12月15日，吴国桢接替陈诚担任“台湾省主席”兼“保安司令”“行政院政务委员”。吴国桢担任“台湾省主席”期间，致力于推动台湾人地方自治、农业改革，允许某些地方官员职位由普选产生，并试图减少滥用警权。1953年4月，因与蒋氏父子政见不一，以健康欠佳为由辞“省主席”职，与妻子前往美国，受聘于《芝加哥论坛报》，担任远东问题顾问。

1954年吴国桢在美国《展望》(*Look*)杂志用英文发表了一篇旨在给美国人看的《在台湾你们的钱被用来建立一个警察国家》的文章，批评台湾在蒋氏父子专制独裁的统治下，利用美国人的钱，建立一个毫无人权保障的警察政府，史称为“吴国桢事件”，随后被蒋介石明令撤销其政务委员职务、开除其国民党党籍。[①]1966年，吴国桢于美国佐治亚州萨凡那阿姆斯特朗大学(Armstrong Atlantic State University)任东方历史和哲学教授，直到退休。在美国期间，吴国桢著有各种著作，其中包括详细分析中国神话与早期历史的《中国的传统》(*Chinese Heritage*)，以及记述国共斗争的《夜来临》等。

浦薛凤，摄于一九四四年

图1-3-15　浦薛凤

七、浦薛凤

浦薛凤(1900—1997)，号逖生，生于江苏，14岁考入北京清华学校，完成中等科和高等科学业。1921年赴美留学，先就读于明尼苏达州的翰墨林大学(Hamline University)，因该校华尔高特教授(Prof. G. Walcott)曾来清华学校教授西洋史。在翰墨林大

① 参见陈正茂:《“吴国桢事件”始末》，载《南方都市报》，2010-12-24。

学，浦薛凤按照清华毕业生留美通例，插入大学三年级，以政治学为主科，哲学为辅，受华尔高特教授教导。1923 年毕业后，浦薛凤赴芝加哥大学读暑期学校，选读近代欧洲史，特别注重族国主义运动，对德意两国统一史实多有研究。在哈佛大学，浦薛凤跟随威尔逊教授学习国际法等课程。留美五年，获翰墨林大学学士、哈佛大学硕士、翰墨林大学法学博士。

浦薛凤回国后，历任清华大学政治系教授兼系主任，《清华学报》编辑，北京大学教授。1933 年夏，去德国柏林大学进修。抗战爆发后，由西南联合大学转赴重庆进入政界，历任国民政府国防最高委员会参事，行政院副秘书长。1949 年后，在台湾历任“国立”政治大学教务长兼政治研究所所长，“教育部”政务次长，“台湾省政府”秘书长，台湾商务印书馆总编辑。1962 年移居美国，任桥港大学教授，纽约圣若望大学教务长。1997 年，病逝于美国。

浦薛凤执教三十年，从政十九年，是清华法政学者入仕的一个范例。他的从政与抗战军兴有关，即被政府征召；就其个人而言，“**锦绣江山总一撑**”则是他数年来的一个志愿（浦氏自语）。浦氏从政初始，即为国防最高委员会参事，这一机构为战时最高决策机关，“职权似绝大，一时颇受重视”。参事室最初成员几全系教授出身，以清华教授为多。浦氏的从政经历，以其参与联合国制宪及四任“台湾省政府”秘书长而为政治生涯中的重要事件。前者作为学者官员奉命前往，基本上未脱其专业及治学范围，只是此事的重要性不言而喻。而后者即“省府”四任，在权力的更迭中长袖而舞，深获四位“省主席”所倚畀，或可反映出浦薛凤在行政管理方面的特殊才干。①

作为学者的浦薛凤是研究西方近现代政治思想史的权威，曾创立“政治五因素论”，用于阐释和研究政治现象；其专著《西洋近代政治思潮》曾被列入商务印书馆“大学丛书”，在学术界具有持久的影响力。著有《西洋近代政治思潮》《现代西洋政治思潮》《政治论丛》《政治文集》《万里家山一梦中》《八年抗战生涯随笔》《浦薛凤回忆录》（黄山书社，2009）等。

① 参见范泓：《浦薛凤：政学两界，长袖善舞》，《联合早报—书评版》，2010-2-1。

八、赵锡麟

赵锡麟（1900—1979），字仁溥，四川荣经人。1923年毕业于北京清华学校，随即留学美国，在哥伦比亚大学、约翰霍普金斯大学学习政治、经济，1931年获博士学位。回国后曾任全国经委会专员兼土地委员会专员、四川造币厂厂长。抗战期间担任过国民党中央训练团教官。1949年以后被中国人民银行聘为专门委员。后在政治运动中因抗战时中央训练团经历以“反革命罪”判刑入狱，1975年获释，1979年辞世。①

九、罗隆基

罗隆基（1896—1965），字奴生，江西安福人。1913年考入北京清华学校，1921年赴美留学，先后入威斯康星大学和哥伦比亚大学攻读政治学。后赴英国伦敦政治经济学院求学，成为著名政治家拉斯基教授的得意门生，并获得政治学博士学位。

罗隆基在“五四”运动时即作为清华辛酉级学生领袖，展现出政治活动家的才能与抱负。留学回国后，罗隆基任教上海光华大学，而其主要活动一直是发表政论以及组织和参与政治团体等政治事务。1928年罗隆基创办《新月》杂志并担任主编。因发表反对国民党一党专政的言论而逮捕。“九·一八事变”发生后，罗隆基在上海各大学公开演讲，主张武力抗日。1931年与张君劢等组织再生社，出版《再生》杂志。1932年1月担任《益世报》社论主笔，兼任南开大学政治系教授。“皖南事变”后，罗隆基积极参加发起创建中国民主政团同盟，任中央常务委员兼宣传部长。他和张澜、沈钧儒等民盟参政员一起，

图1-3-16　罗隆基与沈钧儒等（右一为罗隆基）

① 参见章立凡：《长夜孤灯录——章乃器在“文革”中》一文。

支持中国共产党参政员，谴责国民党反动派的倒行逆施，拒绝出席国民参政会，同时他宣布脱离国社党，并赴昆明西南联大任教。他在昆明主持创建民盟昆明支部，任主任委员、积极推动昆明抗日运动的开展，为民族民主革命和扩大抗日民族统一战线而奔走。

抗日战争胜利后，罗隆基全力从事民主运动。1949 年 9 月，他以中国民主同盟代表的身份出席中国人民政治协商会议第一届全体会议。罗隆基历任中华人民共和国政务院委员、森林工业部部长、政协全国委员会常委、第一届全国人民代表大会代表，中国人民世界和平大会宣传部长，民盟中央副主席等职。

1957 年的反右运动中，罗隆基被划为“右派”。1965 年 12 月 7 日，因心脏病突发，孑然一身离开人世。1986 年 10 月 24 日，中国民主同盟中央在全国政协礼堂三楼大厅隆重纪念罗隆基先生 90 周年诞辰，肯定了罗隆基先生的革命贡献，认为他是知名的爱国民主人士和政治活动家。

罗隆基是当代重要的人权理论家，主要著作有《人权论集》《政治论文集》和《斥美帝国务卿艾奇逊》等。[①]

十、翟桓

翟桓，号毅夫，安徽芜湖人。1923 年毕业于清华学校随即留学美国，回国后，曾任江苏常熟县长、金坛县县长。1945 年任国民政府教育部秘书，1947 年 10 月任安徽省政府委员会委员兼教育厅厅长。后任国民政府教育部次长。

十一、梁朝威

梁朝威（1900—1975），广东开平人。1924 年毕业于清华学校，随后赴美留学斯坦福大学及约翰霍普金斯大学攻读政治学，1930 年获博士学位。回国后任中央军校第四分校（广州分校）政治特别班教，后任中华民国立法院立法委员。

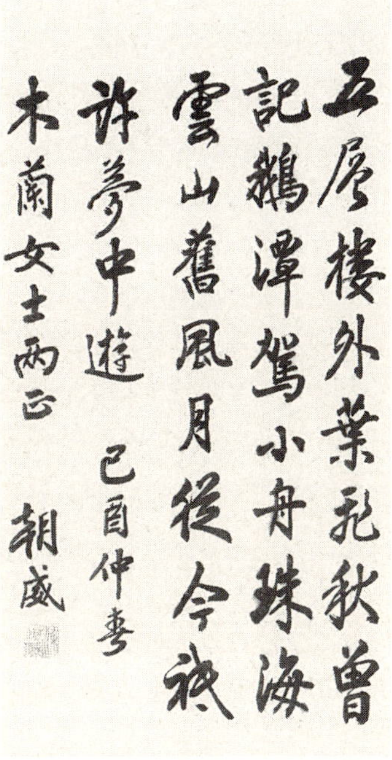

图1-3-17　梁朝威行书立轴

① 关于罗隆基的人权理论和法哲学思想，参看喻中：《罗隆基和他的法哲学》，公法评论网。

图1-3-18　冀朝鼎

十二、冀朝鼎

冀朝鼎（1903—1963），号筱泉，笔名动平，山西汾阳人。1916考入北京清华学校，1919年参加北京五四学生爱国运动，在六三大宣传中被捕。参与组织校学生自治会，任评议部委员，成立唯真学会，编辑出版《清华通俗周刊》，并组织工读团。1924年赴美国留学，于芝加哥大学攻读历史学，并于1928年获芝加哥大学法律博士学位（J.D.）在美期间，曾任《芝城侨声报》编辑、大学国际学生会委员长及会计、芝加哥中国留学生会会长。

1927年前往欧洲出席世界反帝、反殖民主义大同盟大会，经与会的中共代表团介绍，加入中国共产党。不久参与组织美国共产党中央中国局，任委员兼《先锋报》编辑。1929年被派到美国，参加美共《工人日报》和美共中国局工作，创办《今日中国》和《美亚杂志》。同时继续攻读经济学，获得哥伦比亚大学经济学博士学位。

1941年回国，被中共组织派到国民政府从事经济工作。① 先后任平准基金会秘书长、国民政府外汇管理委员会主任、中央银行经济研究处处长，并兼任圣约翰大学、暨南大学商学院教授等。

抗日战争胜利后任中央银行稽核处处长，到上海接手日、伪金融机构。他利用合法身份和经常接近国民党要人的机会，为中共中央提供了许多重要经济情报，为解放区购买医药器械，掩护许多地下党员工作。1948年到北平任“华北剿总”经济处处长，曾数次与傅作义商谈和平解决北平的问题。

中华人民共和国成立后，历任中国国际贸易促进会副主席兼中国人民银行副董事长、中国拉丁美洲友好协会副会长等职，创办并主持贸促会研究室工作。曾多次率外贸代表团赴西欧访问和举办展览，被

① 这一经历参见山旭：《冀朝鼎：经济学家在“潜伏”》，载《瞭望东方周刊》，2009年8月27日。

誉为“中国最干练的经济学家”。他是我国仲裁事业的先驱者，主持筹备建立对外贸易仲裁委员会和海事仲裁委员会。他在贸促会法律部建立商标注册业务，是我国最初的知识产权业务。

冀朝鼎也是一位出色的外交家。在他的斡旋下，我国对外关系有了很大的发展。1963 年 8 月 8 日，正准备出访阿尔及利亚的冀朝鼎因突发脑溢血，晕倒在办公室。次日中午去世。

冀朝鼎著有《中国历史上的基本经济区与水利事业的发展》（英文版，题为 *Key Economics Areas in China History*，1936 年由乔治·艾伦和昂温有限公司 George Allen & Unwin LTD 出版）。

十三、王造时

图1-3-19　七君子合影（左一为王造时）

王造时（1903—1971），祖籍江西安福，原名雄生。1917 年考入北京清华学校中等科，1919 年参加“五四”运动，曾两次被捕入狱，后任清华学生会评议会主席。1925 年 8 月，自清华毕业后，留学美国威斯康星大学攻读政治学，1929 年 6 月获政治学博士学位，8 月到英国任伦敦经济学院研究员，师从拉斯基主要研究国际政治。

王造时 1930 年经苏联回国。同年受聘担任上海光华大学文学院院长兼政治系主任，教授。1931 年“九·一八”事变后，创办《主张与批评》半月刊，后又创办《自由论坛》杂志。同时王造时参与发起组织上海各大学教授抗日救国会，参与发起组织中国民权保障同盟，担任同盟的宣传委员、执行委员。1933 年 11 月，他参加了“闽变”，[①] 发表《为闽变忠告当局》宣言，公开了他的抗日主张。1935 年底，参与组织上海文化界救国会并担任执行委员。1936 年王造时出

① 1933 年 11 月 20 日，李济深、陈铭枢、蒋光鼐、蔡廷锴等人以国民党第十九路军为主力，在福建发动抗日反蒋事件，简称“闽变”。

任上海文化界救国联合会中担任宣传部长，主持《上海文化界救国会会刊》和《救国情报》，主张停止内外，一致对外。1936年6月，全国各界救国联合会成立，他被选为执行委员，常务委员。同年11月被国民党政府逮捕，为著名的“七君子”之一员。抗战期间，王造时曾担任江西省政治讲习院教育主任兼教授，在江西吉安创办《前方日报》，并被聘为国民参政会参政员。抗战胜利后在上海创办自由出版社，同时兼任私人法律顾问。

上海解放后，王造时积极参加爱国民主运动，是著名的爱国人士。1951年起，王造时任复旦大学历史系教授，世界史教研室主任。1957年王造时被划为右派，1960年9月，摘掉右派帽子后，在“文化大革命”中又受到冲击。1971年9月王造时因病逝世。

著有：《荒谬集》《世界近代史》；译有：黑格尔的《历史哲学》；摩瓦特的《近代欧洲外交史》《现代欧洲外交史》；拉铁耐的《美国外交政策史》；拉斯基的《国家的理论与实际》《民主政治在危机中》等。另有遗作若干，收录在叶永烈编《王造时：我的当场答复》一书（中国青年出版社1999年）。

十四、彭文应

彭文应（1904—1962），江西安福人。1917年考入留美预科清华学校。在清华求学期间，担任过《清华周刊》总编辑、学生评议部长，参加“五四”运动。1925年赴美国留学，在美国威斯康星大学攻读政治系，获学士学位。后又至哥伦比亚大学深造，获政治硕士学位。

图1-3-20　彭文应

1932年回国后，在上海法学院、光华大学担任教授，并担任王造时主编的《主张与批评》《自由言论》杂志的主要撰稿人，发表了《社会主义之路比较可通》《剿民乎？剿匪乎？》等文章，主张中国走社会主义道路，曾资助过在上海从事地下工作的周恩来。1935年，彭文应参加上海各界救国会。1938年参加宪政协进会和民主同志会等组织，曾担任《民主》《宪政》半月刊主编。上海沦陷后，彭文应赴江西，任《前方日报》主笔，在此期间，曾任江西省政府临时参议会参议，省立永修高级农林学校校长，南昌大学教授、总务长等职。

抗战胜利后，彭文应回到上海，任上海临时大学教授，由沈钧儒、沈志远介绍加入中国民主同盟，并积极投入民主运动，1947 年民盟被国民党政府宣布为“非法组织”而解散时，彭文应出任民盟上海市支部地下组织主任委员，领导民盟上海地下组织进行民主斗争。

1949 年 5 月上海解放后，彭文应在民盟中央一届四次全会上被选为中央委员。后历任民盟上海市支部临工委副主任委员，民盟上海市支部第一、二届副主任委员，民盟上海市第三届委员会副主任委员。并任上海各界人民代表会议第一、二、三届代表，上海各界人民代表会议协商委员会第二、三届常委，第一届上海市政协常委。1957 年被划为“右派”，1962 年 12 月 15 日病逝。1989 年民盟中央召开《纪念彭文应诞辰 85 周年座谈会》，高度评价了彭文应的一生，“彭文应先生的一生是爱国的，进步的”。

十五、包华国

包华国（1902—1963），四川成都人。1926 年毕业于清华学校，后留学美国斯坦福大学，1931 年获政治学硕士。回国后历任国民政府实业部劳工司科长、中国驻国联办事处一秘及代表团专员、第三战区政治部主任秘书、三青团中央宣传处副处长、国民党重庆市党部委员等。1949 年赴台湾，任“亚洲人民反共联盟中国总会”常务理事兼秘书长。1963 年 12 月 25 日病逝。

十六、张彝鼎

张彝鼎（1902—1992），号鉴秋，山西灵石人。1928 年毕业于清华留美预备部，后入芝加哥大学，1929 年获哲学学士，翌年获硕士学位。1933 年于哥伦比亚大学获国际公法博士学位，其博士论文《条约之司法解释》（*The*

图1-3-21　张彝鼎

Interpretation of Treaties by Judicial Tribunals）在学术界评价颇高，广为西方学者所引用。张彝鼎在美期间加入中国国民党。

1933年回国后追随时为国民政府军事委员会委员长的蒋介石，于1935年任军事委员会委员长侍从室秘书，1936年任中央政治会议法制专门委员，1937年当选为制宪国民大会代表，1938年任中央政治学校国际法教授、第八战区副长官部政治部主任，1945年任绥远省政府委员兼建设厅厅长、行政院善后救济总署晋绥察分署署长，1947年任国防部新闻局、政工局副局长。

1949年赴台，任“国防部”总政治部副主任、主任，1955年为“国军退役官兵辅导会”副主任委员，翌年为“国防部”常务次长，1961年任“总统府”战略顾问。1962年退休后任政治大学法律系主任、教授、研究所所长、代理法学院长，“公共行政及企业管理中心”主任。1970年为司法部“司法官训练所”所长，“国大”代表。1976年任“中央评议员”。曾担任“中国国际法学会”理事长。1992年2月8日逝世，享年91岁。

张彝鼎的主要著作有 *The Interpretation of Treaties by Judicial Tribunals* (New York : Columbia University Press, 1933)、《战时法律概要》（1938年）、《行政学概论》（1965年）、《中外人权思想之比较》（1981年）、《鉴秋忆往录》（1981年，与俞士英合编）、《国际法论集》（1986年）；并曾主编《云五社会科学大辞典——四、国际关系》（1971年）。

张彝鼎力主国家统一，宣传一个中国思想。其同父异母之兄张友渔（原名象鼎）亦为著名法学家，曾任全国人大法制委员会副主任、北京市副市长兼政法委员会主任、中国法学会会长、中国政治学会会长等职。

第三节　外交列传

自晚清至民国，列强环伺，外交之重要不言而喻。早期清华法政人在美学习国际法、国际政治者有相当数目，回国后研究关注也有相当比例在比较政治、国际法、外交领域。以当时国家事务的实际需要，有外国语及相应专业背景的法政人充任外交官是其表达对国家前途命运关怀的当然选择。

或者由于延揽"学养优越"者入仕之传统，又或者因为政府希望借由学人的加入提升其威望及能力，民国历史上，特别是南京国民政府时期，相当一批大学教授或学界名流，以学人身份介入外交事务，充任外交官。据 1935 年《外交年鉴》所载国民政府 86 名重要外交官领事官，其中具有国内外大学教授或研究员资历者达 14 人，约占总数的 16.3%。学界名流如胡适、蒋廷黻、王世杰、陈之迈、张忠绂、叶公超、张彭春等俱在其中。① 清华法政人之中的"学人外交官"，在北京政府时期，有唐悦良，其后又有甘介侯、刘师舜、杨光泩、段茂澜、时昭瀛、王化成、李迪俊、张忠绂、陈之迈等。而自清华留美学习法政，回国后直入政界者，担任外交官或有外交事务经历的也有若干，如张国辉（曾任北洋政府外交部秘书、武汉国民政府外交部特派福建交涉员）、邓宗瀛、刘驭万、卢廷英（曾任外交部情报司科员）、刘家骐（曾任职外交部欧美司）、沈惟泰（曾任外交部专员）、张启贤（曾任外交部情报司编译专员）、邹邦梁（曾任职驻苏联新西比北亚中国领事馆）等。

关于民国时期外交官的人员构成及其利弊，学者多有研究，无需赘述。对新中国初期外交事业多有贡献者如徐永煐，反而鲜为人知，需特别说明。本节仅以既有资料，略叙早期清华法政人介入外交领域者之努力及贡献，当然他们并非职业外交官，因而其在教育、学术等的贡献亦请读者留意。

一、唐悦良

唐悦良（1888—1956），字公度，广东中山人，出生于广东中山县唐家湾，其堂叔是曾任国务总理的唐绍仪。唐悦良毕业于上海圣约翰大学，1909 年考取游美学务处第一批留学生（即清华"史前生"），与梅

图1-3-22　唐悦良（后排左起第一位）

① 参见岳谦厚：《民国"学人外交"现象之解读》，载《山西大学学报（哲社版）》，2004（4）。

贻琦、金邦正、秉志、王士杰、胡刚复等同赴美国留学，入耶鲁大学，获教育学学士学位，旋复入普林斯顿大学研究院，获政治学硕士学位。

归国后，唐悦良曾任教于燕京、辅仁、师范、清华、北大等学府，担任过清华大学法学院讲师。

唐悦良可能是清华毕业生最早进入国民政府外交部工作之人，1919年在北京政府外交部任职，后任驻古巴公使馆三等秘书，1921年任中国出席华盛顿会议代表团编纂、研究远东问题专员。返国后，任北京政府农商部秘书、内政部秘书。1925年任西北督办公署外交署长，1927年入冯玉祥部，历任国民革命军第二集团军总司令部外交处处长、国民政府外交部特派河南省交涉员。1928年3月，任外交部常任次长，5月30日，国民政府会议因部长黄郛坚决辞职，又值"五三"济南惨案紧急时刻，外交上不可一日无领袖，遂决定下令委任唐悦良暂代外交部部长之职，11月复任外交部常任次长。1936年任行政院冀察政务委员会外交委员会委员。1945年8月，任北平市外事处处长，办理各国驻北京外交使节事务，并任北平行辕主任李宗仁先生的英文翻译。

作为一位民国时期的重要外交官，唐悦良为国家的外交事业作出了重大贡献，民国时期的《当代中国人物志》称赞其："先生办理国交，系合权益，闻名国际。""七·七事变"后，唐悦良一家暂时避居天津英租界，王揖唐（后为华北敌伪高官）曾当面劝说其出任敌伪职务，为其所拒。在政界任职期间，唐悦良曾主持选派留苏学生的工作时。1949年后，唐悦良加入九三学社，并受聘为中央文史馆馆员，1956年逝世。

二、邓宗瀛

邓宗瀛（1892—？），江西高安人。1911年考取清华第三批庚子赔款赴美留学，先后就读于威斯康星大学、哥伦比亚大学，1916年获政治学硕士学位。回国后即任职于外交部。1925年起，曾任中华民国驻秘鲁公使馆秘书兼理总领事、外交部秘书。1934年至1937年间出任中华民国驻马尼拉总领事。[①]

① 参见维基百科—邓宗瀛词条。

邓宗瀛任中国驻马尼拉总领事时，菲律宾医师考试局再度采取严厉措施取缔中医。该局根据中文报纸登载的中医广告拘捕三名中医，撤掉十余处中医诊所招牌。中医不得不纷纷藏匿避难。邓宗瀛遂亲往菲总督府交涉，阐述中医在菲律宾的历史以及华侨对中医的信仰和需要，提议对中医进行考试管理，中国领事馆可以负责介绍主考人员。随即又拜会医师考试局局长，据理力争，辩论达两小时之久。最终考试局长有条件地接受中医在菲律宾的存在。[①]

三、甘介侯[②]

甘介侯（1896—1984）江苏宝山人。1920 年毕业于清华学校，随即赴美国留学，于威斯康星大学、哈佛大学攻读政治，1926 年获哲学博士学位。

图1-3-23　甘介侯

1927 年任武汉国民政府外交部秘书，未几升任秘书长，一度代理外交部部长；同年 11 月，任江汉关监督兼特派湖北交涉员。1928 年后，任第一方面军外交处处长。广东国民政府成立后赴粤，任第四集团军外交处处长。1932 年 1 月，任南京国民政府外交部常务次长；同月辞职，其后任外交部驻广东、广西特派员，1936 年 5 月辞职。1938 年 6 月，被选为第一届国民参政会参政员。1940 年 12 月，被选为第二届国民参政会参政员。

抗日战争结束后，1946 年任北平行辕顾问。1949 年李宗仁出任代总统，甘介侯作为总统私人代表赴美，接洽李宗仁和杜鲁门晤面。后留美任新泽西州大学教授多年。退休后住纽约，仍被新泽西州大学聘为名誉教授。1984 年 11 月 10 日在纽约病逝。

---

① 参见郑洪、陆金国：《海外中医的崎岖之路》，载《南方都市报》，2010-2-10。

② 据《中国国民党百年人物全书》，北京，团结出版社，2005；以及李宗仁、唐德刚：《李宗仁回忆录》。

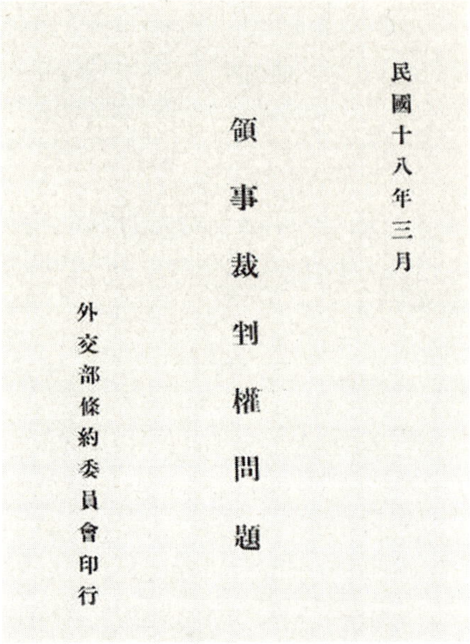
民國十八年三月

領事裁判權問題

外交部條約委員會印行

图1-3-24　刘师舜—领事裁判权问题书影

四、刘师舜

刘师舜（1900—1996），字琴五，江西宜丰人。12 岁考入北京清华学校，1920 年赴美留学，先后就读于约翰霍普金斯大学、哈佛大学、哥伦比亚大学，获得国际公法学士及硕士学位、哲学博士学位。1925 年回国，先后任清华大学教授，国民党政府外交部司长，政务次长，首任驻加拿大公使、墨西哥大使，驻联合国“代表”等职。1958 年退休，台湾当局要他回台定居，他却侨居美国加州之普林斯顿镇，国民党政府不发给发退休金，他宁愿由子女供养，不愿为五斗米折腰。1996 年 8 月 3 日病逝于美国加州普林斯大林顿镇，后改葬于纽约。

刘师舜虽然身在国外，却无时不眷恋祖国，惦念故乡。1951 年蔡仲威《赠刘大使》诗云 ：“人生聚散等飘萍，宝岛重逢喜又惊。把酒纵谈天下事，故乡风物总关情。”字里行间，称赞他深厚的乡思之情。1986 年至 1994 年，刘师舜特寄自己的《传略》以及其他著作史料，为自己的家乡江西宜丰县志、年鉴、图书馆资料等尽力。

数十年来，刘师舜笔耕不辍，为中外文化交流作出了巨大贡献。主要译著有：英译《中诗选辑》，陈立夫著《四书道贯》，吴趼人《二十年目睹之怪现象》，《唐宋八大家文选》，改译《四书》《中诗续辑》等，中译英诗《沙场寻父行》，著作《出使加拿大回忆》等。

五、刘驭万[①]

刘驭万（1896—1966），湖北宜昌人。1912 年入武昌文华学校，1916 年考入北京清华学校，曾被推为清华学生会评议委员会主席。

① 《中国国民党百年人物全书》，北京，团结出版社，2005。

1920年赴美留学，先后获欧柏林学院文学士，威斯康星大学政治学硕士，并在哈佛大学研究院研究。1924年底返国，为全国基督教青年协会学生干事，旋又改派为基督教武汉青年会总干事，并兼任华中大学教授。

1929年被聘为全国建设委员会总干事。翌年被任命为浙江省建设人员养成所训育主任，旋升所长。1931年九一八事变发生，被聘为太平洋国际学会中国分会干事，1933年升执行干事，迄1946年。其间，曾先后任国民政府铁道部及交通部总务司帮办兼人事科科长及经济部物资局昆明办事处处长。

1945年6月，奉派为驻日盟军总部中国代表；同年11月，任驻汉城（今首尔）公使衔待遇简任总领事；甫一年加公使衔。1948年8月，特派为驻韩国大使衔外交代表，兼任联合国驻韩国委员会中国首席代表，并曾充任该委员会主任委员。1950年6月，调任"驻日代表团"（大使衔）副团长。1951年1月，派驻联合国，历任驻联合国"代表办事处"顾问、联合国大会常会"中国代表团"秘书长、驻联合国"代表办事处"处长。1957年任驻古巴"全权公使"兼驻海地"公使"；同年9月，升任驻古巴"特命全权大使"。1961年1月，调任驻韩国"特命全权大使"。1964年3月，调任驻泰国"特命全权大使"。1966年6月7日，出席侨领讨论介寿堂附设中文进修班问题，因心脏病猝发逝世。

六、杨光泩[①]

杨光泩（1900—1942），浙江湖州人。杨光泩少年时考入清华学校高等科，1920年赴美留学，先后获科罗拉多大学文学学士、普林斯顿大学政经学硕士、国际公法哲学博士学位。1924年毕业后在中华民国驻美使馆任随员、三等秘书，并任《中国学生月刊》总编辑，还曾任教于乔治城

图1-3-25　杨光泩

① 《中国国民党百年人物全书》，北京，团结出版社，2005；《浙江通志》杨光泩词条。

大学、华盛顿美国大学。1927 年回国，在清华学校任教。

1928 年 2 月，任南京国民政府外交部情报司副司长兼外交委员会主任委员。1929—1933 年，出任中国驻英国伦敦总领事及驻欧洲中国特派员。1933 年回国，创办世界电讯社并任社长。其后又曾担任外交部华北各省总视察，上海英文《大陆报》经理、总编，中国驻欧洲新闻局伦敦、巴黎总部负责人等职。1938 年，出任中华民国驻菲律宾总领事。1942 年日军攻占马尼拉后与中华民国驻马尼拉总领事馆其他七位外交官一同被捕，日军严刑折磨，胁迫他们投敌。杨光泩大义凛然，气节不屈。日军于 4 月 17 日将杨光泩等八人杀害。

1945 年杨光泩等 8 位外交官忠骸移葬南京雨花台。1948 年旅菲侨胞为纪念杨光泩烈士，在菲律宾华侨义山建立了一座上镌“效忠成志”的纪念碑，还有一条以他名字命名的“光泩路”和光泩小学。1989 年 12 月 2 日，国务院民政部颁发了杨光泩革命烈士证书，并在南京市菊花台公园修复了烈士墓和烈士纪念馆。

七、段茂澜

段茂澜（1899—1980），字观海，祖籍安徽合肥，生于济南。1911 年入济南德文学堂，后入天津南开中学，因成绩优异，校方予以免费，并聘为该校秘书。在南开中学的资助下，考入北京清华学校，1921 年毕业后赴美深造。先后在美国威斯康星大学、纽约大学及哥伦比亚大学研修西洋文学及政治经济，获博士学位。后赴法，在巴黎大学及法国学院进修。

1925 年，其族叔段祺瑞任中华民国临时执政，派徐树铮赴欧、美、日诸国考察各国政治，适逢段茂澜在巴黎，经段祺瑞特荐，段茂澜辅佐徐树铮前往英、德、俄、美、日等 12 国考察。1928 年段茂澜返国，同年 12 月任天津电话局局长，兼在南开大学教授法文及德文。他教学以严谨著称，并精通英、法、德、西班牙等多国语言。1936 年入国民政府外交部，初任秘书兼交际科长，后升任美洲司司长、驻英大使馆公使。1945 年抗日战争胜利后，调任驻马尼拉公使兼总领事。

1936 年 12 月 3 日，中日政府间自“九・一八”以后唯一的一次、长达一年之久的谈判完全破裂。南京国民政府以日本人参与绥战为借口，断然采取了导致谈判破裂的行动，这对于抗日救国的民族大业是有利的。而此次谈判中方所依据的正是绥远抗战百灵庙大捷后，时任外交部秘书段茂澜奉命前往绥东实地收集的日本卷入绥远战争的证据。[①]

1949年10月后，段茂澜任国民党驻法“使馆公使代办”。1956年出任台湾驻巴拿马“大使”，同年调驻菲律宾“大使”。1963年内调回台，任台湾“外交部”顾问。1965年至1970年先后任驻象牙海岸及驻阿根廷“大使”。其后十年间，先后在台湾“外交领事人员”讲习所、东吴大学、淡江文理学院及中国文化学院任教。

八、时昭瀛[②]

时昭瀛（1905—1958），字怡清，湖北枝江人。1922年毕业于清华学校，随即留美。1923年入美国明尼苏达州立大学就读，两年后授学士学位，随即进哈佛大学法学院，专攻国际法，1927年获法学硕士学位，是年冬取道英法等国游学，一年后归国。

图1-3-26　时昭瀛译《雅舍小品》书影

1929年夏，时昭瀛应聘任国立武汉大学法律系副教授，后升任教授；1934年，应驻苏联大使蒋廷黻之力邀，赴莫斯科任一等秘书，时昭瀛以为出任外交工作为战时报国捷径，乃不顾职位之高低，欣然赴任，一年后升参事衔一秘，开始其一生的外交官生涯。

1937年奉调离俄返国接任外交情报司长，次年外放驻加拿大首都渥太华总领事，1941年改调南非约翰内斯堡总领事（兼管南非事

① 参见刘凤茹：《试论绥远抗战对蒋介石内外政策的影响》。

② 参见李绍盛：《被遗忘的外交干才时昭瀛》，载《世界日报》，2006年7月8日。

务），数年之间，全力投入领务工作，颇多建树。抗战胜利后，时昭瀛申请回部服务，1947 年，复任情报司司长，兼任外交部发言人。后内战失利，乃奉令率部分同仁携大批百年来外交卷宗及印信，随中枢疏迁至广州、重庆、台北等地。在迁台之“中央”部会中，“外交部”所存档案最称完备，因此颇受嘉许。

1949 年 12 月 9 日，“行政院”迁台办公，时昭瀛获升任“外交部常务次长”，仍兼情报司司长，综理部内人事、总务、新闻及秘书等业务。当时人员精减，时昭瀛事必躬亲，不辞劳怨，叶公超对其卓越之才干、认真的作风，甚为敬佩，更视其为“畏友”。时昭瀛任“次长”长达 7 年，全年无假日，常以部为家，身心透支过度，出现高血压及心血管疾病，叶公超为嘉勉其多年之辛劳与贡献，1957 年，特向蒋介石推荐其出任驻巴西“特命全权大使”。越年，时昭瀛不幸病逝于巴西首都圣保罗任所，享年仅 53 岁。

值得一提的是，在当时的外交官中，时昭瀛的英文也是数一数二的，梁实秋的《雅舍小品》便是最早由时昭瀛译为英文，1960 年台湾远东出版公司印行中英文对照本，使梁实秋散文的影响达至北美及东南亚。

九、王化成

王化成（1903—1965），江苏丹徒人。少年入清华学校读书，1923 年毕业，负笈入美研习国际法。先后获明尼苏达大学 1924 届学士学位（B.A.）、芝加哥大学 1924 届博士学位（Ph.D.）。1927 年至 1928 年在哈佛大学专研国际公法。

图1-3-27　王化成

早在 1924 年，王化成便自美致函母校建议改设大学和增设中国社会科学。1927 年更参与组成清华文科课程委员会讨论会，对创办之初的政治学系的课程设置提出批评建议。1928 年 9 月甫一归国，即入清华大学政治学系任教授，后历任系副主任、代理主任、国立西南联合大学政治系教授，主讲国际公

法、国际关系、国际组织、条约论等课程，并著有《现代国际公法》一书，成为清华大学法政教育的中坚力量。其学生王铁崖、陈体强等日后均成为国际法名家。

1939 年，国民党设立最高国防委员会，延揽若干学者进入，王化成于 3 月应邀就任参事。1942 年 5 月至 1947 年，出任外交部条约司司长，曾起草及签订废除帝国主义在华租界条约，其中 1946 年 11 月委为商订《中美友好通商航海条约》全权代表。抗战胜利后任联合国战犯调查委员会委员。1947 年 2 月后任驻葡萄牙公使，直至 1963 年 8 月离职。

1956 年，王化成曾通过章汉夫表达回国工作意愿，但终未成行。离职后，自葡赴美，1965 年 2 月 18 日病逝于异国他乡的哥伦布市，享年仅六十有奇。其清华时代的同窗好友顾毓琇有诗一首悼之，曰：

五十年来总角交，欧游悔不访葡萄；
清华乐育弦歌盛，天下兴亡意气豪。
保卫邦家齐抗战，修平条约自挥毫；
他年大陆归魂去，定上金焦荐酒肴。

十、李迪俊

李迪俊（1901—？），字涤镜，湖北黄梅人。1923 年毕业于北京清华学校。后赴美国留学，入威斯康星大学，获政治学博士学位。旋为芝加哥大学、哈佛大学研究院研究员。回国后任中央政治学校、中央大学兼任教授。1930 年起任职国民政府。1932 年任外交部秘书。1933 年任外交部情报司司长。后任《时事月报》主任编辑。1939 年 5 月，任驻古巴全权公使。1942 年 1 月，兼驻哥伦比亚、委内瑞拉全权公使。1943 年 7 月，兼驻多米尼加全权公使。

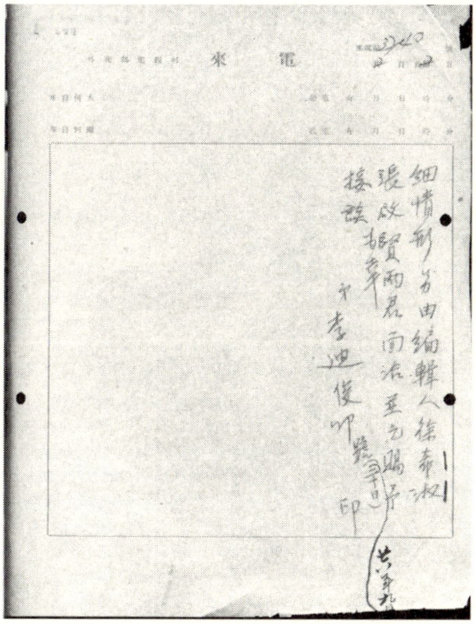
來電

图1-3-28　李迪俊电文稿

图1-3-29　张忠绂与友人合照（左四为张忠绂，左三为胡适，右四为钱端升）

1947 年 3 月，任驻土耳其全权大使。著有《英国选举比例运动史》《孙中山先生政治学说》。

十一、张忠绂

张忠绂（1901—1977），湖北武昌人。1923 年毕业于清华学校，后留学美国，获哈佛大学硕士，约翰霍普金斯大学博士学位。历任国民政府驻美公使秘书，东北大学、南开大学、北京大学政治系教授，《外交月报》总编辑、外交部参事，中国出席旧金山联合国大会代表团顾问、办事处主任。1937 年曾与胡适、钱端升出访欧美寻求国际上对中国的同情与支持，乃瞩目一时之民间外交活动。1977 年在美国病逝。

张忠绂为民国时期研究国际问题的著名学者，其在学术研究、政论和外交实践等各方面，都卓有建树。在对外交的学术探研方面，张忠绂一反陈说，提出了“弱国也有外交”的论断。著有《中华民国外交史》《欧洲外交史》。

十二、徐永煐[①]

徐永煐（1902—1968），江西赣州人。1924 年毕业于清华学校，1925 年赴美国留学。在清华时，与同学冀朝鼎、施滉等组织“唯真学会”“工读团”，并亲身实践“耕读主义”，主张清华毕业后“留国”一年再出国学习。

在美期间，徐永煐先后进芝加哥大学读法律、读历史及哲学暑期班，又在威斯康星大学、斯坦福大学读过经济学，但未拿过任何

① 参见徐庆来：《徐永煐传略》。

学校的学位。而在此期间徐永煐“主持”“创办”“主编”“主笔”及参与编辑的报刊名目，共有6种:《革命》(“中山学会”会刊)、《国民日报》(时为国民党左派报纸，后被右派夺走)、《先锋报》(“美洲华侨反帝大同盟”机关报)、《共产》(美共中央办的中文杂志)、《救国时报》(由巴黎迁来的中共报纸)、《华侨日报》(纽约华侨洗衣馆联合会报纸)。

图1-3-30 徐永煐1920年代在美国

1926年底，徐永煐加入“美国人民反帝大同盟”。1927年加入美共。1927年初夏，在美共中央指导下，徐永煐和施滉等创建了中国局，隶属中央委员会，接受设在旧金山的美共第十三区委员会具体领导。徐永煐自此领导旅美华侨左翼运动逾20年，直至1946年回国。第二次世界大战时期，徐永煐在太平洋学会任研究员，该学会曾极大影响了美国舆论和政府对华政策。同期，他身历了美国共产党盛衰起伏、解散和重建的全过程。

从1945年开始，徐永煐受命主持并亲自参加翻译毛泽东著作，至20世纪60年代初，完成《毛泽东选集》1～4卷英译。从1947年开始，徐永煐先后作为中共中央外事组编译处处长、天津及上海市外事处处长，参与了新中国外交事业的初创。1954年徐永煐调入外交部政策委员会，1955年任外交部美澳司司长，1959年11月起任外交部顾问，1964年5月被任命为中国人民外交学会副会长，兼党组书记。1968年9月9日逝世。

十三、陈之迈

陈之迈(1908—1978)，广东番禺人。1928年毕业于清华大学留美预备部，随即赴美留学，就读于美国俄亥俄州立大学(历史)、哥伦比亚大学(公法)，1933年获哥伦比亚大学哲学博士。

回国后先后任教于清华大学、北京大学、南开大学、西南联大及中央政治大学。曾与蒋廷黻等人创办《独立评论》社和《新经济》

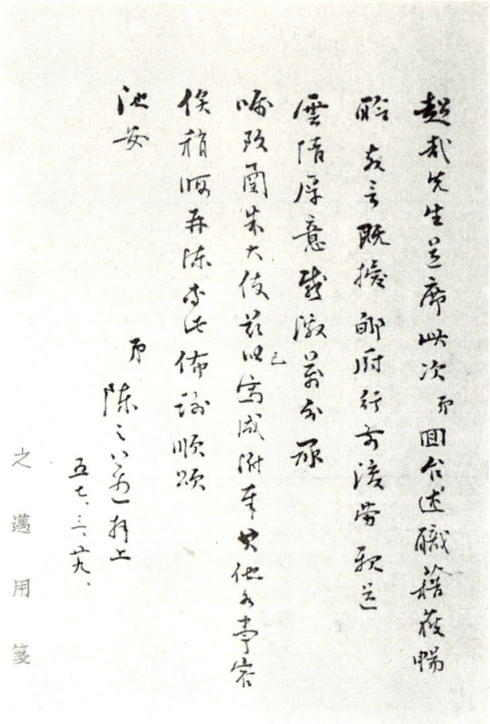
之邁用箋

图1-3-31　陈之迈信札

半月刊，是“独立评论派”的重要代表人物之一。在1930年代关于“民主与独裁”的论战中，他因提出所谓“党内民主”（“党外无党，党内有派”）和“专家治国”的政治主张，引起流传数十年的争议。①历任行政院参事兼第一组主任、驻美大使馆参事、中国出席联合国善后救济总署副代表，中国出席国际紧急粮食理事会委员、联合理粮农组织中国代表等职。赴台后，1950年任“驻美公使”，出席联合国“代表团”成员。后历任驻菲律宾“大使”、澳大利亚“大使”兼新西兰“大使”，驻日本、教廷、马耳他“大使”。

陈之迈驻外工作期间，致力于弘扬中华文化。1958年5月在马尼拉创建“菲律宾华侨华人宗亲会的联合机构”，旨在发动全菲华人力量，共谋合法权益，宣扬中华文化等。1960年，陈之迈在澳洲国立大学内发表英文学术演讲，以“中国山水画的黄金时代”为题，阐释唐代山水画的魅力。

1978年退职，受聘“外交部”顾问暨国际关系研究所研究员，同年病逝。

著有《中国政制建设的理论》（商务印书馆1939）、《天主教流传中国史》（台湾，Wisdom Press，1976）、《政治学》（正中书局1943）、《中国政府》（商务印书馆1945）、《蒋廷黻的志事与平生》

① 参见董国强：《论“独立评论时期”陈之迈的政治思想》，《二十一世纪》网络版，2003年11月。

（台湾传记文学出版社 1967），译有《欧洲近代战争小史》（独立出版社 1940）。

第四节　司法列传

清末变法改制，近代意义的司法体制得以创建。1912 年中华民国南京临时政府成立，即着手开展司法机构的组织；北洋政府时期司法机构小有发展，至国民政府时期司法体制颇具气象。虽然司法独立之理想坎坷万端，司法之实效亦并不乐观，法院、检察厅作为司法机构则毕竟从政府分离，而法官、检察官也成为不同于行政人员的独立职业。民国时期重视公务官员的学历背景，法官、检察官皆有任职资格要求。在此情形下，出洋学习政治法律者回国任职司法机构，自有其优势。相应地，律师也作为新兴职业，渐次开展，虽然其活动主要集中于京津沪等地。

早期清华法政人曾任职司法机构者，有陆守经、梅汝璈、向哲濬、张国辉、曾友豪等，梅汝璈、向哲濬因东京审判载入史册，其余诸君也有事略见诸各地方志。

曾执行律师职业者，则有黄宗法、姚永励、刘世芳、何孝元、赵泉、石颍等，据 1937 年《清华同学录》，黄宗法、赵泉在平津执行律师职务，姚永励、刘世芳、何孝元、石颍在沪执行律师职务（法律事务），王造时亦有一段律师经历。何孝元仅有曾于上海正明法律事务所任职的记载，其身份或许更是学者。限于资料，赵泉、石颍执业情形不得而知。

虽资料有限，毕竟律师业乃法政人应然之主要领域之一，笔者亦尽力呈现早期清华法政人执行律师职务情形，避免读者误会当时清华法政人竟无一知名律师之谬。以下先依自清华毕业时间之序，叙述任职司法者之事略；再略述诸律师情形。

一、陆守经

陆守经（1881—1946），字鼎生，号达权。早年曾赴日留学。1911 年考取清华留美预备班，赴美留学，在威斯康星大学学习政治，获博士学位。回国后任欧美学生会主席及留美学生会主席。后历任

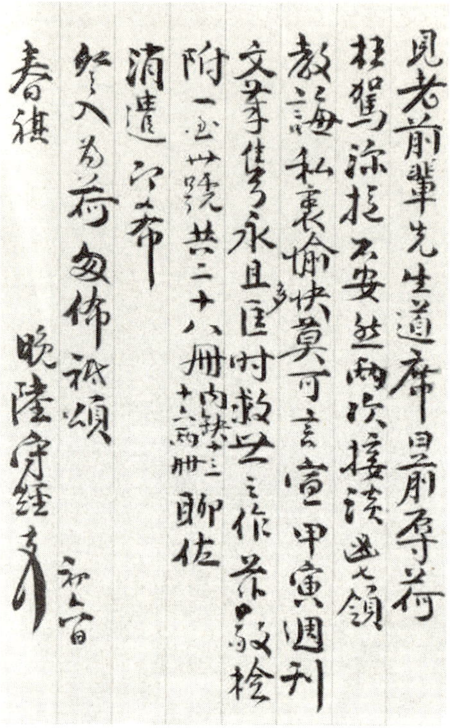
凤老前辈先生道席：日前辱荷
枉驾，踪拒不安，兹由次接读惠书，领
教诲，私衷愉快，莫可言宣。甲寅周刊
文章多集为永，且匡时救世之作，并致检
附一至卅号，共二十八册，内缺第十三两册，聊佐
消遣，即希
赐入为荷。匆布，祇颂
春祺
晚陆守经叩 初九日

图1-3-32　陆守经信札

司法部主事、厦门公审会堂堂长、江苏及上海审判厅厅长、淞沪护军使秘书长等职。亦曾任清华、燕京、南京等大学教授。①

1923 年 8 月 14 日在留美同学会的欢送会上，陆守经主席的讲话如下：

“……夫今日中国之腐败，真不堪设想，推其祸原，皆在一般空言国利民福之当轴，但阅五六年，若辈必将至末路，而诸君亦已学成返国，正大可有为，以救国家，（略）互相协助，以救祖国云云……”②

二、张国辉③

张国辉（1893—1968），字光甫，号传薪，福建邵武人。1911 年从福州格致中学考取清华学堂留美预备班，1913 年赴美国留学。美国哥伦比亚大学法学士（1914）、文学硕士（1916），芝加哥大学法律博士（1917）。素有“闽北第一博士”“闽北第一留学生”之称。

张国辉回国后，曾任北洋政府外交部秘书兼北京中国大学英文教授、特派调查福建烟苗专员、武汉国民政府外交部特派福建交涉员、南京国民政府特派厦门交涉员兼财政部厦门海关监督。1927 年 10 月间，张国辉辞去政府公职，受聘厦门大学法科教授，任教不久，即北

① 据《陆士谔年谱》，陆士谔为陆守经长兄，上海世博会期间因媒体广泛报道其 1910 年所撰《新中国》一书而为世人关注。

② ［日］牧野格子：《关于冰心赴美留学——出发前的情况》。

③ 侯利标：《私立时期厦门大学法学教师传略》。

上担任国民政府中央特种刑事临时法庭审判员。1928 年 12 月转任司法院参事，直至 1932 年 4 月。其间还应聘兼任国立中央大学教授。

1933 年张国辉参与“闽变”，12 月“闽变”失败后，张国辉取道香港前往越南，避居岳父家中多年，并创办强华学校，自任校长。同时，应邀担任中华学校国文、英文教员。1940 年，张国辉曾一度返回上海，从事律师业务。其时，汪伪政权以公使职相邀，张拒绝，被迫再赴越南。1946 年冬，张国辉经香港回国，并加入民盟组织。次年应聘广州岭南大学历史系教授，积极参加爱国民主运动。1949 年秋离校前往北京参加新中国开国大典。

1950 年秋，张国辉从华北革命大学政治研究班毕业后，前往哈尔滨担任松江省人民法院审判员，后调任东北人民政府司法部宣传调查员，再转任福建省高级人民法院审判员。1952 年秋离职，后任福州大学（1953 年后改称福建师范学院）历史系教授，直至 1958 年。1960 年赴广东南方外语专科学校任教，1961 年春因年事已高回乡休养，并被聘为邵武县政协委员。1967 年末，张国辉被当成“资产阶级反动学术权威”，遭到游街批斗，1968 年 7 月 3 日病逝。

著有《中国外交史》（商务印书馆出版）一书。

三、向哲濬

向哲濬（1892—1987），湖南宁乡人。1910 年考入清华学堂的前身游美肄业馆，1917 年从清华学校毕业后，赴美国耶鲁大学学习，1920 年获得文学学士学位，同年进入耶鲁大学法学院学习，1922 年获美国国会图书馆奖学金，同年转入乔治·华盛顿大学法学院，1925 年获法学学士学位。1925 年秋回到中国，担任北京大学、北京交通大学、河北大学法律系以及北京法政大学教授。从 1927 年起，向哲濬又先后出任司法部和外交部秘书，最高法院检察署首席检察官和最高法院湘粤分庭首席检察官、苏州地方法院院长，上海第一特区地方高等法院首席检察官。

1945 年 10 月抗日战争胜利后，远东盟军总部在组建国际军事法庭的过程中，向中国政府要求派遣一位精通英语、有英美法和国家法知识背景的法官。中国政府就决定选派向哲濬出任此职。但向哲濬考虑到起诉惩治战争罪犯，检察官的责任可能更为重大——尽管其许多

图1-3-33 向哲濬

图1-3-34 向哲濬在东京审判法庭陈辞

工作是默默无闻的，故他推荐了其清华大学出身的师弟、同样有着英美法知识背景、精通英语的梅汝璈出任法官，自己则担任了检察官一职，并且在组建富有战斗力的中国检察组，广泛收集各个战犯的罪证方面作出了巨大贡献，出色地完成了自己的历史使命。

1948 年底，艰苦卓绝的东京审判结束后，向哲濬回绝了国民党政府让其出任台湾“司法院大法官”的任命，回到祖国大陆，先后在上海大夏大学、东吴大学担任大学教授。1952 年院系调整后，又先后在复旦大学法律系、上海社会科学院担任法律教学和研究工作。1960 年担任上海财经学院教授兼外语教研室主任，1965 年退休。向哲濬于 1987 年 8 月 31 日逝世，享年 96 岁。

四、梅汝璈

梅汝璈（1904—1973），字亚轩，江西南昌人。1924 年清华学校毕业后赴美国留学，1926 年在斯坦福大学获得文科学士学位，并被选入“怀·白塔·卡帕荣誉学会”。1926 年夏至 1928 年冬，梅汝璈在芝加哥大学法学院攻读法律，并获得法学博士学位。在此期间，曾与同学施滉、冀朝鼎等以实际行动积极响应国内发生的北伐革命。

1929 年春回国后，梅汝璈先后在山西大学、南开大学、武汉大学、复旦大学等校任教，还担任过国民政府内政部、立法院等政府机关法律方面的职务。

图1-3-35　梅汝璈

图1-3-36　东京审判法官合影（前排右二为梅汝璈）

第二次世界大战结束后，受国民政府派遣，梅汝璈于1946年至1948年代表中国出任远东国际军事法庭法官，参与了审判对20世纪30至40年代发生于亚洲和太平洋地区的大规模侵略战争负有主要责任的日本战争罪犯的工作，同某些庇护日本战犯的势力进行了坚决而卓有成效的斗争。在历时两年半开庭的漫长过程中，梅汝璈始终坚持法律原则，有礼有节，在“法官席位之争”“起草判决书”和“坚决死刑处罚”等关键时刻维护了祖国的尊严和人民的利益，赢得了世界的赞赏和尊重，促成了大体公正的审判结果。

1948年底，梅汝璈拒绝国民政府的任命避居香港，与当时中共驻香港代表取得联系，于1949年底秘密抵达北京，随即出席中国人民外交学会成立大会，受到周恩来总理的称赞。此后，梅汝璈长期担任中华人民共和国外交部顾问、专门委员兼条约委员会委员，并历任第一届全国人民代表大会代表、法案委员会委员，第三、四届全国政协委员，以及世界和平理事会理事、中国人民外交学会常务理事、中国政法学会理事等职。

梅汝璈的主要著作有《现代法学》《最近法律学》《法律哲学概论》《远东国际军事法庭》《东京大审判：远东国际军事法庭中国法官梅汝璈日记》，用英文撰写的著作有《中国人民走向宪治》和《中国战时立法》等。论文主要有《训政与约法》《陪审制》《中国与法治》《宪法的施行问题》《关于谷寿夫、松井石根和南京大屠杀事件》等。

梅汝璈于1973年4月23日逝世，享年69岁。1976年底，梅汝璈的家人遵嘱将厚达尺余的东京审判判决书中文原稿和其在东京大审判时穿过的法袍，无偿捐献给中国革命博物馆（现国家博物馆——编者注）收藏，希望能作为历史的见证警示后人永远不要忘记过去的那段岁月。

五、曾友豪

曾友豪（1900—？），广东梅县人。1923年毕业于沪江大学，是该校政治学专业第一位研究生。1925年自清华学校赴美留学，约翰霍普金斯大学、哥伦比亚大学学习历史政治及法学，获得哲学博士、法学博士。回国后任甘肃省高等法院院长，安徽省高等法院院长（1932年）。并曾任南京中央大学、安徽大学、东吴大学、兰州大学教授，南华大学的教授、系主任、院长和名誉校长等职。著有《中国外交史》（商务印书馆1925）、《国际公法例案》（上海法学书局1934）。

六、黄宗法

黄宗法，字约三，安徽无为人，1910年考取清华留美预备班，1917年获美国纽约大学法学博士学位，回国后在平津执行律师职务，为当时知名律师。《北京图书馆馆史资料汇编（1909—1949）》上册有"1930年1月24日黄宗法律师致函国立北平图书馆关于履行梁启超遗嘱有关寄存图书声明"，乃1927年因病辞职的前国立北平图书馆馆长梁启超逝后，其后人梁思成、梁思永、梁思忠遵遗嘱将饮冰室藏书永远寄存，委托黄宗法律师致函代办。1929年8月31日"中比间关于比国交还天津租界协定"，内有"全权公使律师黄宗法"钤印。

七、刘世芳[①]

刘世芳（1901—？），浙江镇海人。少年时求学于上海高级中学，1917年考入清华学校，1920年毕业留美，就读于哈佛大学奥柏林学院、耶鲁大学法学院，在美期间曾任耶鲁大都会俱乐部副主席、中国学生联合会东部分会副主席。随后在德国GOETTNGGEN大学、柏林大学、

① 据《上海司法行政志》。

法国 GENOBLE 大学从事研究。1927 年回国，同年 6 月加入上海律师公会，在圆明园路开设律师事务所，执行律师业务。同时兼任东吴大学法学院德国民刑法教授、上海暨南大学美国法讲师，上海法学院德国民法讲师。1931 年任暨南大学法律系主任。1936 年 11 月上海发生沈钧儒、章乃器等救国会“七君子”案，刘世芳是王造时的辩护律师之一，在各方共同努力下，迫使国民党当局于民国 26 年 7 月将沈钧儒、王造时等无罪释放。抗战胜利后曾任中国战区审判侵华日军特别军事法庭的庭长，并曾推荐其学生高文彬担任东京审判中国检察官向哲濬的助手。[①] 译有《新中国民法财产法律和中国流通票据法》。

八、姚永励

姚永励(1900—？),字叔高,浙江绍兴人。1921 年毕业于清华学校，随即赴美，先后就读于耶鲁大学、芝加哥大学，学习政治经济及法律，1926 年获法律博士学位。回国后在上海香港路 59 号银行工会二楼开有“姚永励律师事务所”。据《福尔赛世家》周煦良译本序，姚永励曾对小说中法律名词的翻译给了许多帮助，特别是詹姆士为老乔里恩写的那份作者故意弄得又臭又长的遗嘱，几乎全部出自他的手笔。

第五节　军事列传

一、王赓[②]

王赓（1895—1942），江苏无锡人，1911 年考取清华留美预备班并赴美留学，曾先后在密歇根大学、哥伦比亚大学、普林斯顿大学就读，1915 年获普林斯顿大学文学学士后转入西点军校，在西点一贯成绩优秀，并热心帮助其他人，颇得同学赞誉，1918 年西点毕业时为全级 137 名学生中第 12 名。

随后归国，供职于北洋政府陆军部，旋又任巴黎和会中国代表团

① 参见高文彬口述：《我所经历的东京大审判》，载李菁：《往事不寂寞》，北京，生活·读书·新知三联书店，2009。高文彬（1922 生），上海人。中国民主同盟成员。现任上海海事大学法学院教授。1945 年毕业于上海东吴大学法学院。1946 年应聘前往日本东京远东国际军事法庭参加审判日本甲级战犯工作，先后担任国际检察处翻译官和中国检察官办事处秘书。1949 年后在上海东吴法学院、华东政法学院任教。

② 苏晓康：《中国式的“玉碎”——普林斯顿大学档案中的王赓》，《今朝》（第 2 期），香港，金陵书社出版公司，2006；王凯：《被遗忘的民国帅哥王赓》，载《法治日报—法治周末》，2010-10-21。

图1-3-37　王赓

上校武官，兼外交部外文翻译；1918年秋，任航空局委员；1921年为陆军上校。1928年后赓王先后担任过孙传芳的五省联军总部参谋长，敌前炮兵司令，铁甲车司令，国府淮北盐务缉私局局长，财政部税警总团总团长。

1932年一·二八沪战开始时因误入日宪兵辖区被捕，后经他国协助得以脱险，但被误认为泄露军情重新入狱，甚至部分第十九路军主官以及沈醉几十年后的"回忆录"中仍毫无责任感地将作战失利推咎于王赓身上，然而当时就经政府多方查证予以澄清。1935年王赓出狱后曾任职铁道部，后任国民党政府兵工署昆明办事处处长，为维持抗战期间滇缅命脉的战略物资内运作了大量工作。

1942年4月，王赓作为国民党政府军事代表团成员于赴美期间（当时太平洋已为日军封锁）因肾病复发，医治无效于开罗逝世，终年仅47岁。

二、汪世铭

汪世铭（1896—1977），号佩之，字心渠，安徽桐城人。1911年考入清华学堂，1918年毕业于清华学校，同年留学美国弗吉尼亚军校，哥伦比亚大学研究院。回国后，1924年任职督理江西公署、东北军团长、湖南大学教授、财政部缉私副总指挥、国民政府军事委员会外事局副局长，1946年11月30日授中将衔。1932年参加中国国家社会主义党，1946年退出国大代表，1947年改组中国民主社会党，为民社党革新派负责人之一。一九四八年在香港拥护中国共产党发出的五一号召。1949年9月，作为特邀人士参加中国人民政治协商会议第一届全体会议，同年加入中国民主同盟。中华人民共和国成立后，任全国人民代表大会一、二、三届代表，国务院参事，中国民主同盟中央委员会常务委员、组织部部长。

三、曾锡珪[①]

曾锡珪（1899—1966），湖北沔阳人，1916年考入北京清华学校，1922年留美，先后在哈佛大学、诺维奇骑科军官学校、斐基尼亚军官学校骑科习军事。后入康乃尔大学攻政治历史，获硕士学位。1926年去比利时、法国进修、考察，在巴黎结识陈毅。

图1-3-38 曾锡珪题刻

1927年曾锡珪投冯玉祥麾下任第一集团军参谋，相继在李济深的第八路军、蔡廷锴的第十九路军任参谋和参谋处长。抗日战争爆发，两准税警部队改编为第八师游击部队，下辖八个团，曾锡珪任总司令。1938年5月20日，日军进犯连云港，曾锡珪率部浴血奋战，坚守云台山阵地三个月。这一段史实被当时的驻军刻在了连云港的山石上。曾锡珪题刻“殷忧启圣，多难兴邦”八个大字，并有跋曰：

溯自抗日战起，敌恃其海陆空军联合，火力破我要塞，肆行无忌。本年五月廿日，敌又施其故技，进犯我连云港。经我官兵奋勇抗战，时逾匝月，敌终未能越雷池一步，斯城差比告慰者。而我守备东西连岛将士，又复慷慨赴义，竟作壮烈牺牲，比古之田横五百壮士固无逊色焉！国家兴亡，匹夫有责，追往思来，怅怀无已。爰镌八字于石，勉我袍泽，留作纪念云尔。公历1938年6月28日湖北沔阳曾锡珪。

珍珠港事变后，曾锡珪被任命为国民党军事委员会外事局第一处处长。不久，被派赴中缅印战区任中国方面的主任联络官，辅助史迪

① 参见张至贵：《荣获美国总统勋章的抗日将军曾锡珪》，沔城风情网 http://www.miancheng.com/Article_Show.asp?ArticleID=3883。

威(战区盟军指挥官),做中、英、美三国军队的协调工作。战争结束后,美国总统曾授予曾一枚美国军团功勋章和功勋荣誉状。荣誉状上写:“曾将军以他的才智胆识和不懈的努力,增进了中美两国间的互相了解;以他的真知灼见和忠诚履行共同作战方针,对这场正义战争有着非凡的功绩。”

1945年初,美驻华特使魏德迈保举曾锡珪(时为少将衔)赴美入参谋大学。1946年回国,任盐务总局盐警处处长。1949年离开大陆,后赴新加坡。1966年,在新加坡华侨南洋大学执教期间病逝。

四、潘白坚[①]

潘白坚,湖南湘乡人,1923年毕业于清华学校,随即赴美在哥伦比亚大学留学,1926年获政治学硕士。回国后曾任九江公安局长、南京首都警察厅分局长等职。

1938年应其清华同窗孙立人、齐学启之邀,前往贵州都匀协助训练名义为“国民政府财政部缉私总队”这支即将开赴抗日前线的部队(即新三十八师的前身),初任政训处长,军衔上校。潘白坚担任新三十八师政训处长协助孙立人将军练兵期间,戴笠来过两封信请潘出任甘肃省警察厅厅长之职,条件是要潘参与他主管的特工系统的工作。潘白坚一直认为戴笠的特工系统不符合法律,与民主政治的原则相违背,所以两次拒绝。

新三十八师开赴缅甸抗日前线时,潘白坚任新三十八师军法处处长,孙立人升任新一军军长后,潘白坚任新一军军法处处长,除维护部队严明整肃的军纪,还负责甄别、教育和处置日本侵略军俘虏。为了能在工作中熟练运用日语向日军俘虏问话和对其进行甄别教育,不出任何差错,潘白坚在原有基础上,又下了一番功夫深入地学习了这门语言。

1944年9月,中国驻印军在攻克密支那后休整两个月,在此之前,潘白坚已由上校晋升为少将,密支那休整时奉调回国,去重庆军事委员会外事局工作,直到抗日战争胜利后的1945年年底。此后事迹不详。

① 潘白坚子女:《回忆父亲在抗战时期》。

五、梁思忠

梁思忠(1907—1932)，梁启超的第三个儿子，1907 年生于日本，从日本回国后考入清华学校，1926 年毕业并赴美留学，先后在威斯康星大学、弗吉尼亚陆军学院和西点军校学习。20 世纪 30 年代初毕业回国,加入了国民革命军。入伍后，由于留学资历和杰出才干，他很快升任国民革命军第十九路军炮兵上校。在 1932 年的淞沪抗战中，梁思忠表现相当出色。可惜此后不久，年仅 25 岁的他却因患腹膜炎服错了药，贻误了治疗时机而去世。

图1-3-39　梁思忠

第二辑

成长期

1925年9月，清华学校正式设立大学部。1926年4月26日，清华学校第一次评议会决定在大学部设立十七个系，其中十一个系先行设立专修课程，包括国文学系、西洋文学系、历史学系、政治学系、经济学系、教育心理学系、物理学系、化学系、生物系、农业学系、工程学系。同年4月29日，教授会选举产生了各系主任，政治系主任为余日宣。[①] 此乃清华系统的法政教育之开始。从1925年政治学系的设立到1952年院系调整清华取消法学院，这一时期，又可分为三个阶段展开论述：（一）1925—1937年清华学校——国立清华大学时期；（二）1937–1946年长沙临时大学——西南联合大学时期；（三）1946–1952年复员——院系调整时期。

① 陈俊豪：《生不逢时的法律学系——20世纪二三十年代清华法律学系设立之周折》，载《清华法学》第九辑，2006，49页。

第四章　清华学校——国立清华大学（1925—1937年）

在1925—1937年这段时间，清华的法政教育主要由政治学系来承担，法律学系虽曾短暂设立，无奈时代大背景下，主客观各类因素影响，只能感叹生不逢时，终成雪泥鸿爪。本时期笔者主要围绕如下问题展开：政治学系的发展概略、师资、课程设置、法律学系的筹建与裁撤、研究生教育。

图2-4-1　1928年，清华更名为“国立清华大学”（照片由清华档案馆提供）

第一节　政治学系的发展概略[①]

在这个时期，政治学系经历了三位系主任，余日宣（1926—1927）、吴之椿（1928—1930）和浦薛凤（1930—1937）。

余氏主持系务时期，教员为5人。1926年首届学生有29人（二年级生，此时期清华大学部学生一年级新生不分系），在清华各系人数中占第一位。此阶段政治学系课程逐步增加（1926年4门、1927年11门），1927年起更加以系统整顿，分为各组，拟定预修科目，使得选修时有所依循，庶免猎等荡级，避难趋易之弊。资

① 本部分主要根据下列诸文整理而成：赵德洁：《清华政治学系发展之概况》，《清华周刊》向导专号，第35卷，第11、12期，1931年6月1日；王化成：《政治学系概况》，《清华周刊》向导专号，1935年6月14日，收入《清华大学史料选编》第二卷，362~364页；浦薛凤：《政治学系概况》，《清华周刊》向导专号，1936年6月27日。

料方面：订购西文杂志12种；年费美金56元；1927年订购西文杂志19种，年费美金88元。

1928年清华正式改为大学，校长罗家伦改聘吴之椿为系主任。这是变化甚巨的一年。在师资和课程上，同时倍增。其中尤值的注意的有两处，一是美国普林斯顿大学的政治学教授，堪称当时权威的恪而温来校讲授“政治问题”一科；二是新置课程半属于法学方面，诸如宪法、行政法、民法、商法与国际私法等。其原因是当时法律学系尚未设立，政治学系的学生又需要选修法律课程。借此法学类实体法的课程已经略备，为成立法律学系奠定基础。此年开始招收女生，全校共收女生十五人，入政治学系有四分之一强，新生入学，亦开始分系。四级学生共90人，全校各系中，仅次于经济学系。该年图书杂志购置费用总8800元，所购书籍，多偏向国际公法及国际关系方面；订购西文杂志23种，年费美金125元。

图2-4-2　清华法学院政治学系的第一届毕业生曾炳钧（照片由曾尔恕教授提供）

1929年暑假，大学部首届毕业生毕业，全校共82人，政治学系有22人，居全校之首。此年教员继续增加，课程增开八种（共21门），其中有曾任教于哈佛和芝加哥大学的国际法权威莱特，讲授“条约论”“国际关系专题研究”及“国际法案”三科。图书费用9919元；订购西文杂志28种，年费美金150元。该年6月依教育部部令，学校分文理法三院，首任法学院院长为陈岱孙（陈总）①，法学院下设

① 陈岱孙（1900—1997），福建闽侯（今福州）人，1920年毕业于清华学校，1922年毕业于威斯康星大学经济系，获学士学位，1926年毕业于哈佛大学经济系，获哲学博士学位。1927年起任清华经济系教授，1928年起，兼任系主任，1929年起兼任法学院院长。1933年6—8月，任伦敦国际经济货币会议中国代表团专家，1937—1945年任长沙临时大学、西南联大紧急西教授兼经济系主任。1952—1953年任中央财经学院第一副院长。1953年后任北京大学经济系教授，1959—1984年兼任经济系主任。历任全国政协第二至第八届委员，第六、七届常委。著有《从古典经济学派到马克思——若干主要学说发展论略》、《政治经济学史》（主编）。参见陈岱孙自撰小传手稿，收入陈岱孙：《陈岱孙遗稿和文稿拾零》，北京，北京大学出版社，2005。

政治、经济与法律三系，法律系暂缓开办。本年度政治学系四级人数男女共 93 人，外加第一级毕业学生留校特别研究者 4 人，凡 97 人，全校各系中仅亚于经济学系。

1930 年，教授继续增聘、课程继续增加。法科研究所政治学部开始招生，首届录取三人；该年有日籍特别生一人，四级学生 85 人，共 89 人，人数位于经济学系和工程学系之后，居学校第三位。该年度资料方面有显著变化：图书杂志购置费用达预算为 15000 元；西文杂志猛增至 50 种，新添 22 种以法文杂志居多，年费美金 260 元。该年下学期吴之椿因病辞去主任职，由浦薛凤继任。该年暑假，第二级本系毕业生为 19 人。

浦氏继续革新。1931 年教师增至 19 人，课程加至 32 种。课程分为三类（研究所）五门（本科）。三类为：(1) 公法、(2) 制度、(3) 思想；五门为：(1) 宪法与行政法、(2) 国际法与国际关系、(3) 政治制度、(4) 市政学、(5) 政治思想。浦氏注意培养本国应用人才，对于本国政治方面各学科及市政学，更予以特别重视。本年度图书杂志购置费仍维持为 15000 元。本年学校有筹办法律学系之计划，故对法律课程，继续兼顾。该年暑假，第三级本系毕业生为 21 人。

1932 年，法学院添置法律学系，本年为政治学系自身发展时期，对政治学系课程，增加颇多。该年萧公权加盟，授中国政治思想等科。本年度图书杂志购置费仍维持为 15000 元。该年暑假，第四级本系毕业生为 17 人，其中女生 1 人。

1933 年，因法律学系奉部令暂缓加设，一部法律课程，又划归政治学系开班。浦薛凤本年休假赴欧，王化成代理主任。学校评议会通过社会科学各系之课程，应尽量向有关国情方面发展。因学校添设工学院，预算紧缩，图书购置费减至 13000 元。该年暑假，第五级本系毕业生为 24 人。另，研究所业经三载，有同学一人应毕业试验，成绩颇优，经本校评议会通过，资遣留美。

1934 年，政治学系更具评议会之议决，特别注意本国之各种设备，尤其是地方政府方面。多次邀请校外服官久长，行政经验丰富的人士，如梅思平、胡次威、吴时中等先生向学生作经验谈话。该年暑假，第六级本系毕业生为 13 人。

1935 年春季，美国哈佛大学教授何尔康来校做演讲四五次，内容关于宪法和行政。该年暑假，第七级毕业，本系毕业生10人。

1936年第八级本系毕业生为15人，其中女生1人。此时，校图书馆中有关政法之新旧书籍近万册，中日文杂志约40种，西文杂志约80种，其中完全成套之杂志，颇为不少。八年来所购图书杂志，约值15万6千余元。

1937年第九级本系毕业生为13人。

第二节　师资

师资是教育之关键。在此时期内，清华经历了曹云祥（1922.4—1928.1）、温应星（1928.4—1928.6）、罗家伦（1928.6—1930.5）、吴南轩（1931.4—1931.5）与梅贻琦（1931.12—1948.12）五位校长，[①] 其中尤以罗、梅二位，与法政教育的发展关系颇深。

两位即位，皆以延揽人才为要任。罗氏在1928年就职典礼上以《学术独立与清华》为题发表演讲，就明确提出“要大学好，必先要师资好。为青年择师，必须破除一切情况，一切顾虑，以至公至正之心，凭着学术的标准去执行……我希望能吸收大量青年而最有前途的学者，加入我们的教学集团来工作。只要各位能从尽心教学、努力研究八个字上做，一切设备，我当尽力添置。我想只要大家很尽心教学，又有设备，则在这比较生活安定的环境之中，经过相当年限，一定能为中国学术界放一光彩。若是本国人才不够，我们还当不分国籍的借才异地。一方面请他们教学，另一方面帮助我们研究。我认为罗致良好教师，是大学校长第一个责任！”[②]

1931年梅氏到校视事，召集全体学生训话，即提到：“一个大学之所以为大学，全在于有没有好教授。孟子说：‘所谓故国者，非谓有乔木之谓也，有世臣之谓也。’我现在可以仿照说：‘所谓大学者，非谓有大楼之谓也，有大师之谓也。’我们的智识，固有赖教授的教导指点，就是我们的精神修养，亦全赖有教授的 inspiration。但是这样的好教授，决不是一朝一夕所可罗致的。我们只有随时随地留意延揽而已。

① 参见《历任校长一览表》（1909—1929年），收入《清华大学史料选编》第一卷，18页；《国立清华大学（1928—1937）历任校长一览表》，收入《清华大学史料选编》第二卷，136页。

② 罗家伦：《文化教育与青年》，北京，商务印书馆，1945，收入《清华大学史料选编》第二卷，201页。

同时对于在校的教授，我们应该尊敬，这也是招致的一法。”①

罗氏在任时，努力提高教员薪俸②，建立专任教授休假制度，资助专任讲师、教员及助教休假、出国研究，③首倡图书仪器费用占全年总预算至少20%之举④。梅氏以虚怀若谷之度、谦谦君子之风，甚至放弃政府授予的校长治校之权力，身体力行地发扬民主，尊重教授，巩固教授治校制度。⑤凡上种种，皆为延揽人才奠定良好的基础。两人主政时期，法政教员名单如下⑥：

姓名	籍贯	生卒年	职称	在校时间	求学经历
王化成	江苏丹徒	1902—1965	教授	1928.8—1937	1923清华学校，美明尼苏达大学学士，芝加哥大学博士，哈佛大学研究。1925—1942历任清华大学教授，中央政治学校讲师，国防部最高委员会参事。1942国民政府外交部条约司司长，1947“驻葡萄牙公使”，1963离职，1965年2月18日病逝于美国哥伦布市

① 《国立清华大学校刊》第341号，1931年12月4日，收入《清华大学史料选编》第二卷，219页。

② 罗氏在《整理校务之经过及计划》中提到“在过去清华教员待遇，并不比国内其他大学为优，所好的只是不欠薪而已。但是现在情形就不同了，如中山大学、中央大学、武汉大学都一样的不欠薪，而且待遇均加高，均在清华之上。清华要想吸收一部分人才，势非亦改善教授待遇不可。加之年来生活程度日高，清华纵不能与中山中央等大学相比，也须顾及教授生活的安定，方可使其精心授课研究。再者北平旧为京城，人才较多，比较上教育易于聘请。今则环境改变，首都南迁，如若待遇仍旧，颇难延揽良好学者。现在清华大学教授待遇约自二百六十元至三百六十元（原已超过三百六十元者，大都照旧，颇少变更），较先前约增加自四十元至六、七十元不等。将来设正教授时，其薪水约自三百六十元至五百元为度。”《国立清华大学校刊》第12期，1928年11月23日，收入《清华大学史料选编》第二卷，10～11页。从《国立清华大学教师服务及待遇规程》关于“薪俸”部分的规定，可见罗氏的主张已经予以制度化。《清华大学一览》1937，收入同卷，176页。陈寅恪先生在1937年的薪俸为480元。《请改填陈寅恪先生聘书薪额》，清华大学档案，全宗号1，目录号2-1，卷宗号111：4，收入同卷，183页。

③ 详见《国立清华大学教师服务及待遇规程》第七章“休假”，《清华大学一览》，1937；《专任教授休假条例》，清华大学档案，全宗号1，目录号2-1，卷宗号109。皆收入《清华大学史料选编》第二卷，179～182页。

④ 罗家伦：《文化教育与青年》，北京，商务印书馆，1945，收入《清华大学史料选编》第二卷，202页。

⑤ 参见苏云峰：《从清华学堂到清华大学》（1928—1937），49～51页，北京，生活·读书·新知三联书店，2001。

⑥ 本表以苏云峰编：《清华大学师生名录资料汇编（1927—1949）》（台北，中央研究院近代史研究所，2004）为基础，另据笔者掌握的情况对名单疏漏、贻误之处进行补订。又，所谓讲师，指的是兼课的教员；教授、专任讲师、助教乃本校的教员。

续表

姓名	籍贯	生卒年	职称	在校时间	求学经历
何基鸿	河北藁城	1892—?	讲师	1928.8—?	日东京帝大毕业，留德，历任大理院书记官，推事。司法部参事，国民政府考试院编撰；北大教务长兼第三院主任及法律，政治系主任。清大政治系讲师，河北省政府委员兼民政厅长，河北教育厅教育设计委员会高等教育委员。1936 北平大学法商学院名誉教授
何尔康（Holcombe）	美国	1884—?	教授	1935.4—12 做演讲数次	1912—1933 历任美哈佛大学政治系教授，主任。1928 来华考察政治情形，回国后著有《中国的革命》《中国革命的精神》二书。为美国最早研究孙中山之学者
余日宣	湖北蒲圻	1888—?	政治学系主任，教授	1922—1927	武昌文华大学毕业，美普林斯顿大学政治学硕士。曾任南开大学教务长，清大中等科教员兼校务调查委员会会长
吴之椿	湖北江陵	1894—?	政治学系主任，教授	1928—1930	美哈佛大学硕士，国民政府外交部秘书长。广州中山大学法科讲师，山东大学秘书长，教育部兼任秘书
沈乃正	浙江嘉兴	1899—?	教授	1933.8—1936.7	清华学校，1927 美哈佛大学哲学博士，南开大学政治系教授，军官团上校教官，内政部民政司科长，浙江大学政治系教授兼主任

续表

姓名	籍贯	生卒年	职称	在校时间	求学经历
恪而温（Corwin）	美国		教授	1928.8—?	美哈佛大学博士，普林斯顿大学教授
柳哲铭	浙江鄞县	1900—?	专任讲师	1932—?	清华津贴生，1939 威斯康星硕士
胡道维	湖北彝陵	1900—?	教授	1928—1937	1923 清华学校，1927 美普林斯顿大学博士。 北京市政府参事，北大政治学教授，北京女子师范学院经济组教授。 中华教育总会委员
唐悦良	广东中山	1888—1956	讲师	1932.9—1933.6	上海圣约翰大学毕业。 美国普林斯顿大学政治学硕士。 北大教授，师大外文系讲师，中国大学英文系教授兼系主任。 曾任国民政府外交部常任次长、代理外交部部长，1936 任冀察政务委员会委员，1945 北平市外事处长
浦薛凤	江苏常熟	1900—1997	政治学系主任，教授	1928.8—1936.7	1921 清华学校，1925 美哈佛大学硕士。曾任云南东陆大学（云南大学前身）、浙江、西南联大、台湾政大等校教授
张映南	湖北江陵	1893—?	讲师	1932.9—1936.6	日本早稻田大学政治，经济科，毕各大学法科讲师，1935 北大法律系副教授
张奚若	陕西朝邑	1889—1973	教授	1929.8—1949	政治学家，教育家，早年加入同盟会，参加辛亥革命。

续表

姓名	籍贯	生卒年	职称	在校时间	求学经历
张奚若	陕西朝邑	1889—1973	教授	1929.8—1949	1917 美哥伦比亚大学学士、1919 硕士，任国际出版品交换局长，大学院高等教育处处长。1925 中央大学教授，抗日时任国民政府国民参政员，胜利后参加爱国民主运动。1949 后，任中央人民政府委员，教育部长，对外文化联络委员会主任，中国人民外交学会会长，全国政协委员
郭云观（闽畴）	浙江玉环	1889—1961	教授	1928.8—?	号文田，1915 年毕业于天津北洋大学法律系；1916 年为北京政治学会首届会员，兼任《政治学报》编辑；1917 年被公费派往美国入哥伦比亚大学研究院攻读国际法，获法学博士，1919 年中国代表团参加巴黎和会，任专使秘书，1920 年，北京大理院推事、国民政府司法部参事，兼修订法律编纂室主任。1921 年，作为中国代表团秘书长出席华盛顿开裁减军备会议。1932 年就任上海第一特区高、地两级法院院长，仍兼任北京燕京大学校长，抗战胜利后再任上海高等法院院长。1961 年在上海病逝

续表

姓名	籍贯	生卒年	职称	在校时间	求 学 经 历
陈之迈	广东番禺	1908—1978	专任讲师，教授	1934.8—1936.7	1928 清华学校，1933 美哥伦比亚大学博士。 北大政治系讲师，南开，西南联大及中央政治学校教授。 1938行政院参事，后兼“法制专门委员会”兼任委员。 1944 驻美大使馆参事，1950“驻美使馆公使”，1955“驻菲律宾全权大使”，1959 改“驻澳洲大使”，1961“出席联合国大会代表”兼“新西兰大使”，1966“驻日大使”，1969“驻教廷大使”，1971 兼“驻马尔他国大使”，1978“外交顾问”暨国国际关系研究所研究员，1978.11 病逝台荣总
陈复光	云南大理		讲师	1924—1927	1920 清华学校，1922 美哈佛大学学士，1923 硕士
程树德（郁庭）	福建闽侯	1877—1944	讲师	1932.9—1936.6	日本法政大学法科毕业，回国后通过留学生授职考试，增予法政科进士出生，授翰林院编修。历任国史馆协修、法典编纂会纂修、福建法政学堂教务长、留美生考试襄校官、法官考试襄校官、国务院法制局参事、帮办，北京大学、北平大学法学院、清华大学政治系讲师、教授

续表

姓名	籍贯	生卒年	职称	在校时间	求学经历
莱特（Quincey Wright）	美国		教授	1929—?	美芝加哥大学国际法教授，清华王化成教授之师。邵循恪清华研究院毕业后，赴美政读博士学位，亦以其为师，1929清华大学政治系教授
邹文海	江苏无锡	1909—1970	助教	1933.8—1934.7	1930清华大学政治系，1935—1937英伦敦政经学院研究。 1937后，历任湖南大学、厦门大学教授，暨南大学教务长及法学院长。 1955政大政治系教授兼系主任、教务长、法学院院长及政治研究所主任
赵凤喈	安徽和县	1898—?	教授	1933.8—1949	北大毕业，法巴黎大学法学硕士，中央大学讲师，西南联大政治系教授
赵德洁	河北大兴	1909—?	助教	1933.8—1934.7	1930清华大学大政治系
刘彦	湖南醴陵	1880—?	教授	1928.8—?	日本早稻田大学政治经济科毕业，普林斯顿会议中国代表团咨议，北京中国大学外交史教授，清大外交史教授，北平大学法学院讲师，1934民国学院政治系教授兼主任，北京法政大学校长
刘师舜	江西宜丰	1900—1996	教授	1925—1927	1920清华学校，1923哈佛硕士，1925哥伦比亚大学博士

续表

姓名	籍贯	生卒年	职称	在校时间	求学经历
潘昌煦	江苏苏州	1874—?	讲师	1929—?	光绪为戊戌科进士，留日，翰林院编修，国史馆协修，编查处协修，武英殿协修，政事常法制局参事，大理院推事兼庭长，大总统府顾问，燕京大学法律教授
燕树棠	河北定县	1891—1984	教授	1931.8—1934.7	1914北洋大学毕业，1920美耶鲁大学法学博士。 任教北大、武汉、清大，西南联大法律系教授、主任。 兼任国民政府宪政实施促进委员会委员，国民参政会参政员，监察院监察委员，司法院大法官。 1949后武大法律系编译室、武大图书馆工作，兼任湖北省政协委员，中国对外文化协会武汉分会理事，中国政法学会理事
萧公权	江西泰和	1897—1981	教授	1931.9—1936.7	1918上海青年会中学学毕业，1920清华学校，1923美密苏里大学文学硕士，1926美康奈尔大学哲学博士，历任南方、国民、南开、东北、燕京、清华、四川、华西、政大、台大等校教职。1948中研院院士，1949西雅图华盛顿大学教授，1957中研院近史所筹备处通讯研究员，1960获全美学术团体协会第三届人文学术卓越成就奖，1968退休。1981病逝于美国西雅图

续表

姓名	籍贯	生卒年	职称	在校时间	求学经历
钱端升	江苏上海	1900—1989	教授	1924—1927；1930—1934.7	1919清华学校，1924美哈佛大学政治学博士。 1924后，历任中央大学教授，北大法学院院长，政治系主任，1926清大教授，1938西南联大教授，1947—1948美哈佛大学客座教授，1948中研院院士，北大教授。 1952北京政法学院教授兼院长，中国教育工会副主席，中国外交学会副会长，全国政协常务委员，1982全国人大常务委员，法律委员会副主任；并任宪法起草委员会顾问
戴克光	江苏阜宁	1906—?	助教	1929—?	1929清华大学政治系毕业，民国大学政治学教授，南京中央大学教授
杨沃特（Carl Walter Young）			讲师	1934.2—1934.6	
龚祥瑞	浙江宁波	1911—1996	助教	1935.9—1936.7，1939.8—1947	1935清华政治系毕业，1938伦敦政治经济学院硕士，1939西南联大副教授、教授，1945重庆中央大学政治系教授，1946后，历任行政院资源委员会委员、考试院铨叙部参事、清华政治系教授、北大政治系、法律系教授

续表

姓名	籍贯	生卒年	职称	在校时间	求学经历
王彦美			助教	1935.9—1937.7	
曹保颐			助教	1935.9—1937.7	1936清华政治系毕业。纽约中国银行，中国常驻联合国代表团兼任一级顾问
杨光泩	浙江吴兴	1900—1942	教授	1927—1928	1920清华留美预备部毕业，1924年普林斯顿博士，1927年任清华政治学、国际法教授，后任职南京国民政府外交部，抗战爆发后任中国驻菲律宾马尼拉总领事，1942年被日寇杀害
苏尚骥			教授	1927—1928	
金岳霖	湖南长沙	1895—1984	教授	1927—1928	1920哥伦比亚大学政治学博士，著名逻辑学家，清华哲学系教授、文学院院长，1948第一届中研院院士
江之永			讲师	1927—1928	
黄右昌	湖南临沣	1885—?	讲师	1928—1929	日本法政大学毕业，北大法律学系第一任主任，1930-1937国民政府立法院立法委员，1948年9—11月司法院大法官，后任湖南大学法律系教授
刘懋初			讲师	1928—1929	里昂大学法学博士，北平大学法学院经济系主任

续表

姓名	籍贯	生卒年	职称	在校时间	求学经历
蒋廷黻	湖南邵阳	1895—1965	讲师	1928—1929	清华津贴生，哥伦比亚大学哲学博士，南开大学、清华大学教授，清华大学文学院院长、历史系主任，1935年任行政院政务处长，中国驻联合国常任代表。1961年11月改任台湾驻美“大使”，兼“驻联合国代表”，“中研院”第二届院士
潘照煦			讲师	1928—1929	
张忠绂	湖北武昌	1901—1977	讲师		1923年清华留美预备部毕业，哈佛硕士，Johns Hopkins博士，北京大学政治系主任及外交月报社总编辑
邱昌渭			讲师		
嵇文甫	河南汲县	1895—1963	讲师		北大哲学系毕业，河南大学教授、校长，中国科学院学部委员
林彬			讲师		
戴修瓒	湖南常德	1888—1957	讲师	1932—1935	日本中央大学毕业，历任国立北京法政大学教务长、京师地方检察厅检察长、河南司法厅厅长、国民政府最高法院首席检察官、上海法学院法律系主任、中国公学法律系主任、北京大学法律系主任、西南联系教授。1949年后任中央人民政府法制委员委员、国务院参事，中国国际贸易促进会对外贸易仲裁委员会副主席

续表

姓名	籍贯	生卒年	职称	在校时间	求学经历
张锐			讲师		
沈观准			讲师		
张慰慈			讲师		
钟庚言	浙江		讲师		日本东京帝大毕业，曾任北京法制局参事
黄觉非			讲师		
郑麐（相衡）	广东潮阳		教授		哈佛、牛津大学研究。翻译家
杨宗翰	江苏镇江		讲师		哈佛大学政治学学士，国立北平师范大学名誉教授，河南大学教授
王觐	湖南浏阳	1890—?	讲师	1932.9—1934.6	日本明治大学法学士、研究、历任河北大学法科教授；北大法律系主任、教授、中国大学教授、清大讲师、朝阳学院教务长，兼北大法律系主任教授、中国大学法律系主任、教授
邵勋			讲师	1932.9—1934.6	
刘志敭	江苏武进	1886—?	教授		日本东京帝大法科毕业，北京法政专门学校教务主任。京师高等审判厅推事，大理院推事；南京国民政府最高法院首席推事，北平、成都大学法学院教授，司法行政部法官训练所主任，1935北大法律系教授
邵同怡	浙江余杭		教授		日本明治大学法律科毕业，京师地方审判厅推事，江西、京师等之高等审判员厅厅长，大理院推事，

续表

姓名	籍贯	生卒年	职称	在校时间	求学经历
邵同怡	浙江余杭		教授		最高法院推事，1936最高法院东北分院厅长。北大、朝阳、中国、清大、燕京、新民学院等校法律教授
郁宪章			讲师	1933.9—1934.6	
李浦			讲师	1933.9—1934.6	

应该说，这是一个既有成名已久之大家，亦有已露小荷尖角之新秀，更以高学历、在各自专攻领域上颇有创见的中青年学者为主的阵容。教员多是年富力强之阶段，尽管国家遭遇系列危机变故，但优美之校园、宽裕之待遇、稳定之生活、良好之氛围，仍是潜心问学、传道授业两相宜的大好时节。浦薛凤夫妇即认为浦氏在清华执教的十年生涯，是他们共同生活中的黄金时代。① 这或许也是萧公权对清华念兹在兹的原因之一吧。正如何炳棣所谓："30年代的清华不但是校史中的黄金时代，也构成全国高教史中最令人艳称的一章"，② "30年代的清华文法两院表现出空前的活力。除各系师资普遍加强外，教授研究空气较前大盛，研究成果已非《清华学报》所能容纳，于是不得不另创一个新的学术季刊《社会科学》。冯友兰师的《中国哲学史》和萧公权师的《中国政治思想史》两部皇皇综合巨著更足反映文法教学研究方面清华俨然已居全国学府前列。" ③

① 浦丽琳：《清华经历竟疑梦——追忆父亲浦薛凤教授》，390页。

② 何炳棣：《读史阅世六十年》，98页。

③ 何炳棣：《读史阅世六十年》，102页。梅贻琦在《五年来清华发展之概况》中对当时学术刊物的发展有更详细的介绍："本校学术刊物，初仅有《清华学报》一种，创刊于民国十六年，年出二册，至今继续出版。但今年因为稿件增多，自二十四年期，即已增为年出四册。此外又于二十年起，刊行《理科报告》，计分三种，每种年各刊行六次，专载本校师生对于理科研究之成绩。又自二十四年期，刊行《社会科学》一种，年出四册，专刊本校师生在社会科学方面之著述。此外自二十一年起，又有《气象季刊》之刊行。至于非定期刊物，如学术专著、如大学丛书，年有出版，其不经本校印行者尚不计焉。"《清华大学史料选编》第二卷，43～44页。

第三节 课程设置

就笔者掌握的史料，对政治学系课程有比较详细介绍的有《清华周刊》第382期、408期、35卷第11、12期以及1937年的《清华大学一览》。尤以刊登于最后者的民国二十五年至二十六年度（1936—1937）的《政治学系课程一览》最为详细。其提到关于学程的规定“自二十二年秋季始业实行”，所以这份课程一览实际上可以看成是1933—1937年的课程介绍。

该课程一览内容，笔者择其精要，兼参考同年度《法科研究所政治学部学程一览》整理介绍如下：

（一）要求：“凡入本系肄业者，应按照本大学教务通则之规定，修满132学分及毕业论文及格者，方得毕业。”

（二）课程分为四大类，其内容与学分分配如下：

		应修	必修	选修
第一类	大学本科公同必修学程	36	36	
第二类	本系学程	48	26	22
第三类	历史经济及外国语文三系学程	40	40	
第四类	本系及别系学程	8		8
		共132学分	共102学分	共30学分

（三）各类课程中的必修学程

第一类	国文	第一年英文	自然科学	中国通史或西洋通史	数学或逻辑
第二类	政治学概论	近代政治	国际公法	西洋政治思想史	
第三类	中国近代外交史或欧洲十九世纪史	经济学概论	财政学	第二外国语一年、二年	第二年英文

（四）各年级之必修学程及学分

第一年级	国文（6学分）	大一英文（8）	中国通史或西洋通史择一（8）	自然科学（普通物理、普通化学、普通地质学、普通生物学择一）（8）	数学或逻辑（逻辑、高级算学、微积分择一）（6或8）
第二年级	大二英文（6）	政治学概论（6）	经济学概论（6）	中国外交史或欧洲十九世纪史（6或8）	第二外国语第一年（8）
第三年级 第四年级	第二外国语第二年（8） 近代政治制度（6） 国际公法（8） 财政学（6） 西洋政治思想史（6）				

（五）本系学生应按照年级次序先后修习必修与选修之学程。选习本系或他系学程时，应受系中教师之指导，以专门于下列数组之一为标准：甲、普通政治学，乙、政治制度，丙、市政，丁、国际法与国际关系，戊、政治思想。

（六）本系学生选课时应注意与政治学相关之他系课目，如市财政学、城市卫生工程、政治地理、经济地理、初民社会、中国社会史等。

（七）本系第四年学生，应于上学期十月底以前，与本系主任商定毕业论文题目。毕业论文应于下学期五月十五日以前交进。

（八）本系学程说明（有*号者每年开班，余则每年或每两年开班，逐年酌定。101-199 者为大学本科之学程，201-299 为本科四年级与研究院之学程。301-399 为研究院之学程。但 301 以上之某项数项课程，得酌定情形，准许本科四年级生选习，惟须个别得到授课者之允许。）

代号	名称	教师	内　容	周学时	年学分	课程性质
*101-102	政治学概论	浦薛凤	本学程为研究政治学之必修初步，求读者认识基本的政治观念、政治制度、政治现象及政治势力。内容包括政治学之范围、国家之起源与性质、宪法之内容、政府之权能、组织与职务、代议与选举之原则及制度等等。本课目　以 Garner, ***Political Science and Government*** 之原本为教科书；此外有指读单一份，详载全年应读之参考书。除小考外，须按期交读书札记	3	6	本系二年级必修

续表

代号	名称	教师	内　容	周学时	年学分	课程性质
*111-112	近代政治制度	陈之迈	本学程范围是近代各国的政治组织及习惯及其历史上的背景。其中如英美法德瑞士等国，有较长久的历史，就要较详细地加以讨论。我们的目的是要从讨论近代国家个别的组织习惯及历史之中，研究出所谓“政治制度”的概念与原则来	3	6	本系三年级必修
113-114	行政学原理	不详	本学程说明行政治原理，不及各国之行政制度。唯阐述原理时，则必举例以实之	2	4	选修
115-116	行政法	赵凤喈	本学程讲述行政法之原则与制度，依据吾国现行法规并参考欧美日本之条例。	2	4	选修
131-132	市制度	沈乃正	本学程首论市之性质及市政治与乡村政治之所以殊异。次论各国市政府与上级机关之关系及其内部组织与职权界限（选民团已视为市政府之一部分）。再次论各国之都会制度。最终研究本国之市政治，而与各国相比较，以为结束	3	6	选修
133-134	市行政	沈乃正	本学程以增进行政效率为研究之中心目标。内容包括两大部分：第一部分讨论市政府全体所共有之行政问题，而尤注重组织、员吏、手续、物料与市设计诸项；第二部分讨论市政府各部分所特有之行政问题，大别之为公安、卫生、社会、公用、教育、工务、土地、财政各类。本国之市行政，即并合于上列各问题中，说明讨论之	3	6	选修
151-152	法学原理	不详	本学程为法学入门。以有系统之方法，说明法学全体之原则要义与夫范围部类及其相互关系之处。讲述时征举例证，务求切合本国现行法律及社会实际情况。借收体用兼赅之效	2	4	不详

续表

代号	名称	教师	内　　容	周学时	年学分	课程性质
153-154	宪法	陈之迈	本学程首论宪法的原理，次详述欧美及我国宪法发展的历史及宪法中关于个人基本权利义务的规定，复次讨论国家机关的组成及各机关间相互的关系，最后讨论国家组合的诸种方式。举凡世界各重要国家的宪法，悉在比较之列，尤注意我国历届约法、宪法及组织法。除教科书外，尚须阅读大量的参考书籍	3	6	不详
155-156	民法通论	赵凤喈	本学程目的，在使习政治经济诸生，对于民法得有确切及整个的认识，故其内容包括现行民法典全部（总则、债编、物权、亲属、继承），唯嫌分量过多，不得不择要教授。于总则部分，侧重于“自然人”“法律行为”“条件及期限”与“消灭实效”等部分；于债编，侧重于“契约”“无因管理”及“侵权行为”各部。物权编，侧重“所有权”“典权”与“占有”等编；亲属编，侧重“婚姻”及“监护”各章；继承编，侧重“遗产之继承”及“遗嘱”二章，讲解时，除对各项问题，先予以原则之说明，并将条文加以详细之分析。使初学者，对于民法中已讲到的部分，不囫囵吞枣，而于未讲到的部分，亦可举一反三	4	8	不详
159-160	刑法通论	赵凤喈	本学程包括现行刑法典总则、分则两部分。首冠诸论，略述刑法概念、刑法进化及我国刑法之沿革。次将总则各章分纳于犯罪论、刑罚论及多数犯罪与多数犯人三章之中，而论其要略。至分则部分，分三十四章，因时间关系，将择内容重要者二十余章，如妨害秩序罪、公共危险罪、妨害风化罪等讲述之	4	8	选修

续表

代号	名称	教师	内容	周学时	年学分	课程性质
161-162	国际公法	王化成	本学程研究国家相互间公认必须遵守之规则。总计分为四部。第一部总论：述国际公法之定义、性质、历史及与国内法之关系；第二部，平时国际公法：述国家之产生、承认、消灭、继承及其基本权利与义务、条约之缔结、使领之交换、国际争议之解决等；第三部，战时国际公法：述战争时交战国彼此间质关系及应守之规则；第四部，中立国际公法：述中立国家人民之权利义务	4	8	本系三年级必修
171-172	国际关系	王化成	国际关系范围甚广，本学程侧重现代问题，期于最短时间内，得以世界大事明确之认识。本课详述欧战以前帝国主义者相互间之竞争与弱小民族之奋斗、欧战之起因与结果及欧战以后之种种问题，如和平、军缩、赔款、战债、经济复兴、民族自决、门户开放、机会均等、门罗主义、治外法权、废约运动、满洲问题等	2	4	选修
*173-174	近代中国外交史	蒋廷黻	本学程之目的，在叙述及分析中国加入世界国际系统之过程，以斯了解中国今日之国际地位。所用书籍除普通中外关系史之著作外，特别注重中国方面之外交史料	3	6	本系二年级必修
181-182	西洋政治思想史	张奚若	本学程讲述欧洲自上古至现代各重要政治思想家之政治学说及其在历史上之影响，尤注重希腊及近代著名思想家如柏拉图、亚里士多德、霍布斯、洛克、卢梭、黑格尔及马克思等。教科书用 Gettell, ***History of Political Thought***，另有西文参考书八十余种，内半数为必读。本学程仅限于本科第三或第四年级学生修习	3	6	本系三年级必修

续表

代号	名称	教师	内　容	周学时	年学分	课程性质
213	议会制度	陈之迈	本学程以国家的职权、现代立法的范围为背景，详细讨论各国议会目前的困难及其救济的方法。选此课程者必须阅读大量的参考书籍，并按期交读书札记	2	2/上学期	选修
215	独裁政治	陈之迈	本学程详细讨论世界各国所行的独裁制度，希望从历史及事实的研究里寻求出所谓“独裁政治”的概念来。选此学程者须阅读大量的参考书籍，并按期交读书札记	2	2/上学期	选修
222	中国政府	陈之迈	本课目根据法规、公报及学术著作，叙述民国十七年后中央政府的演变，分析其目前的结构，以见五权制度实际运用的情况。选习者以先习近代政治制度一课目为宜	2	2/下学期	选修
229-230	中国历代政制专题研究	浦薛凤	选习者得于教师所拟若干题目中择一研究。论文须于下学期五月中旬完成。本科四年级生及研究生得选修此学程	2	4	选修
249-250	地方政府	沈乃正	本学程研究欧美各国各级地方政府之制度与行政，而尤集中注意于英法两国之地方政府。本国之省县政府，亦于二学期中详述之	2	4	选修
251-252	中国法制史	程树德	法制二字，广义言之，所有一切典章制度均包括在内，断非短时间所能卒业。兹依狭义解释，分为三篇：首总论、次历代律令，次历代刑制。世界三大法系，英美长于公法，大陆长于私法，我国则长于刑法。中国之汉律，犹西律之有罗马法也，故于汉律言之特详，余述其概略而已。所采用古籍，约百余种，均注明出处，俾读者易于检查，故似简而实详。（重要参考书为程树德《九朝律考》）	不详	不详	不详

续表

代号	名称	教师	内容	周学时	年学分	课程性质
261-262	国际公法判例	王化成	本学程研究国际公法种种原则在实际上之应用。就世界法庭、海牙国际仲裁法庭以及欧美各国国家法庭之判例及意见书中，择其重要而与国际有关系者七八十件，详细研究。观察国际法庭与国内法庭对于国际法应用不同之处，法庭判决与仲裁结果根本区别所在，等等。本学程重在各生自修与课堂讨论	2	4	选修
263-264	国际私法	燕树棠	本学程讲述国际私法之一般原则、现行之法律适用条例、国际法、中外国籍法之冲突、中外条约关于国际私法之特别订定以及其他涉外法规。欧陆英美所采主义之异同、普通学理与实际情形是否相应，均讨论及之	2	4	选修
275-276	国际组织	王化成	本学程首述国际组织之一易于需要、此述国际间立法行政司法各种组织之由来与工作，对于国际联盟世界法庭等机关，更作详细之研究	2	4	选修
281	近代政治思潮	浦薛凤	本学程所研究之范围，约自卢梭以迄穆勒，对于各家各派思想之背景与烟花及政治观念与政治事实相互之关系尤特注重	3	3/上学期	选修
283	当代西洋政治思想	萧公权	讲述当代西洋较重要之各派政治思想，如法理学派、唯心论派、多元论派等	3	3/上学期	选修
285-286	西洋政治思想名著选读	张奚若	已曾读过西洋政治思想史者方能选读此项学程。选修时须注明全学年或一学期（上下学期均可），不得更改	3	6/全学年或3/一学期	选修

续表

代号	名称	教师	内　　容	周学时	年学分	课程性质
291-291	中国政治思想	萧公权	讲述中国往昔之政论，尤注重先秦诸子及两汉各家之学说	3	6	选修
301-302	专门选读与研究	本系教师	本学程之目的，在使研究所一年级各择专门学科一项，在导师指助之下，作初步的切实工作，俾能进而作专题研究。本课目之范围，由各导师分别决定，但均以选读原本书籍，定期作札记（评论或报告）及随时应口试为准。 本学程共分下列三项： 甲　公法（宪法或国际公法）专门选读与研究　王化成、陈之迈 乙　政治制度专门选读与研究　沈乃正、陈之迈、浦薛凤 丙　政治思想专门选读与研究　张奚若、萧公权、浦薛凤	由指导师分别订定	6（每项）	本系研究生一年级必修
312	政党论	浦薛凤	本学程侧重历史、分析、比较、综合的方法，研究民治国家中政党之所以由起、政党政治之各种基本势力、政党之重要功用与其可能的与实际的流弊及最近一党专政之理论与时期。本学程重视札记与课堂讨论	2	2/下学期	选修
314	不列颠帝国	陈之迈	本学程叙述不列颠帝国演进之经过、制度之发展及其对内对外之重要问题	2	2/下学期	选修
319-320	近代政治制度专题研究	陈之迈	本学程在择定题目为有系统之研究。于学年之始，由学生与导师商定题目，并于指定时期报告讨论工作之进行，学期终了时，将研究所得，作成论文，交导师批阅	2	4	选修

续表

代号	名称	教师	内容	周学时	年学分	课程性质
321-322	中国地方政府研究	沈乃正	本学程为训练学生研究中国地方政府而设。除由教员就本国之省县市政府，讲述其沿革、组织、职权、行政外，再由学生认定研究专题，作成论文。本学程尤鼓励学生之实地调查工作，并随时约请校外人士之服官久长、行政经验宏富者，向学生作经验谈话，俾切实用	2	4	选修
351	英国宪法史	不详	本学程首虽以英国的宪法史为范围，但联合王国其他部分的及不列颠帝国的宪法史之足以使英国宪法发生重大影响者，亦将为本课目所顾及。除了课本之外，选习者须阅读多量专题的及分期的宪法史	3	3/上学期	选修
352	条约论	王化成	本学程首述条约之性质与种类，次述条约之如何缔结、如何执行、如何解释以及如何告终，最后讨论中国近年来修约问题。（须先修国际公法）	2	2/下学期	选修
379-380	近代中国外交史专题研究	邵循正？蒋廷黻？	本学程于每年年初，约有十次讲演讨论：（1）中国外交史之学术现状；（2）尚待解决之问题；（3）中外史料之概况。余时由学生选题研究。（以已修外交史者为限）	2	4	选修
381-382	柏拉图政治哲学	张奚若	本学程研究柏拉图关于政治及社会问题之三种最要著作：即《共和国》《政治家》及《法律》。如时间允许，兼许其他与政治有关之对话。研究方法，首重书中之精义，次及作者思想之系统及各书在历史上之影响。参考书中，Barker，*Greek Political Theory: Plato and His Predecessors* 以及 Nettleshid，*Lectures on the Republic of Plato* 皆系必读者。每学期作论文一篇。（本课目与“卢梭政治哲学”一课隔年轮流讲授）	2	4	选修

续表

代号	名称	教师	内　　容	周学时	年学分	课程性质
383-384	卢梭政治哲学	张奚若	本学程研究范围以“艺术与科学论”“人类不平等论”“政治经济论”“社会契约论”“高西加宪法刍议”“波兰政府管见”等为中心。如时间允许，并及其他著作。参考书中以 Vanghan，*The Political Writings of J.J.Rousseau* 为必读。每学期作论文一篇。（本课目与“柏拉图政治哲学”一课隔年轮流讲授）	2	4	选修
388	当代政治思想问题	张奚若	当代政治思想中之各问题择要加以讨论。选修此课者，必须预修西洋政治思想史、近代政治思潮或当代西洋政治思想	3	3/下学期	选修
389-390	西洋政治思想专题研究	张奚若	本学程转为本系研究生研究西洋政治思想特别问题而设。每学期之始，由教授提出专门问题若干种，由学生自由选定一种研究。每周或两周报告讨论一次。每学期做论文一篇	2	4	选修
397-398	中国政治思想专题研究	萧公权	此课为训练学生研究中国政治思想而设，研究题目每年临时拟定	2	4	选修

从课程设置中，我们可以看到如下特点：

第一，大学的通识教育模式。在必修的 102 个学分中，国文、外语、自然科学、数学、逻辑、历史、经济等课程占据了至少 76 个学分，近 75% 之比重。此种情况非政治学系所特有，其他院系皆同。这种颇具清华传统的模式，在梅贻琦的教育思想中有了清晰深刻的表达。对于通识（一般生活之准备）与专识（特种事业之准备）的关系，梅氏认为“大学期内，通专虽应兼顾，而重心所寄，应在通而不在专……夫社会生活大于社会事业，事业不过人生之一部分，其足以辅翼人生，推进人生，固为事实，然不能谓全部人生即寄予于事业也……通识之用，不止润身而已，亦所以自通于人也。信如此论，则通识为本，而专识为末。社会所需要者，通才为大，而专家次之。以无通才为基础之专家临民，其结果不为新民，而为扰民。此通专并重未为恰当之说也。大学四年而已，以四年之短期间，而既须有通识之准备，又须有专识之准备，而二者之间又不能有所轩轾。即在上智，亦力有未逮，况中资以下乎？并重之说所以不易行者此也。”梅氏乃将专门人才的培养，寄寓于大学研究院、高级之专门学校和社会事业本身之训练。[①] 清华史上培养出众多中西兼通甚至文理兼通的人才，足以证明这样通识教育的价值。

第二，就政治学系自身而言，首先，史论的课程同样占据了相当的比例；其次，既重视国际问题，亦关注中国国情，两者保持比较均衡的状态，关注本国的原因应该是出自两个方面，一是浦薛凤之重视，一是学校评议会要求社会科学各系之课程应尽量向有关国情方面发展。据浦氏介绍，课程的目标在于（1）灌输学生以政治科学之基础智识，训练其思想之缜密，理解之确切，并授以研究学问之经验与方法，使能力里作高深学术之探讨；（2）养成学生应付社会环境之学识与技能，使于毕业后，或服务社会，或参加考试，皆能举措裕如。故理论与事实并重，同时对于各种考试（如留学考试、高等试验、县长考试等）之科目，亦求能互现衔接。[②] 再次，法学类的课程仅具备了实体法之基础，唯程序法则付阙如，其中缘故，笔者推测很可能是与法律学系筹建的夭折不无关系。唯觉遗憾的是，如果法律学系成立，两者结合，更兼文学院之优势，在史论、公法（宪法与行政法）、国际法与国际关系、行政制度等领域，可能会发生奇妙的“化学反应”，拓展出更广阔之空间。

第四节　法律学系之筹建与裁撤

此段历史，清华首任法学院院长，经济学家陈岱孙有简明之介绍：

十八年（笔者按：1929 年），始根据新颁之大学组织法，分为文

① 梅贻琦：《大学一解》，《清华学报》第 13 卷第 1 期，1941 年 4 月，“清华三十周年纪念号”上册，收入《清华大学史料选编》第三卷（下），199 页。

② 浦薛凤：《政治学系概况》，《清华周刊》向导专号，1936 年 6 月 27 日，18 页。

图2-4-3　清华首任法学院院长陈岱孙

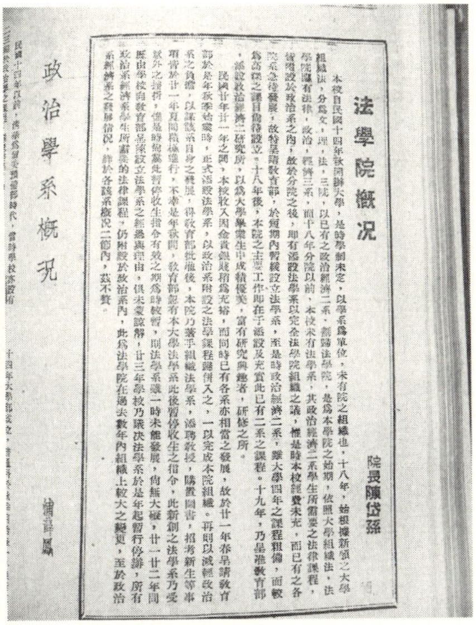

法學院概況

院長陳岱孫

本校自民國十四年秋開辦大學，是時學制未定，以學系爲單位，未有院之組織也。十八年，始根據新頒之大學組織法，分爲文，理，法，三院，以已有之政治經濟二系，劃歸法學院，是爲本學院之始期，依照大學組織法，法學院應有法律，政治，經濟三系，而十八年分院以前，本校未有法學系，其政治經濟二系學生所需要之法律課程，皆附設於政治系之內，故於分院之後，即有添設法學系以完全法學院組織之議，惟是時本校經費未充，而已有之各院系急待發展，故特呈請教育部，於短期內暫緩設立法學系，至是時政治經濟二系，雖大學四年之課程粗備，而較爲高深之課目尚待設立。十八年後，本院之主要工作即在于添設及充實此已有二系之課程。十九年，乃呈准教育部，添設政治經濟二研究所，以爲大學畢業生中成績優美，富有研究興趣者，研修之所。

民國廿年廿一年之間，本校收入因金貴銀賤稍爲充裕，而同時已有各系亦相當之發展，故於廿一年春呈請教育部於是年秋季始業時，正式添設法學系，以政治系附設之法學課程歸併入之，一以完成本院組織。再則以減輕政治系之負擔，以謀該系自身之發展，得教育部批准後，本院乃着手組織法學系，添聘教授，購置圖書，招考新生等事項皆於廿一年夏間積極進行，不幸是年秋間，教育部忽有本大學法學系此後暫停收生之指令，此新創之法學系乃受意外之挫折，惟是時尚冀此暫停收生指令有效之期爲時較暫，則法學系雖一時未能發展，尚無大礙，廿一廿二年間屢由學校向教育部呈陳設立法學系之經過與理由，俱未蒙諒解，廿三年學校乃議決法學系於是年起暫行停辦，所有政治系經濟系學生所需要的法律課程，仍附設於政治系內，此爲法學院在過去數年內組織上較大之變更，至於政治系經濟系之發展情況，詳於各該系概況二節內，茲不贅。

政治學系概況

浦薛鳳

图2-4-4　陈岱孙的《法学院概况》

理法三院，以已有之政治、经济二系，划归法学院，是为本学院之始期。依照大学组织法，法学院应有法律、政治、经济三系，而十八年分院以前，本校未有法学系，其政治、经济二系学生所需要之法律课程，皆附设于政治系之内，故于分院之后，即有添设法学系以完全法学院组织之议；唯是时本校经费未充，而已有之各院系亟待发展，故特呈请教育部，于短期内暂缓设立法学系……民国二十年二十一年之间，本校收入因金贵银贱稍为充裕，而同时已有各系亦相当之发展，故与二十一年春呈请教育部于是年秋季始业时，正式添设法学系，以政治系附设之法学课程归并入之。一以完成本院组织，再则以减轻政治系之负担，以谋该系自身之发展。得教育部批准后，本院乃着手组织法学系，添设教授，购置图书，招考新生等事项于廿一年夏间积极进行。不幸是年秋间，教育部忽有本大学法学系此后暂停收生之指令，此新创之法学系乃受意外之挫折。唯是时尚冀此暂停收生指令有效之期为时较暂，则法学系虽一时未能发展，尚无大碍。二十一、二十二年间，历由学校向教育部呈陈设立法学系之经过与理由，俱未蒙谅解，二十三年学校乃议决法学系于是年起暂行停办，所有政治系、经济系学生所需要的法律课程，仍附设于政治系内。[①]

依此脉络，笔者更添史料，详加复述并予以分析。

以法律、政治、经济三系合一的大法学院建制，应该是受到当时大陆法系法学院模式之影响，究其根源，在于大陆法系对于“法”的认识，正如 Salmond 指出：“大陆派普通对于 Droit 这个字义的解释，因为受到哲学派的影响，不是专指法律，他们于法律的意义之外，包含有理想的公正意义在内，其意义非常广泛，所以他们的法律教育制度，因为法律和政治、经济的关系非常密切，遂不免放在一起研究了。”因此，“在大陆派方面的法律学校，都以法律、政治、经济三门包括在一个学院内，统称叫作法学院。所以他们的法学院，不是单一的法律学院，法学院毕业生，无论是研究法律、经济或政治的，都是给以法学士或法律博士的学位。”[②]

1929 年暂缓设立法律学系，学校经费不充裕自然是重要原因，当时全年可支配的预算资金尚不足八十万元，而学校正是大力发展之时，面临着四大工程即生物学馆、学生宿舍第四院、扩充图书馆和气象台的建设，[③]乃至罗家伦要向银行借款四十万，分期拨付筹建。[④]

但经费虽紧，却非没有，在如何分配上，主政者的办学理念、重心亦不容忽视。罗家伦就职演讲中有一段话颇能体现此点：“我动身来以前，便和大学院院长蔡先生商量好如何调整和组织清华的院系。我们决定先成立文、理、法三个学院……法学院则仅设政治、经济两系，法律系不拟添设，因为北平的法律学校太多，我们不必叠床架屋。我们的发展，应先以文理为中心，再把文理的成就，滋长其他的部分。文理两学院，本应当是大学的中心。文哲是人类心灵能发挥得最机动最弥漫的部分，社会科学都受到他们的影响。纯粹科学是一切应用科

① 陈岱孙：《法学院概况》,《清华周刊》向导专号，1936 年 6 月 27 日，收入《清华大学史料选编》第二卷（上），361 ~ 362 页。

② Salmond, Jurisprudence, English and Foreign Jurisprudence, pp.9-11，转据孙晓楼:《法律教育》，47 ~ 48 页，北京，中国政法大学出版社，1997。Salmond 认为：“英美派因为受到历史法学派、分析法学派的影响很深，所以普通对于法律（Law）这个字义的解释非常狭窄，好像不能有别的问题牵涉在内，因此英美派的法律教育制度，是以纯法律研究的机关来研究法律。”

③ 陈俊豪：《生不逢时的法律学系——20 世纪二三十年代清华法律学系设立之周折》,《清华法学》第九辑，50 ~ 51 页，2006。

④ 冯友兰：《校史概略》,《清华周刊》第 35 卷第 8、9 期，1931 年 5 月，收入《清华大学史料选编》第二卷（上），3 页。

学的基础，也是源泉。断没有一个大学里，理学院办不好而工学院能单独办得好的道理。”[①]所谓大学院（即后来的教育部）的蔡先生，即罗氏在北京大学时的恩师蔡元培。笔者认为，从就职演讲中可发现罗氏的办学理念与蔡氏颇多相似之处，其很可能是受到蔡氏的影响。蔡氏主张大学应该是以文理两科为基础，专门探索高深学问，以研究真理为旨趣的学术机构，当年任北大校长，大刀阔斧进行改革之时，曾主张将法科从大学中分离出去而成为专门的法政学校，但遭反对未能实行。[②]所以，就罗氏本人而言，法律学系是“缓设”，抑或干脆“不设”，颇耐玩味。其背后折射出来的更深层次的问题，乃法政教育应该如何定位。就罗家伦而言，“政治经济二系的学科与国家政治社会生活的改造关系最为重要，现在党治之下，应以中国国民党的原则为归宿，养成实际的行政人才”[③]。其对法律系的看法，与梅贻琦之间存在着差异。

1931 年梅贻琦接任校长后，稳定局势，经济亦有好转，陈岱孙乃向梅氏与校评议会发函（1932 年 1 月 7 日），阐明法律学系应尽快设立之四点理由：(1) 依大学组织法，法学院应有三系，清华法学院缓设法律学系已近三年，长此拖延有悖法令精神；(2) 政治法律本为相辅相成之系。政治学系学生毕业以投身行政为业者为多数，国民政府行政人员考试即包括法律科目且门数甚多，清华政治系毕业生参加考试者因法律学识不足，甚为中馁，这种情况应急弃改正。(3) 当时政治系中已有法律学科若干门，聘请讲师多人，事实上法学科目已稍具雏形，但无专任教授，课程之分配，时间之排定，颇欠统系，长此以往，政治系之课程，将永无整理之希望。(4) 学校来年因建筑费减少，预算中未经分配之款有十二万元，法律系完全成立常年经费（薪金书费在内）不过三万余元，时机稍纵即逝，需予以把握。[④]

陈氏主张获得梅贻琦和学校支持，梅氏以《呈为下半年增设工学

① 罗家伦：《学术独立与新清华》，商务印书馆，1945，收入《清华大学史料选编》第二卷（上），200 页。

② 参见李贵连等编：《百年法学 北大法学院院史（1904—2004）》，53 页，北京，北京大学出版社，2004。

③ 罗家伦：《整理校务之经过及计划》，《国立清华大学校刊》第 12 期，1928 年 11 月 23 日，收入《清华大学史料选编》第二卷（上），12 页。

④ 参见“国民政府教育部一九三二年批准成立工学院暨批驳增设法律学系的部令和来往文书”（清华大学档案馆藏，全宗号 1，目录号 2—1，案卷号 17，陈俊豪整理）之“陈岱孙信函”，《清华法学》第九辑，2006，317 ~ 318 页。本部分有关部令和信函，如无注明出处，皆来源于此。

图2-4-5　法律学系首任系主任燕树棠

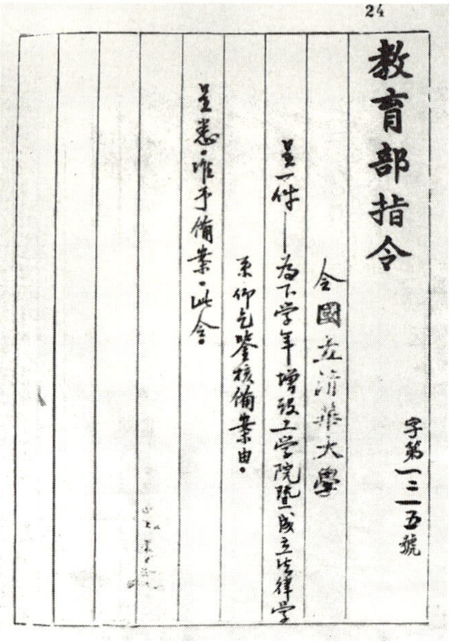
24
教育部指令
字第一二一五號
令國立清華大學
呈一件——為下学年增設工学院暨成立法律学系仰乞鑒核備案由。
呈悉。准予備案。此令

图2-4-6　教育部准予法律学系成立备案的部令

院暨成立法律学系仰祈鉴核备案由》学校公函送达教育部（1932 年 2 月 3 日）。同年 2 月 22 日教育部指令（字 1215 号）准予备案。于此，法律学系筹建工作展开，燕树棠氏被任命为首任法律学系主任。

就理工出身的梅贻琦而言，设立清华法律学系之目的何在呢？梅氏认为："本校之拟设法律系，非欲使国内各校已嫌太多之科门，再增一个。实乃吾辈认法学理论之研究，为大学所应注重，而为普通法校所忽视者，故愿此方向，一为矫正。"又，"本学系之宗旨，系对于应用及学理两方面，务求均衡之发展，力避偏重之积习，以期造就社会上应变之人才，而挽救历来机械训练之流弊。"① 罗、梅所处的民国时代，的确存在着广设法律院校，乃至泥沙俱下，良莠不齐之虞，唯与文科出身的罗家伦相比，梅氏似乎更加敏锐地注意到大学与专门学校相比的优势所在：在理论方面作出自己的贡献。在近代以降以移植为模式的法律改革下，法与社会之间的隔阂，已是不争之事实，如何

① 梅贻琦：《清华一年来之校务概况》,《清华副刊》第 39 卷第 7 期，二十二周年纪念特号，1933 年 4 月 29 日，收入《清华大学史料选编》第二卷（上），22、31 页。

结合国情在学理上加以论证诠释，进而为建设中国特色之法治国家张本，正是时代问题。在“学术方面应向高深专精方面去做”[①]的大学，正可大有作为。平允而论，梅氏此番“门外汉”之言，实乃大智慧之体现，在今天看来，亦不乏启迪意义。

但形势总比人强，1932—1933年危机，梅贻琦在1933年总结道：“吾校在过去的一年期内，遭遇两层困难。一层是外患的紧迫，敌兵侵入，日深一日，校址所在，几成前线地带，使我们感觉工作要被停顿的危险。一层是经费的缺乏，校中自去年二月，美庚款停付以后，收入骤减，直至今年而月，只由财政部陆续拨到一百万元，暂资接济。而今年三月以来，因政府又有庚款再停付一年之议，学校常款，仍未领到。吾校处此两层非常困难之中，精神与物质方面，同受打击。”[②]可见法律系筹建伊始，即处举履维艰之中。

很快，1932年5月7日，教育部一纸训令（字3046号）下达“该校应就现时财力扩充工学院，法律学系暂缓招生，令仰遵照由。”理由是“工科人才之培植本为我国所急需，值兹国难迫切，物力维艰，该校应就现时财力所能及，力谋工学院之扩充”云云。该令出台之背景，亦与当时“提倡理工，限制文法”的教育政策有关。该年5月，时任国府委员的陈果夫提出激进的“改革教育方案”，主张10年内依国家建设计划所需农工医专门人才数目，分别指定各专门以上学校，切实培养训练，以便应用；并限定各大专院校10年内一律停招文法艺术等科学生，以其经费划拨农工医科使用。公费留学生之派遣，亦以农工医等应用科学为限。后经中央政治会议修改为“文法科办理不良者停止招生；艺术学院加设实用艺术课程，以促工商业之发展；边远诸省为养成法官及教师，以后仍准设文法等科。内地各大学均不得请求设置，其节省经费，移作扩充现有农工医药各科之用。”[③]

尽管如何炳棣所言，梅贻琦和教授会只积极响应“提倡理工”而绝口不谈“限制文法”，[④]从该训令下达后，以梅氏名义发出的学校公

---

① 《梅校长到校视事召集全体学生训话》，《国立清华大学校刊》第341号，1931年12月4日，收入《清华大学史料选编》第二卷（上），219页。

② 梅贻琦：《清华一年来之校务概况》，《清华大学史料选编》第二卷（上），页21。

③ 参见苏云峰：《从清华学堂到清华大学》（1928—1937），57页。

④ 何炳棣：《读史阅世六十年》，102页。

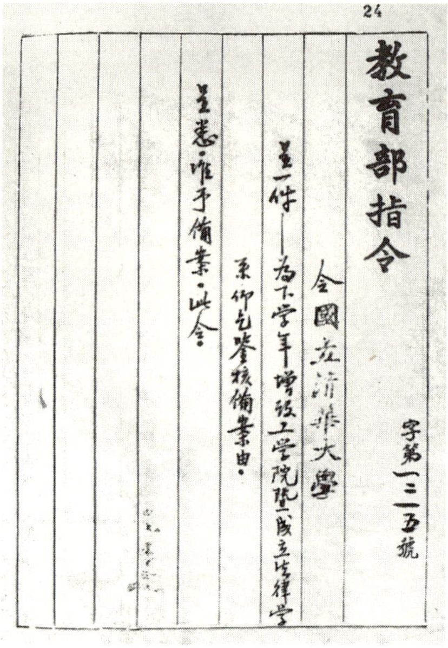
24

教育部指令

字第一三一五號

令國立清華大學

呈一件——為下學年增設工學院暨成立法律學系仰乞鑒核備案由。

呈悉。准予備案。此令。

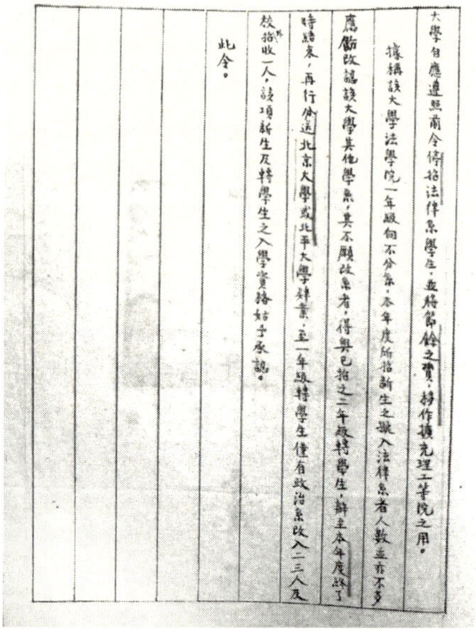
大學自應遵照前令停招法律系學生，並將節餘之費，移作擴充理工等院之用。

據稱該大學法學院一年級向不分系，本年度所招新生之擬入法律系者人數並不多，

應飭改認該大學其他學系，其不願改系者，得與已招之二年級特學生，辦至本年度終了

時結束，再行分送北京大學或北平大學肄業。至一年級特學生僅有政治系改入二三人及

校指收一人，該項新生及特學生之入學資格姑予承認。

此令。

图2-4-7　教育部令法律学系停止招生　图2-4-8　教育部令法律学系停止招生

函（1932 年 6 月 4 日，《为呈覆本校下学年增设工学院暨成立法律学系拟请维持原函仰祈鉴核遵由》；11 月 30 日，《呈覆本校招收法律学生缘由及其不得已之苦衷仰祈钧部鉴核准予备案由》）及梅氏私人发给教育部钱乙藜次长、高等教育司沈云程司长和杨公兆先生的信函中，皆是校方和梅贻琦积极斡旋，试图挽回局势之体现。尽管这些函件中或晓之以理（阐明法律学系与工学院之设立并不冲突，设立之积极意义及现有师资、图书[①]和学生之基础），或动之以情，唯言者谆谆，听者藐藐，终是无可奈何。

1932 年 12 月 19 日，教育部指令（字第 10608 号）要求清华“仍应遵令停招法系学生，至本年度已招者姑予承认，惟一年级生应饬改任认他系，其不愿改系者，得与二年级生办至本年度终了时结束，再送北大平大等校肄业。”

① 梅氏在 1933 年提到法律学系概况时，讲到“图书设备，因先有政治学系数年之工作，法律书籍业有相当基础。本学系本年度图书费，合计普通特别两项，共有一万八千元，由图书馆陆续购置……其中所搜集之中文旧书，尤为各大学图书馆中所仅见。俟下学年开始时，本学系指图书，尽够普通参考之用。“可证当时图书已经有相当之准备。梅贻琦:《清华一年来之校务概况》,《清华副刊》第 39 卷第 7 期，二十二年纪念特号，1933 年 4 月 29 日，收入《清华大学史料选编》第二卷（上），31 页。

尽管校方仍在做最后之努力，梅贻琦讲道：“法律系即无专修学生，于该系之存在不生问题，而学术上之研究，师资之延至，校中当仍有需要而应力予维持者也。”[①]1933 年 3 月冯友兰、燕树棠到南京斡旋疏通事宜中，就有法律学系事，唯教育部长朱家骅“甚不以清华为然”，认为“清华尽可有法律功课，但另设系实难办到”，至此，两人认为“纵观各方面情形，法律系事似无可挽回”。[②]

1934 年 8 月 13 日，学校评议会决定遵照教育部指令第 10898 号，自 1934 年起，研究院裁撤社会学、地学、心理学三研究部，本科法学院裁撤法律学系。政治学系得斟酌需要设置法律课程并得酌加预算。原法律学系教授燕树棠、赵凤喈等也转入了政治学系。[③]

此处附带小考一下清华法学院之地点。清华文、法学院的办公场所和研究室乃在清华图书馆的一层，其中法学院位于西部馆舍，占有

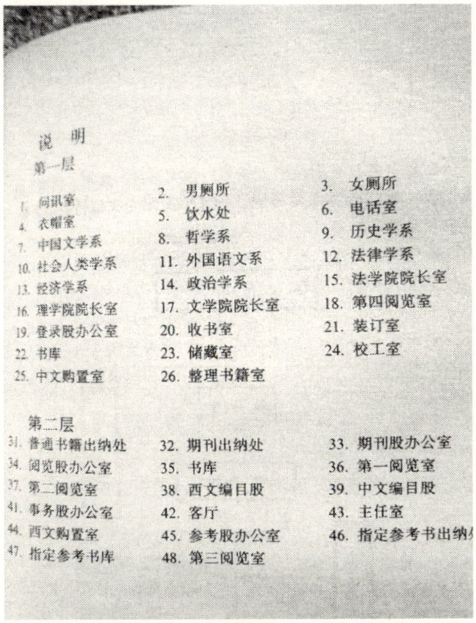

说明

第一层

1. 问讯室	2. 男厕所	3. 女厕所
4. 衣帽室	5. 饮水处	6. 电话室
7. 中国文学系	8. 哲学系	9. 历史学系
10. 社会人类学系	11. 外国语文系	12. 法律学系
13. 经济学系	14. 政治学系	15. 法学院院长室
16. 理学院院长室	17. 文学院院长室	18. 第四阅览室
19. 登录股办公室	20. 收书室	21. 装订室
22. 书库	23. 储藏室	24. 校工室
25. 中文购置室	26. 整理书籍室	

第二层

31. 普通书籍出纳处	32. 期刊出纳处	33. 期刊股办公室
34. 阅览股办公室	35. 书库	36. 第一阅览室
37. 第二阅览室	38. 西文编目股	39. 中文编目股
41. 事务股办公室	42. 客厅	43. 主任室
44. 西文购置室	45. 参考股办公室	46. 指定参考书出纳
47. 指定参考书库	48. 第三阅览室	

图2-4-9　图书馆说明图（内有法学院位置）

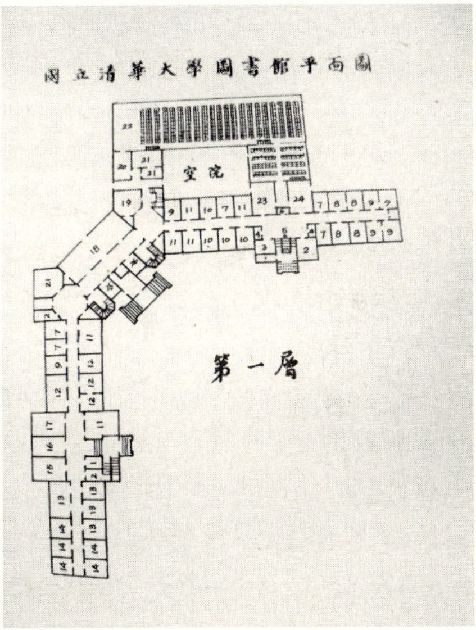

图2-4-10　图书馆平面图

① 梅贻琦：《清华一年来之校务概况》，《清华副刊》第 39 卷第 7 期，二十二周年纪念特号，1933 年 4 月 29 日，收入《清华大学史料选编》第二卷（上），21 页。

② 参见《冯友兰、燕树棠致梅校长函》，清华大学档案，全宗号 1，目录号 2—1，卷宗号 11，收入《清华大学史料选编》第二卷（下），708 页。

③ 陈俊豪：《生不逢时的法律学系——20 世纪二三十年代清华法律学系设立之周折》，《清华法学》第九辑，2006，53 页。

图2-4-11 清华大学图书馆老馆外景图（当年的法学院位于西部馆舍）

13个房间（其中法律学系3间、经济学系4间、政治学系5间、院长室1间）。① 冯友兰氏在1936年曾讲道："清华本拟有文法学院之建筑，地址已定在生物学馆南之岛上，现因故未能进行，然终望其必能实现也。"② 因何之故？乃是在1933—1935年，清华作为唯一对战事表现出远见卓识的学校，果断地停建了文法大楼，将节省下来的40万元基建款转投长沙秘密购买岳麓山土地筹建清华分校，作为华北战事爆发后的退路。③ 平允而论，清华文法学院乃为时局做出了牺牲。遗憾的是，冯氏的理想后来并未实现，战后计划拟建之文法大楼，因未请得经费，未能修建。④ 一直到1999年，清华法学院复建后才有自己独立的大楼明理楼，以为师生砥砺学习之所。

① 《国立清华大学图书馆概况》,《清华周刊》第41卷向导专号，1934年6月1日，收入《清华大学史料选编》第二卷（下），739～741页。

② 《文学院概况》,《清华周刊》向导专号，1936年6月27日，收入《清华大学史料选编》第二卷（上），295页。

③ 参见《水木年华九十年》(上)，凤凰卫视，2001，转据陈俊豪文，51页注2。

④ 《学校近况》,《清华校友通讯》复员后第三期，1948年4月29日，收入《清华大学史料选编》第四卷，69页。

第五节 研究生教育

1930年，清华法学院设置法科研究所，包括政治学部与经济学部，此乃法政研究生教育之滥觞。依据1937年的《清华大学一览》上的《法科研究所 政治学部》和《法科研究所 政治学部学程一览》（民国廿五年至廿六年度），将其要点整理如下：

（一）政治学部的工作方针为：（1）确定研究范围；（2）侧重本国题材；（3）着重材料之搜集；（4）实施严格训练与培养认真切实之风气。

（二）研究生毕业期限，原定最少三年，后于1934年5月遵教育部令改为最少二年，实际上并无人能于两年内完成。对研究生的修学要求是：（1）第二外国语考试及格；（2）选修学科至少满24学分；（3）毕业初试应考及格（考试委员会应有经教育部核准之校外人员参加）；（4）毕业论文经研究导师认可，本部预审合格，再经论文考试委员会（组织同前条）考试及格。

（三）研究生于第一学年始业时，应于部中导师及部主任切实商定整个研究计划，包括选修课程、认定学科、预备各项考试，决定论文题目等。导师及其指导范围如下：萧公权（中国政治思想）、王化成（国际公法及国际关系）、沈乃正（中国地方政府）、陈之迈（中央政治制度）、张奚若（西洋政治思想）、浦薛凤（近代政治思潮）。

（四）研究生要求就下列三种专门选读与研究选修一门：（1）公法（宪法或国际公法）专门选读与研究；（2）政治制度专门选读与研究；（3）政治思想专门选读与研究。其意在使研究生初步专门化，并期于研究过程中，能获得一适当之论文题目。

（五）第二外国语（除导师及部主任特许者外，应于德法语文中，选择其一）考试最迟须于入学后一年内应试及格。及格程度以等于已曾修习该项文字至少二（三？）年以上，能译读流利为准，未及格者，不得参与毕业初试。

（六）凡应毕业初试者，应于下列五项学科中，择一为主科，择二为副科，共计三项，为其初试范围。（1）政治制度；（2）宪法与行政法；（3）国际公法及国际关系；（4）政治思想；（5）市政。凡应毕业初试得下等者，得于三阅月后，补考一次。凡应毕业考试不及格者，其所著论文，研究部概不接受审查。毕业初试至迟应于毕业前六个月，应试及格。

（七）论文考试之范围，得包括主科。

从这些要点中，可得如下三点感受：

首先，政治学部的研究生可分为规范、制度和思想三个方向，每个方向的导师，皆堪称中国该领域最优秀的学者，其大都受过较为系统的中国古典教育，并在西方一流大学中取得学位或有长时间的游学经历，且当时正是年富力强的年龄。

其次，政治学部的培养考核相当严格，除了相关课程的学习，第二外语、毕业初试、论文考试，环环相扣，一项不过关就无法进入第二项。

再次，在专业智识的训练上，非常注意奠定学生扎实之基础，再养成其专精。学生貌似只需就三种研究方向中选择一门进行研究，进而形成论文，但毕业初试中的主、副科内容，实际几乎涵盖了各个方向的内容，且毕业论文考试，实际也不只限于论文本身，而是可包括主科这一更广阔之范围。

据何炳棣回忆，当年靳文翰（1935 年政治学系毕业，同年进入研究生院——笔者注）曾对他大谈基本功的重要性，谓其把奥本海姆（Oppenheim）的国际公法包括小注，已经读了八遍。[①] 可证当时的政治学系严谨扎实，注重基础之学风。

从现有资料上看，1930—1937 年政治学部研究生有：邵循恪、谢志耘（1930）、万异、陈春沂（1932）、王铁崖（1933）、罗孝超、楼邦彦（1934）、靳文翰（1935）、宋士英、池世英（1936）、张天开、刘信芳、陈明翥、鞠秀熙等人。[②] 但有意思的是，从现有的资料上看，1933—1943 年清华授予硕士学位的学生中，政治学部只有 1933 年毕业的邵循恪和 1936 年毕业的王铁崖二人。[③] 其原因主要有：一是考核非常严格，可能有中途辍学者；二是不少学生考取中美、中英庚款考试，未完成学业即出国留学。其中有如楼邦彦（第四届中英庚款留

① 何炳棣：《读史阅世六十年》，99 页。

② 1930—1936 年的《研究生院新生名单》（《国立清华大学校刊》第 200、305、436、514、592、676、765 号），收入《清华大学史料选编》第 2 卷（下），北京，清华大学出版社，1991。

③ 参见《清华研究院 1933—1943 年授予硕士学位人数报告》，清华大学档案，具体卷宗号不详，《清华大学史料选编》第 3 卷（上），102 页。北京，清华大学出版社，1994。该名单遗漏了 1936 年毕业的王铁崖，其硕士论文为《租借地问题》。

学考试，1936，专研行政法）、张天开（第五届中英庚款留学考试，1937，专研社会立法）、谢志耘（第六届中英庚款留学考试，1938，专研近代史）、陈春沂与靳文翰（第七届中英庚款留学考试，1939，专研行政法）。[1] 这类庚款考试难度颇高，一般每个方向全国仅有一个名额（第七届中英庚款考试可能是例外），高中者无疑是这个领域全国的佼佼者，清华政治学部录取名额之多（王铁崖亦于1936年通过第四届中美庚款留学考试，专研国际公法），可证明其培养学生之优秀。

邵循恪（1911—1975），字恭甫，福建闽侯（福州）人，1930年毕业于清华法学院政治学系，同年考入政治学部研究生。有意思的是，邵循恪的哥哥邵循正也是同年毕业于清华政治学系，其考上的是历史学部的研究生，后来成为著名的历史学家。

作为政治学部当时少数的毕业生，邵氏的成绩单无疑具有重要的史料价值，其具体如下：

1. 历年选修学分：第一年18，第二年8、第三年6。

学分成绩总平均：平均成绩1.097，按25%计:0.273。

2. 第二外语考试：及格。

3. 毕业考试：

考试日期：二十二年（1933年）三月三十日下午二至五时

考试委员：浦逖生、钱端升、王化成、萧公权、张奚若、燕召亭、蒋廷黻、萧叔玉

应考学科：（1）国际公法与国际关系

（2）宪法与行政法

（3）政府

评定成绩：上，1.1，按25%计：0.275。

4. 论文考试：

考试日期：二十二年十月十六日

考试委员：王化成、浦逖生、张奚若、钱端升、萧公权、沈乃正、蒋廷黻、燕召亭

论文题目：*The Doctrino of Rebus Sic Stantibus*（《现状如恒条款》）

[1] 孙宏云:《中国现代政治学的展开:清华政治学系的早期发展（1926—1937）》，154页，北京，生活·读书·新知三联书店，2005。

评定成绩：上，1.1，　按 50% 计：0.550。

5. 总成绩：1.098[①]

因为邵氏成绩特优，由学校遵照章程公决，遣送留美，邵循恪后来在芝加哥大学获得博士学位，[②] 并于 1940 年回校任教。

对优秀学生无微不至的关照，并积极地为其成长创造机会，也是清华重要的传统。从邵循恪的成长经历上看，既保证了清华正在逐渐形成的学术传统之延续，也避免了可能的近亲繁殖之弊端。

第六节　小结

1925 年清华成立大学部并设立政治学系，拉开了清华系统的法政教育之序幕。从 1928 年开始的清华大学时代，罗家伦与梅贻琦在主持校务时期，对大学发展与人才延揽方面有巨大的贡献，政治学系也因此得以迅速发展。从课程的设置上，注意通识教育，专业课程上既注意国际问题，亦重视中国之国情。

1929 年，清华成立法学院，下设法律、政治、经济三系，但法律学系因为经费问题和罗家伦的教育理念等因素而被申请暂缓设立，法律课程由政治学系兼为承担。后来梅贻琦任校长时，虽曾于 1932—1934 年短暂设立，并在师资、图书资料、招生等方面作好充分准备，梅氏对大学的法学教育与专门学校之区别，亦有注重法学理论之独到见解，无奈与当时政府"发展理工、限制文法"的教育政策冲突，更兼庚款停付等带来的财政危机，尽管梅氏与校方诸多斡旋努力，终是功败垂成，法律学系之命运，只能感叹生不逢时。

尽管政治学与法学，无法双剑合璧而比翼齐飞，此时代清华的法政教育，不免有所缺憾，但整体而言，仍在稳定与持续的发展当中，良好的师资条件、合理的制度安排、优美的校园环境、严格之考核标准、扎实之学习作风，皆是值得肯定、借鉴之处。可惜，校史上的黄金时代，因为日寇侵华，不得不戛然而止，接下来，是漫漫的南迁之路。

① 《二十一年度研究院毕业生成绩一览表》，清华大学档案，全宗号 1，目录号 2—1，卷宗号 52，收入《清华大学史料选编》第 2 卷（下），645 ~ 646 页。

② 《法科研究所·政治学部》，《清华大学一览》，1937，收入《清华大学史料选编》第 2 卷（下），597 页。邵氏出国时间，该处写是"二十二年六月"（考虑其论文考试时间是"二十二年十月"），恐怕有误，仍有待考。

第五章　长沙临时大学——西南联合大学（1937—1946年）

1937年7月7日，卢沟桥事变，日寇全面侵华，国立北京大学、国立清华大学、私立南开大学三校师生不得不负笈南下，先短暂栖身于湖南，组成国立长沙临时大学，后因战局恶化，又千里跋涉至云南，更名为西南联合大学，直至抗战胜利，三校复员。民族危难之际，三校精诚团结，通力合作，求同存异，师生们以刚毅坚卓之精神，撰写出了一批经典名著，培养出众多不乏大师级人物在内的优秀人才，并以各种方式积极地参与国家事务，为抗战胜利作出积极贡献、为民主运动谱写新章，铸就教育史上的一段奇迹。

第一节　长沙临时大学时期（1937年9月—1938年4月）

1937年9月10日，依据教育部16696号令，正式宣布以北京大学、清华大学、南开大学设立国立长沙临时大学。[①] 选择长沙为校址，是从办此新校的物质条件出发的。首先，在卢沟桥事变前两年，清华大学曾拨巨款在长沙岳麓山下修建了一整套校舍，预计在1938年初即可全部交付使用；其次，卢沟桥事变前两年的冬季，清华大学曾秘密南运好几列车的教研工作所需的图书、仪器，暂存汉口，可以随时运往新校。[②]

国立长沙临时大学本部设于长沙，租用韭菜园路一号圣经学院校舍，后因校舍不敷分配，将文学院设于圣经学院的南岳分校。因为胡适等人富有洞见的建议，战时的教育仍采取常态教育的方式。[③] 依据长沙临时大学常务委员会会议记录，其拟设4科，即文科、理科、工科、

① 《国立西南联合大学校史》，366页，北京，北京大学出版社，2006。

② 参见陈岱孙：《国立西南联合大学校史序》，第1页。从当时敌机空袭，清华向教育部呈报损失的报告中可窥得新校舍的格局，其共有六所：甲所（理工馆）、乙所（文法馆）、丙所（教职员宿舍）、戊所（工场）、丁所（学生宿舍）、己所。《清华长沙校舍被毁情况》收入《清华大学史料选编》，第3卷（上），350页。

③ 参见谢泳：《西南联大与中国现代知识分子》，148页，福州，福建教育出版社，2009。

法商科，凡17系。法商科包括法律系、政治系、经济系、商学系四系，四系的教授会主席（按：后称为主任）分别推定是戴修瓒（北大）、张佛泉（北大）、陈总（即陈岱孙，清华）和方显廷（南开）。[①] 依据《长沙临时大学各院系必修选修学程表》，其法政课程设置与师资如下：[②]

（按：必修或选修栏内，用罗马数码字填写者，系表示某年级必修学程，如Ⅰ、Ⅱ、Ⅲ、Ⅳ等码，各表示第一年级、第二年级、第三年级及第四年级必修课程。用阿拉伯数码字填写者，系表示某年级选修学程，如1、2、3、4等码，各表示第一年级、第二年级、第三年级及第四年级选修学程。学期栏内空白者，系表示全学年学程，填上下者，系表示上下学期学程。）

法律学系

学程	必修或选修	学期	学分	教师
物权法	Ⅱ，Ⅲ	下	6	赵凤喈
债编总论	Ⅱ		6	李祖荫
刑法分则	Ⅱ		6	蔡枢衡
民事诉讼法（Ⅰ）	Ⅱ		6	张守正
法院组织法	Ⅱ	上	2	戴修瓒
※ 民法通论			8	赵凤喈
※ 刑法通论			6	蔡枢衡
债编各论	Ⅲ		6	戴修瓒
亲属法	Ⅲ		4	李祖荫
民事诉讼法（Ⅱ）	Ⅲ		6	陈瑾昆
刑事诉讼法	Ⅲ		6	陈瑾昆
保险法	Ⅲ，Ⅳ	下	2	戴修瓒
国际公法	Ⅲ		6	王化成

① 《国立西南联合大学史料》，第2卷，7～8页。张佛泉后请辞政治学系教授会主席，改推张奚若为主席，未到前仍由张佛泉代理。《国立西南联合大学史料》，第2卷，12页。

② 《长沙临时大学各院系必修选修学程表》（1937年至1938年度），《国立西南联合大学史料》，第3卷，117页以下。有必要指出，与会议记录相比，课程表少了化工系与商学系，且称谓上以学院代替原来的科，如称之为"法商学院"而非"法商科"。

续表

学程	必修或选修	学期	学分	教师
破产法	Ⅲ		4	张守正
继承法	Ⅳ		4	李祖荫
海商法	Ⅳ		4	戴修瓒
民事执行法	Ⅳ		4	张守正
国际私法	Ⅳ		4	赵凤喈
民刑事诉讼实务	Ⅳ		2	陈瑾昆
监狱学	4		4	蔡枢衡

※ 政治系必修科。

政治学系

学程	必修或选修	学期	学分	教师
政治学概论			6	浦薛凤
近代政治制度			6	陈之迈
宪法			4	陈之迈
地方政府			4	沈乃正
市政府及市行政			4	沈乃正
国际公法			6	王化成
国际关系及组织			4	王化成
条约论			4	崔书琴
外交惯例			4	崔书琴
西洋政治思想史			8	张奚若
中国政治思想史			6	萧公权
西洋近代政治思想			4	浦薛凤
公民学原理			4	张佛泉
中国政治之改造			4	张佛泉

另，因经费与设备关系，研究院暂告停办。[①] 研究生招生培养，暂时停止。

① 梅贻琦：《抗战期中之清华》，收入《国立西南联合大学史料》，第3卷，13页。

但形势比人强，战局的恶化显然超出了预期设想，1937年11月12日上海失守，1937年12月13日南京沦陷，随之武汉告急，空袭时来，长沙已非安全之处，再次迁校不得不提上议程。梅贻琦倾注心血、寄予厚望的岳麓山下新校舍，只能借给与清华有合作关系的陆军交缁学院使用。①

从1937年10月18日开始旧生注册，10月25日举行开学典礼，11月1日开始上课，到1938年1月19日国民政府最高当局批准迁往昆明，② 在长沙，临时大学的短暂存设，让人不免有“匆匆、太匆匆”的感叹，其间之曲折坎坷，恰是此时期中国多蹇命运之写照，而长沙临时大学与随后西南联大的血脉相连、弦歌不辍，乃中华民族国祚不断之映射。更需要指出，物质之贫乏不能抹煞精神上迸发的火花，恰如文学院冯友兰如椽大笔的传神记载：

我们在衡山只住了大约四个月，一九三八年春迁往昆明，最西南的边陲。在衡山只有短短的几月，精神上却深受激励。其时，正处于我们历史上最大的民族灾难时期；其地，则是怀让磨砖作镜，朱熹会友论学之处。我们正遭受着与晋人南渡、宋人南渡相似的命运。可是我们生活在一个神奇的环境：这么多的哲学家、著作家和学者都住在一栋楼里。遭逢事变，投止名山，荟萃斯文：如此天地人三合，使这一段生活格外地激动人心，令人神往。③

正如《西南联合大学校歌》所记“万里长征，辞却了五朝宫阙，暂驻足衡山湘水，又成离别”，接下来登场的，是“笳吹弦诵在山城”。

第二节 西南联合大学时期（1938年4月—1946年7月）

一、概述

在学校和各方当局认真筹划、精心安排、妥善配合之下，长沙临时大学的近千名师生，历两月有余、经水陆兼具、通过多种方式

① 参见《抗战二年中教务处工作概况》，收入《国立西南联合大学史料》，第3卷，13页。

② 《国立西南联合大学校史》，367～369页。《校史》所记开学典礼日期为10月26日，但依据《长沙临时大学二十六年度校历》（《国立西南联合大学史料》，第3卷，19页），开学典礼应为10月25日。

③ 冯友兰：《中国哲学简史》，370～371页。

图2-5-1　西南联大校门（清华校史研究室提供）

图2-5-2　联大茅草屋顶的学生宿舍（清华校史研究室提供）

图2-5-3　联大图书馆内景（清华校史研究室提供）

的艰苦跋涉，陆续抵达昆明。1938年4月2日，奉教育部令：国立长沙临时大学改称国立西南联合大学。[①] 其英文名称为 The National Southwest Associated University，校训为“刚毅坚卓”，校庆日即长沙临时大学开始上课的日期：11月1日。

西南联大的本部设于昆明，其间校舍几易，1939年建新校舍于昆明城外西北郊三分寺，在环城马路两侧，占地120余亩。[②] 因校舍不敷使用，文、法学院曾暂设蒙自（位处云南东南部，1938年8月迁回昆明）。因战局不稳有再次迁校之议，一年级新生曾被安排于叙永分校（位处四川、云南、贵州交界，1941年撤销）。

① 《国立西南联合大学校史》，371页。
② 《国立西南联合大学校史》，41页，北京，北京大学出版社，2006。

西南联合大学原由4院即文学院、理学院、法商学院、工学院构成，1938年增设师范学院。凡26学系、2个专修科（电讯和师范）和1个先修班。在西南联大存续的近九年期间（包括长沙临大），先后执教的教授290余人，副教授48人，前后在校学生约8000人，毕业的本科生、专科生和硕士研究生共3882人。法商学院原设政治学、法律学、经济学和商学4系，1940年5月，社会学系从文学院的历史社会学系中分出来单独设系，并入法商学院。五系之中，政治、经济两系原为北大、清华、南开所共有，而法律、社会、商学则原来各为北大、清华、南开所独有。①

西南联大时期，法商学院的院长先后为方显廷（南开，1938年1月—1938年4月19日）、陈序经（南开，1938年4月—1944年8月）和周炳琳（北大，1944年8月—1945年7月），其间张奚若（清华）、陈岱孙（清华）曾代理院长。法律学系的主任原推为戴修瓒（北大），因其尚未到校，1938年7月12日改推燕树棠（北大），一直至联大结束；政治学系主任由张奚若（清华）担任；经济学系主任由陈岱孙担任；商学系主任由方显廷（南开）担任，后方氏请辞，1938年5月10日起由丁佶（南开）担任，在丁氏于1940年10月6日游泳不幸溺亡后，由陈岱孙兼任；社会学系主任由陈达（清华）担任，后陈氏请辞，1943年8月12日起由潘光旦（清华）担任。

从1938年至1946年，法商学院共毕业学生1356人。其中属于清华学籍的毕业生，政治学系26人，经济学系120人，社会学系1人（按：从1942年起，社会学系毕业生始归于法商学院之下）；属于北大学籍的毕业生，政治学系34人，法律学系20人，经济学系68人；属于南开学籍的毕业生，政治学系3人，经济学系32人，商学系56人；属于西南联大学籍的毕业生，法律学系91人，政治学系90人，经济学系562人，商学系103人，社会学系59人。②

---

① 《国立西南联合大学校史》，前言，209～210页。从联大的课程表上看，经济学与商学系的课程合并，统称为经济商业学系。

② 参见《国立西南联合大学校史》，210、432～435页。有必要指出，该书第210页统计法商学院的毕业生为1296人，并没把从1942年起的60名社会学系毕业生计算在内。

二、师资和教研

依据《国立西南联合大学教职员名录》[①]所列人名为基础，笔者加以搜集、整理、补充、修订资料，其法政教员的基本情况如下：

政治学系：

姓名	籍贯	生卒年	职称	在联大（包括临大）时间	求学经历
张佛泉	河北宝坻	1907—1993	教授	1937—1941	燕京大学、美国 Johns Hopkins University 求学，北京大学政治学系教授，赴台后任东吴大学、东海大学政治学系主任，加拿大 UBC 教授
张奚若	陕西大荔	1889—1973	教授	1937—1946	哥伦比亚大学政治学硕士学位
崔书琴	河北故城	1906—1957	教授	1937—1946	南开大学毕业，1934 年获美国哈佛研究院政治学博士学位。历任东北外交委员会研究主任，中央政治学校、北京大学、西南联大教授曾与张佛泉创办独立时论社，当选“立法委员”。迁台后，任教于台湾大学、政治大学
张纯明	河南洛宁	1902—1984	教授		清华津贴生，耶鲁大学政治学博士（1931），南开大学文学院院长
钱端升	上海	1900—1990	教授	1938—1946	哈佛大学政治学博士（1924）中央大学、北京大学、清华大学、西南联大教授，北京政法学院教授兼院长

① 《国立西南联合大学教职员名录》，本名录原载西南联合大学北京校友会校史编辑委员会编印之《国立西南联合大学校史资料》一书，后收入《清华大学史料选编》，第 3 卷（下），302 ~ 304 页。

续表

姓名	籍贯	生卒年	职称	在联大（包括临大）时间	求学经历
罗隆基	江西安福	1896—1965	教授	1940—1942	伦敦政治经济学院政治学博士
邵循恪	福建福州	1911—1975	教授	1940—1946	芝加哥大学国际法博士
吴之椿	湖北江陵	1894—1971	教授	1941—1946	
浦薛凤	江苏常熟	1900—1997	教授	1937—1939	翰墨林大学法学博士
王化成	江苏丹徒	1903—1965	教授	1937—1939	芝加哥大学法学博士
沈乃正			教授	1937—1938	
赵凤喈	安徽和县	1896—1968	教授	1937—1946	巴黎大学法学硕士
王赣愚	福建福州	1906—1997	讲师、教授	1938—1939，1941—1946	哈佛大学政治学博士
萧公权	江西泰和	1897—1981	教授	1937—1938	康奈尔大学政治学博士
陈之迈	广东番禺	1908—1978	教授	1937—1938	哥伦比亚大学哲学博士
周世逑	浙江吴兴	1913—1997	副教授	1939—1941	1936年清华政治系毕业，哈佛大学政治学博士
楼邦彦	浙江鄞县	1912—1979	副教授	1939—1940	1935年清华政治系毕业
龚祥瑞	浙江宁波	1911—1996	副教授、教授	1939—1943	1931年进入清华大学法学院政治系，1936年赴英留学，1938年获英国伦敦政经学院政治学硕士，1939年获法国巴黎大学法学院比较法研究所法学博士（因二战爆发未发证书）

续表

姓名	籍贯	生卒年	职称	在联大（包括临大）时间	求学经历
徐义生	江苏武进	1910—?	讲师	1938—1939	1931年清华政治学系毕业，1933年考取清华留美公费生
曹保颐	河北天津	1913—?	助教		1936年清华政治学系毕业，纽约大学研究院硕士
瞿维熊	江苏崇明	1918—?	助教		1940年清华政治系毕业
陈体强	福建闽侯	1917—1983	助教		1939年清华政治学系毕业，1944年考取教育部留英公费，1948年获牛津大学哲学博士学位
施养成	江西南昌	1916—1971	助教		1939年清华大学政治系毕业
钟一均	广东五华	1916—?	助教		1929年清华政治学系毕业，1948年清华法学硕士

法律学系：

姓名	籍贯	生卒年	职称	在联大（包括临大）时间	求学经历
戴修瓒	湖南常德	1887—1957	教授	1937—1942	日本中央大学毕业，长期执掌国立北京大学法律系
燕树棠	河北定县	1891—1984	教授	1938—1946	耶鲁大学法学博士
蔡枢衡	江西永修	1904—1983	教授	1937—1946	先后就读于日本中央大学法学部、东京帝国大学法学院，师从日本著名刑法学家牧野英一

续表

姓名	籍贯	生卒年	职称	在联大（包括临大）时间	求学经历
罗文干	广东番禺	1888—1941	教授	1939—1941	牛津大学法律硕士
张企泰	浙江海宁	1909—	教授	1939—1941	1929年清华政治系毕业，巴黎大学法学博士
李士彤	河北天津	1903—1993	教授	1941—1946	1935年北大法律学系毕业，同年考取清华留美公费生，德国柏林大学法学博士
陈瑾昆	湖南常德	1887—1959	教授	1937—1938	
李祖荫	湖南祁阳	1897—1963	教授	1937—1938	1927年北平朝阳大学法律系毕业，明治大学法律系专攻科（未毕业）
张守正			教授	1937—1938	1930年毕业与北京大学法律系，1935年东渡日本考察
费青	江苏吴江	1907—1957	1938年聘为讲师，1940年聘为教授	1938—1940，1945—1946	东吴大学法律学院毕业，1933年考取清华留美公费生，柏林大学法学硕士
芮沐	浙江吴兴	1908—2011	教授	1941—1945	巴黎大学法学硕士，德国法兰克福大学法学博士
马质夫			讲师	1942—1945	
章剑	安徽		教授	1941—1946	法国里昂大学法学博士
林良桐	福建闽侯	1914—1951？	专任讲师（兼历史社会学系）、副教授，（兼社会学系）	1939—1942	1934年清华政治系毕业，1936年考取清华留美公费生

续表

姓名	籍贯	生卒年	职称	在联大（包括临大）时间	求学经历
胡觉			讲师	1938—1939	
吴薇生			讲师	1943—1945	
徐长龄			助教		
胡正谒	江西新建	1917—1996	助教	1940—1943	1940 年毕业于北京大学法律学系
曹树经	江苏		助教		1940 年北大毕业
邓明睿			助教		
崔道录	江苏东台		助教		1942 年西南联大毕业，留意法学博士
闻鸿钧	江苏		助教		1941 年武汉大学毕业

这一时期的师资有两个特点：

首先，学术代际的传递正在有序形成。清华的情况最为明显。从上表可以看出，早期毕业于清华政治学系的优秀学生如张企泰、王赣愚、邵循恪、林良桐、周世逑、楼邦彦、龚祥瑞，以及上表所没有显示的曾炳钧、王铁崖、邹文海等人，已经陆续在如巴黎大学、哈佛大学、芝加哥大学、伦敦政经学院、哥伦比亚大学等国外一流大学取得学位或完成学业，回国任教，这从一个侧面反映了当时清华法政教育的成功。这批人与早期清华留美预备部出身的萧公权、钱端升、王化成、陈之迈、浦薛凤、沈乃正、罗隆基等一起，成为西南联大教研的中坚力量。与此同时，更为年轻的学子如陈体强等也开始担任助教，发表论著，崭露头角。

其次，此时期的教员由于三校合一，得以资源共享，如王化成到法律学系开设国际公法，陈序经到政治学系开设主权论等，此是优势，但因为战争等因素的影响，教员处在较为频繁的变动之中，虽然并非无人可代，但其原本熟手的专任课程之效果难免会受到影响，则是弊端。例如清华政治系在联大初期就有四位资深教授离校，其中萧公权赴四川大学，陈之迈赴行政院，浦薛凤和王化成赴国防最高委员会，对西南联大来说，可谓重大损失。北大法律系也出现一名教授开设多个领域课程的情况，固然可赞其博学，但对当时受大陆法系影响颇深的中国法学教育来说，也不能不说是无奈之举。

战争改变了原来物质比较宽裕的教授们的生活，通货膨胀使得1942年11月昆明一个家庭一月最低生活费达到7500元，[①]而1943年，即便是资深教授如钱端升、吴之椿者，月薪也不过4000元，[②]这对上有老人需要赡养，下有小儿嗷嗷待哺的联大教员们来说，其拮据、窘迫可知，若不幸遭遇其他变故，则更为艰难。法律学系的费青教授久病之下，只能将自有德、英、日文全部图书出售，最后由北大法律研究所收买；[③]社会学系的陶云葵教授病逝，生后萧条，其夫人林亭玉生活无着，投水自尽，幸为渔民所救。[④]皆是让人不胜唏嘘感慨的例子。

但令人感佩的是，生活急剧的落差、条件的艰苦并不能阻挠教研的开展。端木正回忆道"抗战八年我是在读大学和研究生度过的，目睹我的老师们怎样艰苦卓绝教育我们这一代人。日寇空袭、颠沛流离、法币贬值，资料不足、住房狭小，电灯昏暗（有时无电则一灯如豆在油灯或烛光下开夜车）……但他们为了延续民族的文化，为了民族的未来，甘之如饴，保证质量地讲课，还不断出科研成果。"[⑤]

桃李不言，下自成蹊，有如此尽心尽职的老师，目睹此情此景德学生们又怎能不感动努力？

端木正追忆的情景，恰与在西南联大法商学院兼任讲师的瞿同祖之记忆颇为契合：

在昆明时生活和工作条件艰苦，敌机不时来袭，在呈贡乡间住了一年，夜间以菜籽油灯为照明工具，光线昏暗，不能写读，八时即就寝，于是就在床上反复思考写作中遇到的问题。有了腹稿，次晨便可奋笔疾书了。[⑥]正是如此极端不便的情况下，甚至在缺乏如《宋刑统》这样重要图书资料的条件下，《中国法律与中国社会》这部介绍中国

---

① 《昆明教授家庭最低生活费的估计》（按1942年11月份昆明物价），收入《清华大学史料选编》第3卷（下），336页。

② 清华大学档案（全宗号）1—（目录号）3：2—（案卷号）193—（页码）75。

③ 《燕树棠函梅常委关于收购费青售书事》，收入《清华大学史料选编》第3卷（下），332～333页。

④ 《国立西南联合大学校史》，406页。

⑤ 端木正：《〈王铁崖文选〉序》，载于邓正来编：《王铁崖文选》，序页4，北京，中国政法大学出版社，2003。

⑥ 瞿同祖：《中国法律与中国社会》。

法律史的典范作品，直至今天仍然一版再版的不朽名著诞生了。

法律学系的蔡枢衡讲道：

侵略破坏了一切秩序，炮火阻止了书本学问的向前。唯一可能的工作是：观察现实，回顾已往，懵懂未来，偶有所感，每以一吐为快……自二十七年末至于三十二年春，我个人便产生了一个散文时代。[①]在这一特殊时空之下，蔡枢衡进行着对中国法学深刻的批判性反思，写就了《近四十年中国法律及其意识批判》《新中国之文明与文化》《中国法学及法学教育》等一系列作品，集成《中国法理的自觉发展》。他有当头棒喝“三十年来的中国法和中国法的历史脱了节，和中国社会的现实也不适合。这是若干法学人士所最感烦闷所在，也是中国法史学和法哲学待决的议案”，[②]该书寻求中国法学主体性的问题意识，时至今日仍然有重要的意义。

1940年9月，颇具特色的行政研究室成立。该研究室以研究中国现代及过去各种行政问题为目的，由法商学院担任行政部门之各教授与研究助理员若干人组织之。钱端升、周世逑、龚祥瑞、戴修瓒等为委员，钱端升任主席。行政研究室的前身是钱端升战前在中央大学政治系任教时建立的图书室，后随其迁往北大。[③]该研究室的设置，代表着钱端升对中国政治问题的持续关注和对年轻学人的着力栽培。该研究室的系列丛刊中，后起之秀陈体强的《中国外交行政》（商务印书馆）这一坚实厚重的著作获得教育部1944年第四届学术奖励社会科学类的三等奖。[④]

此外，邵循恪的《国际法与中日事件研究》、*The Obsolescence of Treaties*（Private Edition，Chicago，1939.），吴之椿的《自由与组织》《青年的修养》（国民图书出版社1941—1942），王赣愚的《中国政治的改进》（商务印书馆，1940）、《民治独裁与战争》（正中书局，1941），钱端升的《战后世界之改造》（商务印书馆，1943）、《中国政府》，崔书琴的《三民主义新论》，燕树棠的《西洋法律哲学及中国法律思

① 蔡枢衡：《中国法理自觉的发展》，北京，清华大学出版社，2005。

② 蔡枢衡：《中国法理自觉的发展》，29页，北京，清华大学出版社，2005。

③ 参见《国立西南联合大学校史》，221、386页，《清华大学史料选编》第3卷（下），第261页之《国立西南联合大学行政研究室规程》。

④ 摘自《第二次中国教育年鉴》，第六编，第五章，收入《国立西南联合大学史料》，第3卷，763页。

想》、赵凤喈的《民法亲属编》、章剑的《保安处分制度之沿革及其将来》、李士彤的《买卖法中之瑕疵担保》等著述、研究，加之相关课程的讲义，[①] 散布于各期刊上的论文，以及法政人积极参与的《当代评论》《时代评论》等杂志的创立，[②] 皆是筚路蓝缕中坚持研究、笔耕不辍的有力论据。

三、课程设置

（一）政治学系的必修课程和本系开设的选修课程[③]有：

专业必修课	政治学概论（1年级，6学分）、近代政治制度（2年级，6学分）、中国外交史（2年级，6学分）、国际公法（3年级，6学分）、西洋政治思想史（3年级，6或8学分）、中国政府（3年级，3学分）、行政法（4年级，6学分）
非专业必修课	大一英文、大二英文、第二外国语、中国通史、西洋通史、自然科学课程、社会科学课程
本系开设的选修课	近代西洋政治思想（4学分）、国际关系（6学分）、英国宪法史（6学分）、现代西洋政治思想（4学分）、主权论（3学分）、宪法（4学分）、各国地方政府（3学分）、国际法及外交研究（4学分，研究生课程）、条约论（4学分）、中国政治思想史（6学分）、国际公法判例（6学分，研究生课程，高年级本科可选）、地方政府（4学分）、中国地方政府（2学分）、市政府及市行政（4学分）、国际关系组织（4学分）、极权政府（4学分）、战后问题（3学分）、各国行政问题（3学分）、现代政治学（4学分）、政治制度研究（4学分）、行政问题及行政原理（3学分）、行政学（6学分）、比较行政法（6学分）、行政程序（3学分）、外交惯例（4学分）、中国外交史研究（4学分）、外交学（3学分）、国际及殖民行政（3学分）、边疆问题（4学分）

① 依据《国立西南联合大学史料》，第3卷，555～556页；清华大学档案（全宗号）1—（目录号）3：2—（案卷号）193—（页码）76、81、83、85～87整理。例如芮沐先生的讲义《民法法律行为理论之全部》（后于1948年经河北第一监狱印刷刊行，2003年中国政法大学出版社再刊）就被民法学者认为“是1949年以前中国民法著述中的“绝响”。1949年以来大陆地区的民法著述，也无有出其右者。这是中国民法学者撰写的一部可以和世界对话的作品”，参见张谷：《“历百年沧桑，观四海潮涌，先生堪为跨世通儒”——名实之间忆芮翁》，http://law.hust.edu.cn/Law2008/ShowArticle.asp?ArticleID=9056。

② 《国立西南联合大学校史》，392、419页。

③ 依据《国立西南联合大学校史》212～213页整理。有必要指出，西南联大时期，课程处在持续变化之中，1937—1946年度具体每一学年的课程情况，可见“国立西南联合大学文法学院各学系必修选修学程表”，收入《西南联大大学史料》，第3卷，133以下页。关于法律系的课程亦是如此。

（二）法律学系的必修课程和本系开设的选修课程[①]有：

专业必修课	法学绪论（1年级，2学分）、民法总则（1年级，6学分）、宪法（1年级，4学分）、刑法总则（2年级，6学分）、民法债编（2年级，6学分）、民法物权（2年级，4学分）、国际公法（2年级，6学分）、中国司法组织（2年级，2学分）、民法亲属继承（3年级，6学分）、商事法概论（3年级，6学分）、行政法（3年级，6学分）、刑法分则（3年级，4学分）、中国法制史（3年级，4学分）、刑事诉讼法（3年级，6学分）、国际私法（4年级，4学分）、破产法（4年级、2学分）、劳工法（4年级，3学分）、民事诉讼法（4年级，8学分）、强制执行法（4年级，2学分）、法理学（4年级，4学分）、诉讼实习（4年级，2学分）、毕业论文（4年级，2学分）
非专业必修课	大一国文、大一英文、大二英文、第二外国语、中国通史、西洋通史、逻辑、哲学概论、自然科学课程、社会科学课程
本系开设的选修课（按：选修与必修课程性质有时会发生变动）	海商法（3或4学分）、保险法（2或3学分）、民事执行法（4学分）、监狱学（2或4学分）、犯罪学（2或3学分）、犯罪心理学（4学分）、公司法（3或6学分）、近代大陆法（2学分）、罗马法（4学分）、土地法（3学分）、刑事政策（2或3学分）、法医学（2学分）

（三）1942年，教育部与司法行政部会商，指令西南联大的法律系增设司法组，注重司法实务训练，[②]1943年，西南联大开始在法律系中增设司法组，其“目的在造就专门人才，以备收回法权后之亟须，该组学生在校享公费待遇，毕业后亦有优待条款。”[③]司法组的必修科目表[④]如下：

① 依据《国立西南联合大学校史》230～234页整理。

② 参见清华大学档案（全宗号）1—（目录号）3：2—（案卷号）088—（页码）1。

③《西南联大三十三年度录取新生标准》，收入《国立西南联合大学史料》，第3卷，88页。

④ 依据清华大学档案（全宗号）1—（目录号）3：2—（案卷号）088—（页码）7～9整理。

第一学年	三民主义（4学分）、军训（4）、体育（2）、国文（6或8）、外国文（6或8）、社会学（4或6）、经济学（6）、政治学（4或6）、伦理学（3）、法学绪论（2或3）、宪法（4）、民法总则（6）
第二学年	体育（2）、外国文（6或8）、论理学（3）、中国司法组织（2或3）、公司法（2或3）、民法物权（4）、刑法分则（4或6）、※第二外国语一（6）、※罗马法（6）、※劳工法（3）、※土地法（3）【有※号者二年级学生每学期得任选六学分】
第三学年	体育（2）、民法亲属继承（4或6）、民事诉讼法（8或10），刑事诉讼法（6）、行政法（6）、中国法制史（4或6）、票据法（2或3）、保险法（2或3）、※第二外国语二（6）、※比较法学绪论（6）、※罗马法（6）、※刑事特别法（3）、※犯罪学（3）、※监狱学（3）、※劳工法（3）、※土地法（3）【有※号者三年级学生每学期得任选六学分】
第四学年	体育（2）、国际私法（4或6）、法理学（4或6）、强制执行法（3或4）、海商法（2或3）、破产法（2）、刑事审判实务（4）、民事审判实务（4）、检察实务（2）、论文（2或4）、※比较民法（6）、※比较刑法（4或6）、※英美法（3）、※近代欧洲大陆法（3）、※中国司法问题（2或3）、※比较司法制度（4或6）、※证据法（3）、刑事政策（3）【有※号者四年级学生每学期得任选6或9学分】

依据《西南联合大学本科教务通则》[①]第30条规定：学生在修业期间，须修满132学分，及党义2学分，体育8学分，军事训练6学分。但第13条在规定除党义、体育及军事训练之学分外，每学期所选学分以17学分为准，不得少于14，亦不得超过20的同时，已有法律学系与工学院各系另有规定的例外。可见，法律系的学分要超过教务通则规定的基准数，以司法组为例，“其学生最少须修够必修科目143学分至176学分，选修科目18至21学分，方得毕业。但每学期修习学分总数至多不得超过26学分”，可证其课业负担较重。

四、研究生教育

1939年6月27日，西南联大常委会第111次会议决议：“本校暂不举办研究院，由三校就现有教师设备并依分工合作原则酌行恢复研

① 《西南联合大学本科教务通则》，收入《清华大学史料选编》，第3卷（下），157页。

究所部。其研究生奖金等费用亦由各校自筹拨发”，[①] 即此，开始恢复研究生的培养。

1940 年，开始恢复法政研究生的招生。依据《国立西南联合大学清华、北大、南开研究院二十九年度招生简章》，清华的法科研究所设有政治学部，组别及考试内容如下：（1）政治制度组；（2）国际法组。a 国文、b 英文（作文及翻译）、c 近代政治制度、d 西洋政治思想史、e 国际公法。

北京大学的法科研究所设有法律学部，组别及考试内容如下：（1）中国法律史学及中国法律思想史组，a 国文、b 中国经文解释、c 英文（作文及翻译）、d 罗马法及法理学、e 民法、f 刑法；（2）国内司法调查组，a 国文、b 英文（作文及翻译）、c 民事诉讼法、d 刑事诉讼法、e 民刑法。[②]

1942 年，规模扩大，法科研究所的法律学部分为三组，分别是：（1）中国法律史学及中国法律思想史组（北大）、国内司法调查组（北大）、犯罪学组（北大）；政治学部分为四组，分别是：（1）政治制度组（清华）、（2）国际法组（清华）、行政组（北大）、国际关系组（北大）。[③]

依据《国立清华大学、国立北京大学、私立南开大学研究院暂行办法》，研究院学生学费暂免，可担任本校半时助教（半时助教者不给予津贴，但仍得领受奖学金）。成绩及格者得请求津贴（每年每人 600 元），成绩优异者给予甲种（总平均分 80 分以上，300 元）、乙种（总平均分 75 分以上，150 元）奖学金，[④] 津贴与奖学金虽然有人数限制（如清华津贴名额以二十人为限，每部以四人为限，奖学金以十人为限）。但考虑到研究生人数甚少，只要成绩符合标准（当然非常严格），获得津贴和奖学金的概率不低。

从现有资料来看，北京大学的法律学部研究生有 4 人，1940 年入学者为贺祖斌，1941 年入学者为闻鸿钧，1942 年入学者为张揾材，

① 《国立西南联大大学史料》，第 2 卷，96 页。

② 《国立西南联合大学清华、北大、南开研究院二十九年度招生简章》，收入《国立西南联大大学史料》，第 3 卷，443 页以下。

③ 《国立西南联合大学清华、北大、南开研究院三十一年度年度招生简章》，收入《国立西南联大大学史料》，第 3 卷，456 页。

④ 《国立清华大学、国立北京大学、私立南开大学研究院暂行办法》，收入《国立西南联大大学史料》，第 3 卷，445 页以下。

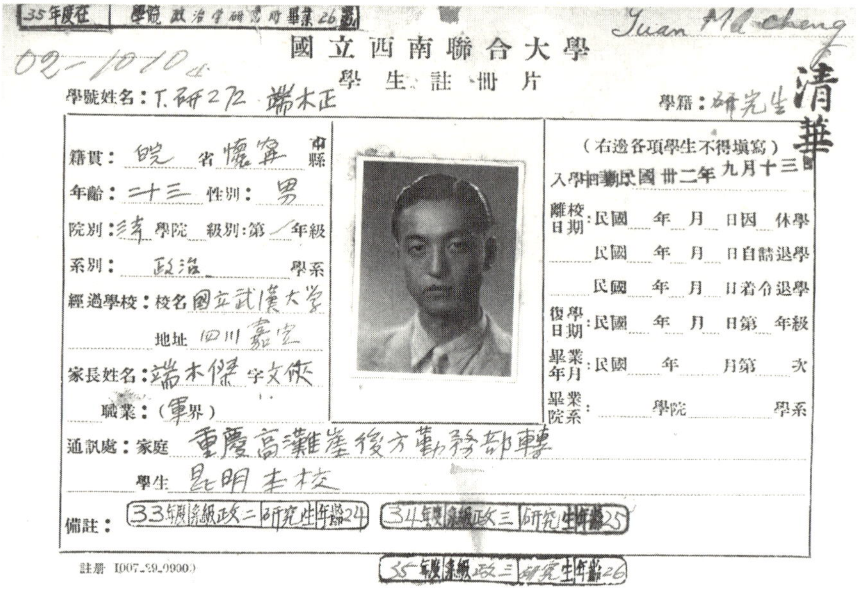

35年度在 學院 政治學研究所畢業26號

Juan Mu-cheng

02-10104

國立西南聯合大學

學生註冊片

學號姓名：T.研272 端木正 學籍：研究生

清華

籍貫：皖 省 懷寧 縣

年齡：二十三 性別：男

院別：法 學院 級別：第一年級

系別：政治 學系

經過學校：校名 國立武漢大學

地址 四川嘉定

家長姓名：端木傑 字文俠

職業：（軍界）

通訊處：家庭 重慶高灘岩後方勤務部轉

學生 昆明本校

備註：33年度級政二研究生年齡24 34年度級政三研究生年齡25

35年度級政三研究生年齡26

（右邊各項學生不得填寫）

入學日期：民國卅二年九月十三

離校日期：民國 年 月 日因 休學

民國 年 月 日自請退學

民國 年 月 日着令退學

復學日期：民國 年 月 日第 年級

畢業年月：民國 年 月第 次

畢業院系： 學院 學系

註冊 I007-29-9900

图2-5-4 端木正学籍卡（清华档案馆提供）

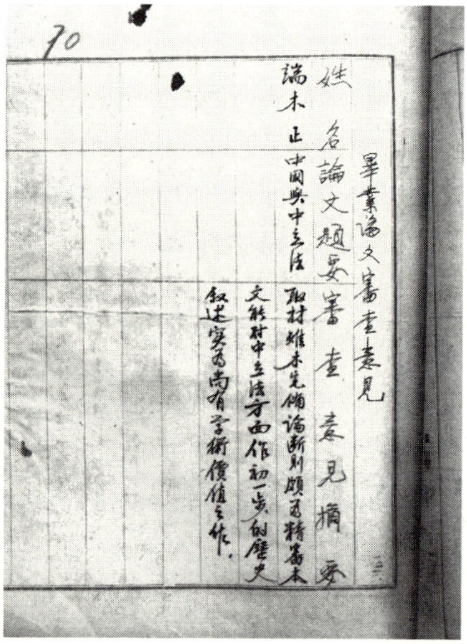

畢業論文審查意見

姓名 端木正

論文題目 中國與中立法

審查意見摘要 取材雖未完備論斷則頗有精審本文能對中立法方面作初步的歷史敘述實為尚有學術價值之作

图2-5-5 端木正的论文审查意见

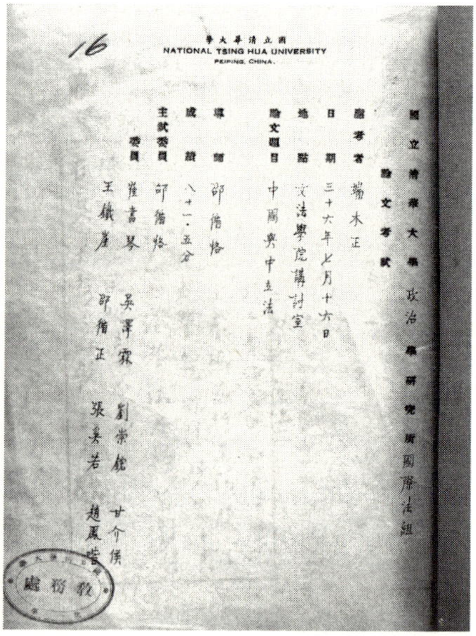

國立清華大學

NATIONAL TSING HUA UNIVERSITY

PEIPING, CHINA.

國立清華大學政治學研究所國際法組論文考試

應考者 端木正

日期 三十六年七月十六日

地點 文法學院講討室

論文題目 中國與中立法

導師 邵循恪

成績 八十一.五分

主試委員 崔書琴 邵循恪

委員 王鐵崖 吳澤霖 邵循正 劉崇鋐 張奚若 趙鳳喈 甘介侯

教務處

图2-5-6 端木正的论文考试

1943 年入学者为崔道录。[1] 其中，张挹材的论文是《司法调查》、崔道录的论文是《隋唐法律思想与法律制度》，指导教授皆为燕树棠先生。[2]

清华政治学部的研究生有 7 人，1940 年入学者为瞿维熊、吴明金、屈哲夫，1941 年入学者为胡树藩，1942 年入学者为钟一均、罗应荣，1943 年入学者为端木正。[3] 目前可知，罗应荣于 1946 年毕业，论文是 *The International Relation of Outer Mongolia in Relation to Russia and China*；端木正于 1947 年毕业，论文是《中国与中立法》，导师是邵循恪；钟一均于 1948 年毕业，论文是《不列颠自治领的宪法地位》，导师是甘介侯。

以端木正在西南联大的教育历程为例，可见该时期研究生培养之一斑。

端木正于 1943 年 9 月考入清华研究院政治学研究所国际法组，1945 年 6 月修满 26 学分后，进入相关的考试阶段。首先是外语考试，1946 年 4 月 2 日在西南联大外国语文学系通过第二外国语考试（法文），主试人吴达元，成绩为及格。

其次是学科考试，1946 年 5 月 7 日，在清华大学会议厅（昆明）举行学科考试，考试范围为：国家公法与国际关系、各国政府及政治、西洋政治思想，主试委员是张奚若，委员有钱端升、赵凤喈、刘崇鋐、邵循恪、潘光旦和王赣愚，成绩为 81 分。11 月份起，端木正成为半时助教。

最后是论文考试。在其论文《中国与中立法》获得导师邵循恪认可后，进入最后论文考试。端木正论文的审查意见摘要为："取材虽未完备，论断则颇为精审。本文能对中立法方面做初一步的历史叙述，实为尚有学术价值之作。"该论文考试于 1947 年 7 月 16 日下午 3 时至 6 时，在图书馆楼下文法学院讲讨室举行。考试委员阵容强大，有 9 人之多，其中本系教授 4 人：邵循恪（主试委员）、张奚若、赵凤喈、甘介侯，本校外系教授 3 人：吴泽霖（社会学系教授）、刘崇鋐（历史系教授）、邵循正（历史系教授），校外委员 2 人，崔书琴（北大政治系教授）、王铁崖（北大政治系教授）。端木正论文考试的成绩为 81.5 分。[4]

① 清华大学档案（全宗号）1—（目录号）4：2—（案卷号）79—（页码）13。

② 《国立北京大学研究生论文题目一览》，收入《国立西南联大大学史料》，第 3 卷，468 页。

③ 清华大学档案（全宗号）1—（目录号）4：2—（案卷号）79—（页码）8。

④ 根据清华大学档案（全宗号）1—（目录号）4：2—（案卷号）80—1 和 80—2 相关内容整理。

其培养考核，无论是程序方面还是具体内容，皆保持着与战前清华相当的连续性。考试委员的阵容强大，是让人印象深刻的一面。其中学科考试7人，论文考试甚至高达9人，各位考试委员的专业背景也各不相同，来自政治学、法律学、社会学、历史学各个领域。想必其所提之问题，也会从各自的专业出发，考生如果知识背景不够广博、专精，不具备“舌战群儒”的实力，准备不充分，在数个小时多对一的轮番“轰炸”下，实际上是很难过关，非常容易被“烤糊”的。

作为端木正的导师，邵循恪参与了学科考试和论文考试的全过程，在论文考试中，其甚至担任了主试委员，这里并无今天硕博士论文答辩制度设计上的所谓导师回避问题，联想到邵循恪当年考试，其导师王化成也是全程参加，大家似乎习以为常，此可以从一角度说明了学生素质和论文水准才是考试的关键，亦让人再次感叹何炳棣关于当时知识分子的评价：其“重趣味重性情而轻利害”“道德”水准较高，没有鱼目混珠、自欺欺人、互相吹捧，树立利益集团等不良风气，[①] 实不无道理。

端木氏的两次考试，成绩皆在80分以上，实际上是当时甲种奖学金的标准，可证其在联大相当优异的表现，但对其论文的审查意见仍然相当谨慎（按：笔者怀疑是出自其导师邵循恪之手），对该论文未尽完美之处毫不客气地指明，褒奖之处则留有余地。笔者以为，这样“苛刻”的评价不仅无损端木先生的声望，反倒是会让人对那个时代严谨、严肃、严格的学风好生敬仰。西南联大堪称中国乃至世界教育史上的一个奇迹，这种奇迹的基础正是建立在这种笃实的学风之上，端木先生在该时期所受教育的过程，正是其有力佐证。

如同其导师邵循恪，端木正也选择了毕业后赴国外深造之路。1947年，其考取留法公费，并于1950年在巴黎大学顺利地获得博士学位，毕业论文是 *Le rôle de la nationalité dans la composition et le fonctionnement de la Cour Internationale de Justice*，1951年再获巴黎大学高级研究所毕业文凭，毕业论文是 *Droit des Prises maritimes chinois*。不免有憾的是，1952年的院系调整中，清华法学院被撤销，所属各系调整至其他学校，形势比人强，归国的端木正无法如当年的邵循恪一样，在念兹在兹的清华大学，施展其本身所学。

---

① 何炳棣：《读史阅世六十年》，162页。

五、爱国民主运动

法政师生们在认真地投入教研、学习之余，亦心忧国事，情系祖国，以各种方式积极地投入爱国民主运动。抗战时期，西南联大法商学院百余名学生积极从军，投笔从戎，为抗战胜利贡献自己的青春、智慧乃至鲜血、生命。

清华法学院政治学系的第一届毕业生、后来担任政治系主任的曾炳钧，1941 年在美国哥伦比亚大学取得博士学位后，毅然放弃在美国供职机会，接受美国中共地下党委托，签下生死状，作为中方唯一代表，冒着被敌机轰炸的危险，押运挪威货船 S.S.Gunny 号（挪威和德国是交战国），将一船新型战斗机带回祖国，[①] 有力地支持了当时饱受日机轰炸之苦的中国抗战。

抗战结束后，在反对内战独裁，争取民主法治运动中，法政人的身影尤为活跃。试举二例如下：

1945 年 10 月 1 日，张奚若、周炳琳、朱自清、李继侗、吴之椿、陈序经、陈岱孙、汤用彤、闻一多、钱端升等十教授为国共商谈致电蒋介石与毛泽东，电文内容主要包括三个方面：首先，要求召集包括各党各派及无党派人士的政治会议，共商成立联合政府，举行国民大会代表选举，召开国民大会以制定根本大法，产生立宪政府。其次，提出特别注意并应立即施行者四点：（1）蒋介石应纠正一人独揽之风；（2）今后用人应改变专重服从不问贤能之弊端；（3）反对军人干政；（4）严惩汉奸。最后，认为真正的民主国家，在于政府重视个人的价值、人格与自由，信赖人民之智慧，希望两党能自尊重人民始而树立宪政。[②]

该电文追求民主自由之情感殷殷真挚，态度不卑不亢，分析时局洞若观火，解决问题切中肯綮，堪称大手笔，一代知识分子的才情风骨，可见一斑。

在 1945 年 12 月 1 日昆明军政当局屠杀爱国学生的惨案发生后，西南联大教授会组织法律委员会负责研讨，法律委员会由周炳琳、钱端升、费青、赵凤喈、燕树棠、蔡枢衡、章剑、李士彤八位教授，加

① 参见曾尔恕：《纪念我的父亲曾炳钧》。

② 参见《西南联大张奚若等十教授为国共商谈致蒋、毛电文》，收入《清华大学史料选编》，第 3 卷（下），511 ~ 513 页。

以助教代表曹树经、闻鸿钧和丁则良组成。[①]经法律委员会之努力，以联大教授会之名义提出诉讼，诉状分为两份，一呈国民政府军事委员会，控告云南全省警备司令关麟征和第五军军长邱清泉；一呈法院，控告云南省政府委员前兼代主席李宗黄。其分为两项内容，第一项是被害事实及证据，第二项是被告和罪名。[②]

细绎诉状，其逻辑严密，持论有据，重事实，讲法理，联大的法政人以这种冷静理智的方式，来控诉国民党当局的独裁统治。虽然该案之结果只是李宗黄被免职，几名无业流氓被枪毙，但联大的法政人这种身体力行的法治实践，亦足给国民党当局极大的震慑，其对法治理想的服膺追求以及其间表现出来的专业素养，仍有值得为之喝彩和大书特书的一面。

第三节　小结

在抗战时期，南下的清华、北大、南开三校先短暂栖身湖南组成长沙临时大学，后跋涉至云南而为西南联大大学。战时的教育仍采取常态教育的方式，这时期的法政教育采取三校合作的方式，主要是北大的法律系和以清华为主导的政治系，清华政治学系培养出来的优秀学生如张企泰、王赣愚、邵循恪、林良桐、周世逑、楼邦彦、龚祥瑞、王铁崖、邹文海、曾炳钧等，已经在国外一流名校获得学位或完成学业，回国任教，成为当时西南联大及其他各院校教研的中坚力量。在条件极其困难的情况下，法政教员们克服了种种的不便，以严格的标准，保证着教学秩序的正常进行，并产生了不少高质量的学术作品，培养出众多的优秀人才。战前大学所奠定的良好基础、严谨笃实的学风和民族危亡时刻迸发升华的刚毅坚卓之精神，是优良学统得以延续乃至发扬光大的关键。在认真教研、刻苦学习的同时，法政师生们也心忧国事，以各种方式积极地投入爱国民主运动。无论是抗战中的投笔从戎和战后的反内战、反独裁运动中，都能看到法政人活跃的身影，他们以自己的言论与行动，为抗战胜利作出了积极贡献、为民主运动谱写出新的篇章。

① 《国立西南联大大学史料》，第 2 卷，552 页以下。

② 该诉状的详细内容，可见“西南联大教授会呈国民政府军事委员会告诉状”，抄自重庆各界反对内战联合会编印《昆明一二·一学生爱国运动》一书，收入《清华大学史料选编》，第 3 卷（下），525 ~ 536 页。

第六章　复员——院系调整（1946—1952年）

第一节　复员时期

一、法律学系的复建

1945年8月15日，日本正式宣布无条件投降，抗战胜利结束。1946年5月4日上午，西南联大全校师生在新校舍图书馆举行结业典礼，梅贻琦代表常委会宣布西南联大教学活动结束，7月31日，联大常委会举行第385次，也是最后一次常委会会议，西南联大正式宣告结束。①

三校复员，学生依志愿发至三校。其中分至北大的本科生628人，研究生19人，分至清华的本科生938人，研究生45人，分至南开的本科生64人，研究生6人。其中，清华法学院的情况是，本科生有221人：政治学系有王俊鹏等26人，经济学系有游兆炳等117人，社会学系有吴锡光等77人，法律学系有蒋荫昌1人；研究生有14人：政治学部有中钟一均等3人，经济学部有郑昌麟等6人，社会学部有沈瑶华等5人。②

复员期中的清华，面对的是战时被日军改为伤兵医院、蹂躏破坏的清华园，百废待兴，此时梅贻琦胸中，有如下的宏大计划：

秋间复校后，为应国家社会之需要及本校学科顺序之发展，就院系言之，将成立农学院，即以农业研究所至基础，设置四、五学系。文学院增设语言人类学系，以注重边疆民族语言文化之研究。理学院地学系原有气象系，今另成一系，以提倡高空气象之探讨。法学院将添设法律系，以实现十年前原拟之计划。工学院添设之化工系在今日之重要，固无待赘言。而建筑系则目前欲应社会之急迫需要，解决人民居室问题、城市设计问题，于人才训练上、于学术研究上，皆当另辟蹊径，以期更有贡献于社会者也。下年学生名额，约必有相当加增……师资方面，当亦须增聘，除随校南来各教师，夏间当设法妥送

① 《国立西南联合大学校史》，427～428、431页，北京，北京大学出版社，2006。
② 《国立西南联合大学校史》，498页以下，北京，北京大学出版社，2006。

返校外，其休假或请教在国内或国外者，已敦促务于秋间返校任教，另再增聘若干位，务使新旧院系，即设备尚多次缺，而师资必蔚然可观，则他日诸校友重返故园时，勿徒注视大树又高几许，大楼又添几座，应致其仰慕于吾楼大师更多几人。此大学之所以为大学，而吾清华所最应致力者也。[①]

这位以“大学、大楼、大师”之名言传世，低调、理智、务实的清华舵手，一直对三十年代法律学系的中辍念念不忘，在梅贻琦的大力支持下，经教育部批准，清华法学院恢复了法律系。依据1947年5月的《国立清华大学规程》，清华大学共设文、理、法、工、农五学院，法学院下设法律学、政治学、经济学和社会学四系，[②]复员后的清华法学院重新恢复了当时大法学院的完整建制。

二、课程设置和师资

1947年的《清华大学学程一览》中，有当时法律学系和政治学系学程的完整介绍。[③]

法律学系

法律学系必修课程

第一年级	国文（6学分）、英文一（6）、中国通史（6）、逻辑（6）、民法总则（6）、微积分（普通物理学、普通化学、普通生物学、普通地质学择一，8学分）、三民主义、体育
第二年级	民法债编（8）、刑法总则（6）中国司法组织（2）、西洋通史（6）、哲学概论（4）、英文二（6）、政治学概论（经济学概论、社会学概论择一，6学分）、伦理学、体育、选修（0-4）
第三年级	民法物权（4）、民法亲属（3）、民法继承（2）、商事法（8）、刑法分则（4）、民事诉讼法（8）、国际公法（6）、体育、选修（3-17）
第四年级	行政法（6）、刑事诉讼法（6）、国际私法（4）、法理学（3）、中国法制史（4）、毕业论文（2）、体育、选修（3-17）

① 梅贻琦:《复员期中之清华》,《校友通讯》1946年4月，收入《清华大学史料选编》，第4卷，28页。
② 《国立清华大学规程》(民国三十六年五月)，收入《清华大学史料选编》，第4卷，168页。
③ 摘自《清华大学一览》中《法学院法律学习必修课程一览》部分，1947年6月，收入《清华大学史料选编》，第4卷，344 ~ 350页。

法律学系选修课程

第二年级	罗马法（4）、英美法（4）、第二外国语（6）
第三年级	土地法（3）、刑事特别法（2）、大陆法（4）、宪法（4）、第二外国语（6）
第四年级	劳工法（4）、破产法（3）、诉讼实习（2）

政治学系

政治学系必修课程

第一年级	国文（6学分）、英文一（6）、中国通史（6）、逻辑（6）、政治学概论（6）、微积分（普通物理学、普通化学、普通生物学、普通地质学择一，8学分）、三民主义、体育
第二年级	各国政府及政治（6）、西洋政治思想史（6）、英文二（6）、西洋通史（6）、经济学概论（法学通论择一，6学分）、哲学概论（4）、第二外国语一（4）、伦理学、体育
第三年级	国际公法（6）、西洋外交史（6）、中国政治思想史（中国政府择一，6学分）、财政学（6）、法学通论（经济学概论择一，6学分）、第二外国语二（6）、选修（0-4）、体育
第四年级	近代中国外交史（6）、中国政府（中国政治思想史择一、6学分）、行政法（6）、毕业论文（4）、选修（6-18）、体育

政治学系选修课程

第三、四年级	市政学、宪法（4）、各国政府专题研究、英国宪法史、条约论（3）、外交学（3）、近代西洋政治思想（4）、国际私法

政治学研究所选修课程

政治制度研究（6）、国际公法判例（6）、条约论（3）、中国外交史研究（6）、外交学（3）

复员时期，师资和图书的短缺成了法学院最大的问题。如梅贻琦的描述：

“三十五年本校复原，本系（按：政治学系）遭空前之困难，原在西南联大之教授，如钱端升、吴之椿、崔书琴三位随北大复原，本系只有张奚若、赵凤喈、邵循恪三位先生。同时张先生因病请假（下学期已上课），邵先生体亦不健，赵先生又兼顾法律学系之事，新聘教授，只甘介侯先生一人到校，旧教授浦薛凤、萧公权皆阻于交通，不能到校。师资困难，甚于抗战期中，只有勉请崔书琴、吴恩裕、楼邦彦、邸维周诸位先生来校兼授各项必修课程。关于图书一层，原留平校者，残缺不堪，整理补充，尚需时日；迁往西南者，损失大半；由昆明运回者，仅有一小部分到校。”①

“（法律学系）惟以复员伊始，图书设备及教师敦聘均感困难，故仅招收一年级新生一班，而大一新生除修法学院共同科目外，因学分限制关系，只能修习本系基本课程一、二门（若民法总则等）。因此，三十五年度本系系务，由原任政治系教授赵凤喈先生负责，只聘请教授一位（王克勤），助教一位（李声庭），共有教师三人……过去本校法律学系，仅有二年历史，法学书籍数量较少，目前视财力所及，正积极采购，补充各项必需之中西文书籍，期以充实设备……”②

但困难虽有，言语之中，也可看到梅贻琦的倾力扶持，除将增聘教师、招生插班生外，他更提出“希望于一、二年内成立法律研究所，藉符本校研究高深学术之旨”③。在各方的积极努力下，系务大有起色，法律学系的教员从1946年的3人、1947年的5人发展到1948年的9人，④1948年，法律学系和政治学系教员的情况具体如下⑤：

① 梅贻琦:《复员后之清华（续）》,《清华校友通讯》复员后第2期，收入《清华大学史料选编》，第4卷，49～50页。

② 同上书，《清华大学史料选编》，第4卷，51页。

③ 同上书，《清华大学史料选编》，第4卷，51页。

④ 1946年是赵凤喈、王克勤、李声庭，1947年是赵凤喈、李声庭、陈廪、于振鹏、童介凡，1948年是赵凤喈、陈廪、于振鹏、全陆麟、杨昌第、芮沐、何基鸿、陈沛寰、童介凡。清华大学档案（全宗号）1—（目录号）4：5—（案卷号）7。

⑤ 参见清华大学档案（全宗号）1—（目录号）4：5—（案卷号）6—（页码）34～35。

法律学系

职别	姓名	别号	性别	年龄（岁）	籍贯	简　　历	到校年月
教授兼主任	赵凤喈	鸣岐	男	五二	安徽和县	国立北京大学法学士、巴黎大学法学法学硕士、中央大学讲师	民国二十一年八月
教授	陈廪	仓亚	男	四二	广东	法国里昂大学法学博士、中法大学法国文学系教授兼主任、云南大学法律系教授	民国三十六年八月
教授	于振鹏	念平	男	四〇	山东文登	法国国家法学博士、曾任日内瓦国际联盟秘书厅中国秘书、国立云南大学法律学系教授	民国三十六年八月
副教授	全陆麒		男	二八	北平	燕京大学毕业、美国茀拉其法律学院博士、哥伦比亚大学法学院研究	民国三十七年八月
讲师	杨昌第		男	四七	江苏无锡	北平法政学校毕业、江苏贵州山东上海青岛各高等法院地方法院推事庭检察官院长等职、贵州大学大夏大学兼职教授	民国三十七年九月
讲师	芮沐		男	四一	浙江吴兴	法国巴黎大学硕士、德国佛琅克府（按：法兰克福）大学博士、美国哥伦比亚大学访问教授、中央大学西南联合大学北京大学教授	民国三十七年九月
讲师	何基鸿	海秋	男	六〇	河北	日本东京帝国大学法学士、北京大学法律学系教授及主任	
助教	陈沛寰		男	二九	广西兴安	西南联合大学毕业、广西兴安县立中学教员	民国三十七年八月
助教	童介凡		男	二六	湖南平江	国立北京大学法律系毕业	民国三十六年八月

政治学系

职别	姓名	别号	性别	年龄	籍贯	简　　历	到校年月
教授兼主任	曾炳钧	仲刚	男	四二	四川泸县	清华大学法学士、美国伊利诺伊大学硕士、哥伦比亚大学博士、云南大学教授、武汉大学教授	民国三十七年八月
教授	张奚若		男	六〇	山西朝邑	美国哥伦比亚大学硕士、国际出版品交换局局长、前大学院高等教育处处长、中央大学教授	民国十八年八月
教授	甘介侯		男	五二	江苏宝山	美国哈佛大学博士、东南暨南政治大夏等大学教授、湘鄂政委会委员、外交部次长、西南五省外交特派员	民国三十五年八月
教授	邵循恪		男	三七	福建闽侯	清华大学学士、硕士、美国芝加哥大学博士	民国二十九年八月
教授	刘毓棠		男	三四	广东台山	燕京大学学士、美国哈佛大学博士	民国三十七年八月
副教授	杨荣春		男	三七	黑龙江	清华大学学士、美国哈佛大学政治学博士、益世报编译、天主教文化？进会秘书	民国三十六年八月
副教授	陈体强		男	三一	福建	清华大学法学士、英国牛津大学博士	民国三十七年八月
助教	杜汝楫		男	二九	广东	西南联合大学政治学系毕业	民国三十三年八月
助教	萧英华		男	二六	湖南武冈	清华大学毕业	民国三十六年八月

图2-6-1 1948年法学院的部分教授（采自《长相忆——清华大学1948级毕业六十周年纪念》）

图2-6-2 法律学系主任赵凤喈教授（采自《长相忆——清华大学1948级毕业六十周年纪念》）

图2-6-3 1947年政治学系毕业班师生合影（照片由校友李长纶先生提供，前排左起第5人为甘介侯，左6为赵凤喈，左7为端木正，第二排左起第4人为李长纶）

师资有所增强，学生方面也在逐步增加，从1946年起，清华法律系开始招生，该年的新生有高林等5人；1947年有汪恺曾等6人，二年级转入王敬松1人；1948年有乐久成等4人，三年级转入朱洪文登6人，二年级转入李克威等5人。①

此时的法律学系，虽然师资规模不大、学生人数不多，但已经从各方面显露出其一些新气象，正如当时《院系漫谈》所介绍：

法律系在法学院，是比较冷静的。一来是因为战后才创办；二来是因为同学人数不多。可是这却丝毫未能影响到她的地位与前程。在专家的黾勉努力下，教学之外，仍进行着深深入微的研究工作，尤其是系主任赵凤喈先生，他看透了目前中国政治的不上轨道，社会秩序的紊乱，完全是大多数的人们失去了守法精神，以致公理泯灭，正义消沉，所以他在北京大学“五四”纪念会上曾大声疾呼：“在中国有史以来，法家总是失败的，现在应使法律与民主、科学一样的被提倡。没有法律，民主与科学都会受到冷酷的摧残，人类社会的优良制度与秩序也要失去了保障。”他以他要建立一个新清华法律系的精神，是从两方面进行：一是注重专门知识的基本训练，严格考试，增加课外阅读时间，参考书多半是英文本与法文本，亦有中文及日文本，同学可以自由的选择，对于阅读上是极为顺手的。杂志有专门的刊物，也有通俗的论文与短评，来补充教科书之缺陷。系里又有小的图书馆，也订有国内外的杂志报章，供给本系同学流瞰，虽不敢说蔚为大观，不患无书阅读倒是真的。二是培养同学的守法精神，在不定期的全系同学谈话会中，我们同学可以随意发表意见，无话不谈，他常常以道德心、正义感来诱导青年，最后希望同学在学校内即养成守法习惯。因为培养优良的法治人才是建设新中国首先要做的工作，所以这种清华法律学系的新作风，也许是对的。②

三、爱国运动

在解放战争中，清华师生积极拥护中国共产党领导的革命新政权，以各种方式投入到爱国运动中去，其中不乏法政人的身影。试举二例如下：

① 《国立清华大学本科一年级学生名录》(1946年度)，收入《清华大学史料选编》，第4卷，458页以下。

② 《院系漫谈》，《清华年刊》1948年，收入《清华大学史料选编》，第4卷，201～202页。

1948年6月，张奚若领衔百十知名学者发表声明，反对美国扶日政策，抗议美国驻华使节对中国人民的污蔑和侮辱，拒绝美援的平价面粉，退还其配购证。[①]1949年1月24日，清华、燕京大学五十二名教授发表对时局宣言，其中就有清华法学院的张奚若、费孝通、曾炳钧、杨荣春，该宣言提出“坚决贯彻毛主席八项主张，彻底粉碎反动派的阴谋”，[②]给当时的解放战争予以有力支持。

1948级清华法律学系的学生魏廷铮，担任法学院地下党党支部负责人，在学生运动中发挥着骨干作用，积极领导开展学生运动，并发展地下党员。后来又同250名清华大学同学一起参加了四野南下工作团，并担任了清华大学的三个带队人之一，为北平的和平解放和解放战争作出积极的贡献。[③]

第二节　院系调整时期

一、法律学系的再次取消

1949年6月1日，华北高等教育委员会成立，开始对大学的改革。1949年6月27日，公布了《华北高等教育委员会关于南开、北大、清华、北洋、师大等校院系调整的决定》，其中第二项为：“取消下列各校中之各系：南开哲教系，北大教育系，清华法律系、人类学系。南开哲教系、北大教育系三年级生提前毕业，二年级以下转系，清华法律系学生可转入该校各系或北大法律系或政法学院，人类学系并入该校社会学系。取消各系教授之工作，在征得本人同意后尽各校先分配，亦得由高教会分配。”[④]根据这项决定，重建三年的清华法律学系被取消。

现有两则当年清华大学发往北京大学的公函资料[⑤]，显示了当年清华法律系被取消，其中十三名学生转学至北京大学法律系的情况：

① 《张奚若等百十师长严正声明》，《清华旬刊》第11期，三十七年六月廿四日，收入《清华大学史料选编》，第4卷，587～588页。

② 《清华、燕京教授发表对时局宣言》，《人民日报》1949年2月4日，收入《清华大学史料选编》，第5卷，44页。

③ 参见连小童：《一年清华人　一生清华情》（魏廷铮访谈纪实）。

④ 中央档案馆编：《共和国雏形——华北人民政府》，420页，北京，西苑出版社，2000。

⑤ 清华大学档案（全宗号）2—（目录号）校3—（案卷号）077—（页码）4～5；13～14。

资料一：

中华民国三十八年七月二十八日

国立清华大学致国立北京大学公函：本校法律系奉令取消，学生希望转入贵校

案奉华北高等教育委员会三十八年六月廿七日发“高教秘字第二三四号”训令，关于各大学院系调整，议决本校法律系应予取消，该系学生可转入本校各系、或北大法律系、或政法学院。又规定：“取消各系教授之工作在征得本人同意后，尽各校先分配，亦得由高教会分配。”余立即着手筹备，自下学期起实行……查本校法律系奉令取消后，该系学生廿七人中，志愿转入贵校法律系肄业者，经登记后，计二年级有夏长祥等三人，三年级有许慈耀等六人。教师同人亦希望转往贵校继续任教。兹将学生名单及成绩单随函送上，即希贵校同意接受。并希查照见覆，是为函荷。又尚有离校未及申请者，为荷保留空额数名，尤为【 】感。

此发　国立北京大学

附件

全衔　叶

资料二：

国立清华大学

文别：公函

送达机关：国立北京大学

事由：续送本校法律系拟转入贵校法律系肄业之学生邓永堃等四名□□附后希查照准予入学并见复

校务委员会主席 企孙

教务长 周培源

民国三十八年九月三日拟稿

九月八日封发

发文□字 5537 号

案查关于本校法学系各年级学生转入贵校肄业事，前经函准。是校卅八年八月八日发京字第五三七号公函，复见接受夏长祥等九名，准予免试编入相当年级就学，至感。兹又有邓永堃、张静宇、叶履中、

沈承运等四名，近日返校。学生补行申请转入贵校法律系肄业者。本校于前次函中，曾经谓予保留空额数名，以备。此返校学生之补行申请，谅荷（查）及。兹据呈请，相应照抄四人名单一纸、成绩单三份。又本校法学院院长陈岱孙先生为叶履中所出之证明书一件，一并备函送上。函希查照。惠允编入贵校法律系相当年级肄业，并希见覆，是为函荷。

此发　国立北京大学

附件

二、课程设置的变化

在这一阶段院系初步调整的同时，课程设置也在发生变化。1949年10月11日，华北高等教育委员会发布了《各大学专科学校文法学院各系课程暂行规定》[①]，10月14日，《人民日报》发表社论《认真实施文法学院的新课程》[②]。

社论提出："华北高等教育委员会对于旧大学教育的总方针是'坚决改造、逐步实现'，现在这一课程规定即是极重要的一步。"

社论认为："在国民党反动派统治时期，各大学专科学校的教育，尤其是文法学院各系的教育，充满着唯心论、机械论，以至封建、买办法西斯主义的反动思想。这些思想长期地毒害着广大青年学生。他们在学习了好多年之后，所得到的却只是一些糊涂的或是反动的世界观、社会观和一套错误的方法论，对于时事政治的了解因而常常受了极坏的影响。有些青年徒从然具有改革社会的善良愿望，但是找不到实现这些愿望的正确途径；有许多青年则由于接受了错误的、腐朽的、反动的思想，逐渐地消失了原有的纯洁与热情，走上腐化堕落的道路。这种情形曾经引起了广大青年的不满和反抗，他们强烈地要求革命理论的指导。解放以后，人民政府接受了青年这一正当要求，对各级学校教育的内容逐步地作必要与可能的改革，使之适应于新民主主义社会的需要。"

社论重申了毛主席在《新民主主义论》提出的"新民主主义的文化教育应该是民族的、科学的、大众的反帝反封建的文化教

① 《人民日报》1949年10月12日，第2版。
② 《人民日报》1949年10月14日，第1版。

育，这是用马列主义的思想观点与方法分析了中国的现实之后所得出的唯一正确的总方向”，也强调了应“注意研究与学习社会主义国家苏联大学教育的经验，并结合我们自己的情况，适当地采用他们的经验”。

依据《各大学专科学校文法学院各系课程暂行规定》，在课程改革中，各院系课程的实施原则是“废除反动课程（如国民党党义、六法全书等），添设马列主义的课程，逐步地改造其他课程”。

文学院、法学院的公共必修课程是：（1）辩证唯物论与历史唯物论（包括社会发展简史）（第一学期学完，每周三小时）；（2）新民主主义论（包括近代中国革命运动史）（第二学期学完，每周三小时）；（3）政治经济学（第二学年起，每周三小时，一年学完。）

政治学系课程

（一）任务：学习以马列主义的立场、观点、方法分析政治时事问题，并培养新中国的一般行政事务的知识与技能，培养中等学校教授政治课的师资。

（二）本系基本课程：

（1）中国革命史；

（2）中国革命基本问题；

（3）近代世界革命史；

（4）现代世界政治；

（5）政治学概论（马列主义的阶级论，国家论，民族论等）；

（6）政策及法令；

（7）名著选读（共产党宣言，帝国主义论，列宁主义问题，马克思主义与民族问题，联共党史等）。

（三）本系得分组修习，如普通行政、外事行政、思想及制度研究等，其课程由各校酌定。

法律学系课程

（一）任务：培养以马列主义的科学观点分析政治法律问题，并培养新民主主义国家立法司法干部的基本知识。

（二）本系基本课程：

（1）马列主义法律理论——主要内容为马列主义的社会观、国家观及法律观。

（2）新民主主义的各项政策法令——主要内容为：

①新司法制度——人民法院组织、新审检实务、监狱制度，

②土地政策法令——土地改革、减租减息、城郊土地政策等，

③城市政策法令——工商业政策、房屋租赁、民主建设、城市管理及建设、失业处理、乞丐妓女问题等，

④劳工政策法令——职工运动、劳工立法、工会工作、工资政策等，

⑤财经政策法令——金融外汇管理、对外贸易、财政、合作新法规等，

⑥婚姻法令，

⑦文化教育政策法令——新民主主义文化教育方针、知识分子政策等，

⑧外交政策法令。

（3）名著选读：选读马克思、恩格斯、列宁和毛泽东的重要著作，如：共产党宣言、家族私有财产及国家之起源、论一元论历史观的发展、国家与革命、论国家、斯大林关于苏联宪法的报告、新民主主义论、论联合政府、论人民民主专政等；

（4）新民法原理；

（5）新刑法原理；

（6）宪法原理；

（7）国际公法；

（8）国际私法；

（9）商事法原理；

（10）犯罪学；

（11）刑事政策；

（12）苏联法律研究。

（除政策与法令、马列主义法律理论、名著选读等外，其他课目得酌量改为选修。）

一言以蔽之，此时期的法政教育乃适应当时新民主主义时期的社会发展阶段，以各种方式废除旧有课程，通过学习苏联的经验模式，建立马克思主义为指导的新法政教育。

三、全面的院系调整

这个时期清华法学院的情况，1951 年的《高等学校简介》关于清华部分[①]中有所介绍：

政治学系：该系分国际（外交）组及内政组。任务在培养各级政府行政干部，外事工作干部及国际法国际关系专业人才。除着重马列主义的立场观点、方法的修养外，并着重必要地专门知识训练。专任教授 7 人，为辅助学系，设有资料室及国际问题研究室等。

经济学系：以培养学生用科学的观点和方法，分析实际经济问题的能力，造就新民主主义经济建设实际工作干部和研究工作干部为任务，在系统的理论知识的基础上注重适当的专业训练，以期达到理论与实际的结合。根据现有的条件，分为四组：(1) 统计，(2) 会计，(3) 财政，(4) 金融。

社会学系：自 1950 学年度起全系分为劳动、民族、内政三组，内政组与政治系合作办理，目的除培养学生以一般的社会科学知识、马列主义的理论观点与科学的分析与研究方法而外，又设置重点课程，使其于学业完成后，能分别充当有关劳动、民族与内政各部门的干部或担任有关方面的教学或研究工作。

1952 年，全面的院系调整开始。在其基本完成后，1952 年 9 月 24 日的《人民日报》社论总结："这次全国院系调整的总方针是：以培养工业建设人才和师资为重点，发展专门学院与专科学校，整顿和加强综合性大学，逐步创办函授学校和夜大学，并在机构上为大量吸收工农成分入高等学校准备条件。根据这个方针，原有的高等学校经过调整后，分别成为综合性大学、专门学院与专科学校，今后即可按照各校的性质和任务，朝着确定的方向发展。这就改变了原有大学一般化与盲目设校的不合理现象。"[②]其基本过程如下。

1952 年 4 月 16 日，《人民日报》刊登了《中央人民政府教育部关于全国工学院调整方案的报告》，其中包括："将北京大学工学院、燕京大学工科方面各系并入清华大学。清华大学改为多科性的工业高等学校，校名不变。将清华大学的文、理、法三学院及燕京大学的文、

① 《高等学校简介——清华大学》，《光明日报》，1951 年 6 月 24 日，收入《清华大学史料选编》，第 5 卷，32 页。

② 《人民日报》1952 年 9 月 24 日，第 1 版社论《做好院系调整工作，有效地培养国家建设干部》。

理、法方面各系并入北京大学。北京大学成为综合性的大学。燕京大学校名撤销。”[①]

1952 年 5 月，教育部关于全国高等学校的调整设置方案[②]出台，清华大学由原清华大学、北京大学两校工学院及燕京大学工科各系科、察哈尔工业大学水利系、天津大学采矿系二年级、石油钻探组、石油炼制系、组及北京铁道学院材料鉴定专修科合并组成多科性高等工业大学。附设工农速成学校。

依据这个调整方案，清华法学院的政治系与北京大学、燕京大学的政治、法律系以及辅仁大学社会系民政组合并成立新设的北京政法学院；清华法学院的经济系财经部分、北京大学、燕京大学、辅仁大学的相同部分与中央财政学院各系科合并成立新设的中央财经学院；清华经济系的理论部分并入北京大学；社会学系被取消。

调入北京政法学院的清华教员有 8 人(3 人未到职),其中教授 4 人:于振鹏、曾炳钧、赵德洁、邵循恪;讲师 1 人:杜汝楫。学生有 33 人。[③]

第三节　小结

从 1946 年的复员到 1949 年的初步院系调整、课程改革和 1951 年起全面的院系调整，其间清华法学院经历了法律学系的复建到再次取消、法学院的裁撤调整至其他院校等重大事件，见证了大时代变迁之下法学的命运。梅贻琦重建法律系的赤子之心可鉴，师生们也付出了巨大的努力，颇有起色，但在时局动荡的时期，或许只能再次感叹生不逢时。1949 年后因为新中国百废待兴，国家建设发展工业的客观需要，兼之向苏联教育模式的学习，与清华大学的命运一般，法学院也发生了重大变化。院系调整后，清华大学成为一所多科性的工业大学，清华法学院的政治学系被调整至新成立的北京政法学院，经济学系被调整至北京大学和新成立的中央财经学院，社会学系被取消，兼之期间历次的思想改造运动，严格意义上这时期的法政教育并不能

① 《人民日报》1952 年 4 月 16 日，第 1 版。

② 何东昌:《中华人民共和国重要教育文献》，150 ~ 151 页，海口，海南出版社，1998。

③ “馆藏展示·档案里的法大记忆”之六：我校建校之初的师生员工。http://news.cupl.edu.cn/2010/content_012183.html。

维持一个稳定的状态。

从院系调整的总体而言，1956 年蒋南翔的反思颇有代表性：“一九五二年全国高等学校的院系调整有很大成绩，但是有某些措施是不够妥当的……我们认为学习苏联经验进行院系调整在总的方面是对的，这使我国高等教育更加适应社会主义建设的需要，但当时没有更多地考虑到不要破坏我国原有的基础和传统，对于我国过去学习英美资产阶级的方法办了几十年教育，其中某些有用的经验也没有采取批判的态度来吸收，而有一概否定的倾向……”[①]。

就法政教育而言，何勤华的观点具有代表性：“1952 年全国政法院系调整，对之后法学教育的发展，以及新中国 60 年法和法学的面貌均产生了重大影响。一方面，它使中国的法学教育与苏联的模式接上了轨，走上了具有中国特色的社会主义道路：政法人才的培养，主要以单科性的五所政法学院为主……法学教育中的政治挂帅色彩，以及短、平、快培训特色迅速增强，法学教育面向司法实务、以接受工农子弟为宗旨，等等。另一方面，使原来学术色彩比较浓厚的综合性大学中的法律系，退居到中国法学教育的二线，加上新中国成立时留用的一批民国时期的著名法学教授或改行，或在家闲赋，以及许多法律图书资料散失，原来在综合性大学的知识背景之下的法学研究氛围大大淡化，中国现代法学研究的整体力量有所削弱，因而造成了该时期法学著作、论文寥寥的惨淡局面。这些，也是一个值得反思的历史教训。”[②]

① 蒋南翔：《当前北京市高等学校的几个问题的汇报》，摘录自由蒋南翔起草的《中共北京市委高等学校委员会向中央的报告》，收入《蒋南翔文集》（下卷），646 ~ 654 页，北京，清华大学出版社，1998。

② 何勤华：《1952 年政法院系调整》，《新民晚报》，2009 年 8 月 9 日，B11 版。

第七章　毕业生列传

依据目前的资料统计，从 1929—1952 年，清华法学院的本科毕业生（不包括西南联大籍）有 931 人，法科研究所毕业生 14 人（具体名单见附录二）[①] 我们在本章中，以小传的方式列举出其中 30 位有代表性的人物。必须指出，限于时间、资料和研究者个人能力，这 30 人仅仅是这批优秀的毕业生群体中的一小部分，所以，本章的整理仅仅是研究的起步而绝非盖棺定论之总结。追思先贤，彰显其潜德幽光，并对该群体作出整体性之评价，仍有待后续深入的研究。

一、陈舜礼

陈舜礼，浙江省奉化县（宁波）人。1939 年毕业于清华大学法学院经济学系。著名学者，前山西大学校长。

陈舜礼曾担任国民政府资源委员会昆明办事处经济研究室的助理，并担任中国农业银行在成都、兰州、昆明等城市的办事员和主任。1949 年，毕业于英国牛津大学。并曾在法国巴黎大学学习。

1949 年后，先后担任天津南开大学教授，南开大学副教务长。1959 年后，先后担任山西大学教授，山西大学教务长，山西大学图书馆馆长。1982 年 4 月—1983 年 9 月，担任山西大学校长。

陈舜礼是山西省第四、第五届政协副主席，中国民主促进会天津市委员会副主任委员，中国民主促进会第三届中央候补委员，第四届中央委员，第七届中央副主席并兼任执行局主任。陈舜礼是第七届全国人民代表大会常务委员会委员，第四、五届全国政协委员，第六届全国政协常委。

1988 年，当选为中国民主促进会第八届中央副主席。1997 年 12 月，陈舜礼被推举为中国民主促进会中央名誉副主席。

① 参见刘星星整理《1929—1952 年法学院毕业生名单》。

图2-7-1　陈体强

二、陈体强

陈体强（1917—1983），中国当代著名国际法学家，福建闽侯县人。1939年毕业于清华大学法学院政治学系，1945—1948年在英国牛津大学攻读国际法，取得博士学位。1948年回国，在清华大学法学院政治学系任教。1950年，任中国人民外交学会编译委员会副主任兼研究部副主任，其后曾任该学会常务理事和中国政法学会常务理事兼秘书长。1956年以后，先后在国际关系研究所、国际法研究所和国际问题研究所担任和主持国际法研究工作。1981年起，任外交学院教授。1981年，任外交部法律顾问。1983年，当选中国人民政治协商会议全国委员会委员，同年8月，在世界性的国际法学会的英国剑桥会议上被选为该学会的联系会员。

陈体强毕生致力于国际法的教学与研究工作，其关于国际法问题的一些论著，不但在学术上有很高的水平，而且也具有重要的现实意义。所著《关于承认的国际法》一书，1951年以英文于伦敦出版，在国际法学界受到高度重视，被誉为国际法名著，并且被列为当代国际法必读书之一。中华人民共和国成立后，他从理论上分析和评论了中国外交实践中的现实国际法问题，写有关于中华人民共和国在联合国的席位、台湾问题的主权属于中国、中印边境问题、北部湾海域划分问题、金边傀儡政权、中国飞机被劫持到韩国、湖广铁路债券案等文章，对于中国国际法学的发展作出了巨大的贡献。于实践上他也身体力行，担任了中国第一个国际法学术刊物《中国国际法年刊》主编之一；他还特别热心于开展中外国际法学界的学术交流，曾被邀往美国、瑞士、英国、加拿大等国讲学，向外界阐明我国的对外政策和我国外交实践对国际法的创造性的贡献，受到了国际法学界人士的敬佩。

陈先生的文章深入浅出，摆事实、讲道理，以理服人；文字逻辑严密，通顺流畅。其专著《中国外交行政》（1943年）、《英国行政法论》（1947年）和博士论文《关于承认的国际法——英国与美国的实践》

（1951 年）、论文集《国家法论文集》（1985 年）以及译著《奥本海国际法》（与王铁崖合译）在中国乃至世界国际法学界享有崇高的声誉。

三、戴克光

戴克光（1906—？），江苏阜宁人，1929 年毕业于清华大学法学院政治学系，曾任南京中央大学等多所大学的政治学教授。

戴克光兄弟三人，号称“戴氏三光”：其二弟戴戎光，曾任国民党江阴要塞司令，解放后任南京军事学院教员；其三弟戴曙光，是上海复旦大学毕业生，曾留学日本，抗日战争爆发后毅然回国，参加抗日，于抗战中壮烈牺牲。

戴克光进入清华大学政治系就读后，在校期间曾任于 1928 年创刊的《国立清华大学校刊》编辑。在获得学士学位后，戴克光留学于英国剑桥大学并获得硕士学位，是议会政治学说的代表人拉斯基的嫡传学者。

新中国成立后，戴克光曾于 1950 年进入中国人民大学（其时为革命大学）法律系进修，后调至北京政法学院任教。与吴恩裕、曾炳钧、严景耀教授（雷洁琼先生丈夫）号称北京政法学院的“四大教授”。

戴克光的学术论文有《论唐律与封建社会“四种权力”问题（提纲）》、《试论唐律是中国封建社会的标准法典》《关于研究中国法制史的几个问题》等，翻译的著作有 Raymond G. Gettell《政治思想史》，编译的有《英国工业革命和宪章运动》。

四、戴世光

戴世光（1908—1999），湖北江夏（今武昌）人，1931 年毕业于清华大学法学院经济学系。中国著名的统计学家。

戴世光的一生在近现代中国知识分子中有着典型性，他 1908 年出生于天津市一个湖北籍的知识分子家庭。十四岁，他进入当时得风气之先的南开中学学习。中学毕业后，又考入清华大学经济学系，从此开始了他一生与经济学的难解之缘。戴世光学习非常努力，大学一毕业，就因为成绩优异，依据清华大学“大学四年，学习成绩平均分数在八十分以上，得以升入经济研究院研究”的规定，进入清华大学经济研究院研究“社会、经济统计方法应用问题”。研究院里几年的研究生涯奠定了他此后专攻统计学的基石。三年后，他又考取清华公费留美生，到美国学习“国情普查统计”门，也就是“人口、农业、工业、商业等普查资料的统计整理方法、技术研究”。

1937年，戴世光在美国哥伦比亚大学商学院研究经济统计学，写出《美国人口预测》论文。1937—1938年，去美国、英国、法国、德国和印度等国国情普查局（或中央统计局）调查、实习，从事国情普查统计研究工作。1938—1952年，在西南联合大学经济学系、清华大学国情普查研究所，清华大学、辅仁大学经济学系任统计学教授。1952年由清华大学调中央财经学院，1953年又调中国人民大学统计系，历任教授、人口科学研究国际协会会员、中国统计学会副会长等职，并任中国统计学会顾问和《中国大百科全书·经济学》编辑委员会委员。1981年被推选为国际统计学会会员，1982年被吸收为人口科学研究国际协会会员。

主要学术活动和著述有：二十世纪40年代在统计调查的基础上，曾发表过几十篇统计调查报告和论文。40年代末，提出在中国实行“社会革命、工业革命和人口革命”的呼吁。1956—1966年，按照苏联统计理论观点写过一些论文。70年代着有：《世界各国人口政策》（1976年）、《战后美国人口问题》《世界人口统计简编》《资本主义国家经济统计指标基本知识》《战后法国人口问题》《半封建半殖民地中国人口问题的分析》。80年代又着有《国民收入统计方法论》《外国政府统计工作若干经验》等。

逝世于1999年8月1日，享年91岁。

图2-7-2　端木正

五、端木正

端木正（1920—2006），安徽省安庆人，回族，字昭定，号翼天，回族教名易卜拉欣。1942年毕业于武汉大学政治系。1943年考入清华大学研究院法学研究所，成为该所国际法组研究生，1947年获清华大学法学硕士学位，并留校任教，同年考取赴法留学公费生，于1948年赴法。1950年获法国巴黎大学法学博士学位，1951年获得巴黎大学高级国际法研究所毕业文凭，同年进入华北人民革命大学政治研究班学习。

端木正 1951 年参加工作，先后执教于岭南大学和中山大学，并任北京外交学院、中国政法大学、浙江大学等数所高等学府的兼职教授。1980 年，端木正筹备恢复中山大学法律学系，任复办后首任系主任，中山大学法学所首任所长，中国法学会顾问、中国国际法学会顾问、中国法国史研究会名誉会长，在法学、历史学、政治学等方面造诣深厚。1993 年，端木正任国际常设仲裁法院（海牙）仲裁员，1985 年被全国人大任命为香港特别行政区基本法起草委员会委员，参与了《中华人民共和国香港特别行政区基本法》的制定。1990—2000 年任最高人民法院副院长。此外，端木正还曾任人大代表，全国政协委员，民主同盟中央常委等职。

端木正先后出版译、著书 20 种（个人或集体），国内外发表文章和译文多篇，是享有盛誉的国际法专家。他的著作或译著主要有:《法国革命，1789—1799》（[法]索布尔着）、《拿破仑时代》（[法]乔治·勒费弗尔着）《世界简史》《法国史研究文选》《端木正文萃》《法国大革命辞典》（主编）、《国际法》（主编）等。

端木正逝世后，官方对其的评价是："端木正同志的一生是革命的一生、追求的一生、奉献的一生，他的逝世使我们党失去了一位肝胆相照、荣辱与共的好朋友，使人民法院失去了一位好法官、好领导，使法学界失去了一位大师和楷模，使教育界失去了一位好导师。"

端木正 1953 年 3 月加入中国民主同盟。2006 年 11 月 28 日因突发性心脏病医治无效在广州逝世，享年 86 岁。

图2-7-3　龚祥瑞

六、龚祥瑞

龚祥瑞（1911—1996），浙江宁波人。1929 年被保送进入上海沪江大学生物学系学习，1931 年转入清华大学法学院政治系，1935 年通过留美公费生考试，1936 年赴英留学。1938 年获英国伦敦政经学院政治学硕士学位，1939 年获法国巴黎大学

图2-7-4　龚祥瑞与北大法律系77级毕业生合影，其中人物分别是：前排从左至右为姜明安、龚祥瑞、陈兴良、王建平，后排从左至右为陶景洲、刘凤鸣、李启家、王绍光、李克强

法学院比较法研究所法学博士学位（因“二战”爆发，未发证书）。回国后在西南联合大学、重庆中央青年干部学校、重庆中央大学、北京大学任教。1954 年以后长期担任北京大学法律系教授，直至逝世。

作为一名资深的政治学家与公法学家，龚祥瑞先生一生自始至终牵挂着祖国的民主法治建设，并且积极参与其中。龚祥瑞先生早年忙碌于中国的文官制度建设，晚年则将领域拓展到中国的宪政与法治进程，并用尽心血培养了一大批宪法学与行政法学方面的人才。现任中央政治局常委、国务院副总理李克强，著名行政法学家姜明安都曾是龚祥瑞先生的得意门生。

龚祥瑞先生的着（译）作主要有：《欧美员吏制度》（1934 年，与楼邦彦合著）、《西方国家的司法制度》（1980 年，与罗豪才、吴撷英合著）、《文官制度》（1985 年）、《比较宪法与行政法》（1985/2003 年）、《法与宪法近论》（1992 年）、《宪政的理想与现实——宪法与宪政研究文集》（1995 年）、《法与宪法》（1997 年，[英]W. Ivor. 詹宁斯原著，龚祥瑞、侯健译，贺卫方校）。

七、韩克信

韩克信（1912— ），河南沈丘人，1937 年毕业于清华大学法学院经济学系，毕生从事国际贸易研究与工作。

韩克信出身于河南沈丘县城的小职员家庭，幼年值中国军阀混战时期，家乡当地匪患猖獗，求学读书极为困难。在父亲的努力与坚持下，他转移于各地私塾就读，幼年主要攻读《三字经》《论语》《孟子》等。14 岁时进入县高小读书。16 岁去淮阳考取河南省立三中（初中）之后，1929 年毕业，以成绩第一名得以免试保送入开封河南大学预科（高中）。1932 年远去上海，报考清华大学，考试失败，仍回河南大学就读。

1934 年，韩克信在河南大学就读经济系二年级时，因参与编辑《今日周刊》，发表《论法西斯的本质》社论，批评蒋介石主张在中国仿效实行的法西斯统治。刊物一出，立被查封。韩克信为避缉查，远去北平。时清华和北大均招经济系二年级转学生。韩克信经过考试，获得两校的录取，并选择了清华。在韩克信后来的回忆文章中，他一生对母校清华充满了感激。

韩克信在 1934 年进入清华大学法学院经济系就读，专心攻读陈岱孙教授讲授的经济思想史等课程，并在清华教授的指导下努力提高早年所学的英文、俄文和日文，水平均有很大提高。在清华所取得的这些进步，成为韩克信以后在国外工作和数十年从事国际贸易研究的基础。

曾任贵州省普安、独山等县合作金库经理，华北对外贸易管理局研究室副科长，驻波兰大使馆商务参赞副秘书；对外贸易部行情研究所处长、国际贸易研究所研究员、第三世界研究室副主任；曾参加中国国际贸易学会、中国金融学会、中国国际金融学会各种学术讨论会等。自 1980 年起积极在公开和内部刊物上撰文，力主改革开放。

1990 年，韩克信将 10 年间发表的文章集为《现代国际经济和贸易问题》一书，并奉献予母校清华图书馆。

八、靳文翰

靳文翰（1912—），河南开封人，1935 年毕业于清华法学院政治学系级，同年考入清华研究院，1939 年考取第七届中英庚款留学考试，专研行政法，后成为著名历史学家。

吴宓和靳文翰的父亲都是清光绪丁酉年的拔贡，吴宓谦称自己是靳文翰的学友。抗战后清华迁校，为了弘扬清华精神，靳文翰曾于1938年，与王万福、唐宝鑫、徐步墀、索天章、李振麟、孟昭彝等人创建贵阳清华中学，并把清华中学当成当年的清华学堂来办，在中华民族最危险的时候，将母校清华的教育理念、救国思想传播到了贵阳。清华中学现今仍然存在。

靳文翰于1947年回国后，执教于圣约翰大学，后来在复旦大学历史系执教，编有《世界历史词典》。

图2-7-5　李侠文

九、李侠文

李侠文（1914—2010），广东中山人，1937年毕业于清华大学法学院经济学系，著名爱国报人，大公报名誉董事长、前总编辑。

李侠文1914年出生于广东中山，幼年就读私塾，稍长赴穗，考进岭南附中，1933年考入清华大学。1938年抗战初期进入香港大公报工作。太平洋战事爆发后，李侠文随报而迁，由港而桂、由桂而渝，战后由渝赴沪，再返回香港负责编务，并担任报社领导工作。1948年去港参与复刊大公报，并任职总编辑，1988年出任大公报董事长。在大公报服务超过半个世纪。

在逾半个世纪的报人生涯中，李侠文撰文以千篇计，其立论精辟，富有文采，在香港新闻文化界享有盛誉。他平日喜读文史，偶作旧体诗，并以书画自娱。

李侠文年轻时便投身爱国新闻事业，在大公报服务的半个世纪中，不论环境如何困难复杂，爱国立场始终不变，为宣传祖国建设成就、团结香港各界人士起到了重要作用。

李侠文先生历任第五、六、七、八、九届全国政协委员，中国新闻社理事会理事等职。

2010年1月12日，李侠文先生因病在香港玛丽医院逝世，终年96岁。

十、李增德

李增德（1917— ），浙江杭县人，1940 毕业于清华大学法学院经济学系，著名翻译家。

李增德于 1934 年考入清华大学，1940 年毕业后深入缅甸腊戍参战，1941 年回到昆明，1941—1944 年在缅甸中国银行任职，1945 年赴美威斯康星大学、密苏里大学研究院进修，后获硕士学位。1947 年任职上海中国银行国外部，从事编译工作。1949 年任中国银行北京总行经济研究室研究员；1951 年曾赴苏联、捷克、丹麦等国，为筹备莫斯科国际经济会议从事组织翻译工作。1952 年于中国国际贸易促进委员会任翻译兼联络，曾服务于维也纳世界和平理事会；为周恩来、郭沫若及沈雁冰等人当翻译。

1961 年任安徽财贸学院教授，1988 退休，后出任蚌埠演达外国语学校名誉校长，蚌埠清大校友会名誉主席。

李增德长期从事翻译工作，发表大量译作，在英译汉方面，曾翻译过《中国经济管理体制改革问题》《中国产业结构》《中国资本主义的萌芽》《租赁》《乔·罗宾逊的经济增长理论》等，1988 年曾受联合国国际劳工组织委托，主编《合作经济管理词汇》（英汉对照）。在汉译英方面，他翻译的《中国人民群众参加科学教育文化事业概况、前景和经验》一文系中国社会科学经济研究所副主任徐绳武在联合国的发言稿，由巴黎联合国教科文组织印发；另有《中国经济管理体制改革问题》《中国产业结构》《中国资本主义的萌芽》等书，是国内知名专家的著作或讲稿。其成就已经收入《中国翻译家辞典》。

十一、梁方仲

梁方仲（1908—1970），广东省番禺县（今广州市）人，1930 年毕业于清华大学法学院经济学系，1933 年毕业于清华研究院经济所，著名的中国经济史学家、明清史学家，特别是在明代财政史方面，更是多所创见，成绩斐然，被国

图2-7-6　梁方仲

内外史学界誉为研究“明代赋役制度的世界权威”。也是中国社会经济史学的奠基者之一。

梁方仲先生原名梁嘉官，笔名方翁、方仲、畏人。出身于书香世家，梁方仲的父亲梁广照是清代广东十三行天宝行商梁经国的四世孙（前三代分别是翰林和举人），光绪二十六年（1900）至宣统二年（1910）先任清政府的法部刑部典狱司主事、宥恤司司副、举叙司员外郎等职。因此梁方仲小时入私塾读四书五经，奠定了良好的国学基础。后来在辛亥革命，特别是“五四”新文化运动的影响下，不满于封建的传统教育，热烈追求新学。

1922 年夏，梁方仲说服家长，与弟嘉彬先后到北京读新书。梁方仲初入北平汇文小学读三年级；1923 年一月入北平萃文中学读初中，九月转入北平崇实中学读初中三年级，1925 年九月考入天津南开中学读高中。1926 年夏梁方仲跳级考入清华大学农学系，1927 年九月转读西洋文学系，1928 年秋转读经济系，1930 年毕业，同年九月考入清华大学研究院攻读硕士研究生，1933 年冬毕业。此期间先生主修财政学，专攻明代田赋史，撰写《明代田赋制度》硕士论文。1933 年冬毕业，获经济学硕士学位，随即任职于中央研究院社会科学研究所经济史组，开始了他研究中国社会经济史的学术生涯。

1934 年，梁方仲与吴晗等人成立“史学研究会”，在天津《益世报》和南京《中央日报》开辟《史学》副刊，编辑出版《中国社会经济史研究集刊》，这是中国第一份以“社会经济史”命名的刊物。1937 年 6 月，被日本学者称为“少壮学者”的梁方仲，受研究所长陶孟和派赴日本作为期一年的学术考察研究。因“七・七”事变发生，他谢绝日本学者挽留，于 8 月中旬回国，同人民共赴国难，坚持社会经济史研究。

1943 年先生赴美国考察，被聘为哈佛大学经济史研究员，时美国哈佛燕京学社提供科研资助奖金的包括陈寅恪、闻一多、梁方仲等 10 名著名学者。1946 年入伦敦大学政治经济学院从事研究工作，在此期间，以中国代表团成员之一的身份，出席联合国教科文组织第一次大会。1947 年回国，任中央研究院社会研究所研究员，次年任代理所长。

1948 年 9 月，解放军南下，中央研究院长朱家骅秉承蒋介石的

意旨，命令全院各所作迁往台湾的准备，并将各所的书刊资料先期迁运上海。但梁方仲敢于违抗朱家骅的命令，组织全所十多个研究人员拒绝迁往上海，留在南京等待解放。

1949 年，应岭南大学邀请，任岭南大学经济系教授兼系主任。1952 年岭南大学撤销之后，被聘为中山大学历史系二级教授，兼任中山大学校务委员会委员和广州市政协委员。

梁方仲著有《明代田赋初制定额年代小考》《明代鱼鳞图册》《一条鞭法》《明代粮长制度》《中国历代户口、田地、田赋统计》等中国社会经济史著作，这些著作具有资料翔实、释证严谨、论断中肯、富于创见和不断开拓的特点。

十二、楼邦彦

楼邦彦（1912—1979），笔名硕人，浙江鄞县人。1934 年毕业于清华大学法学院政治系，1936 年考取第四届中英庚子赔款公费生名额，赴英国伦敦政经学院留学。1939 年回国，任西南联合大学政治学系副教授。之后曾担任武汉大学、中央大学、北京大学政治学系教授。1949 年后，先后担任北京大学、北京政法学院（今中国政法大学）教授，北京司法局副局长、九三学社社员，并曾当选第二届全国政协委员。1957 年被错划为右派分子，直到逝世之年（1979 年）才得以平反。

楼邦彦长期受业于著名宪法学家、政治学家钱端升先生，留学英伦期间又受到拉斯基（Harold Joseph Laski）教授等顶尖政治学家的学术指导。作为清华和伦敦政经学院的“双料”校友，他与龚祥瑞、王铁崖等知名法学家也一直保持着紧密的学术联系。

楼邦彦长期从事政治学和法学的研究工作，其主要研究领域为行政法和宪法。主要作品包括：《欧美员吏制度》（1934 年）、《各国地方政治制度：法兰西篇》（1942 年）、《不列颠自治领》（1944 年）、《南斯拉夫新宪典》（1948 年）、《中华人民共和国宪法基本知识》（1955 年）等。

十三、楼福卿

楼福卿（1908—1989），曾用名介繁，浙江宁波人，生于上海，1929 年毕业于清华大学法学院经济学系，是著名的国际金融专家。

楼福卿曾先后担任清华大学经济系助教，上海章华毛绒纺织厂会计员，上海中国银行总管理处总账室办事员，北平中国银行、上海中国银行总管理处储蓄部襄理兼营业主任。抗日战争时期，任中国银行驻香港办事处储蓄部襄理，中国银行驻印度尼西亚雅加达经理处副经理。1947 年任英国伦敦中国银行副经理。1950 年 1 月 8 日作为中国银行伦敦分行副经理，组织全体职工联名致电中国银行总管理处，接受新中国政府领导。后历任中国银行董事会常务董事、中国银行伦敦分行经理、中国银行顾问。第四、第五、第六、第七届全国政协委员。

1989 年 12 月 20 日在北京逝世。

十四、罗应荣①

罗应荣（1918—1971），1918 年生于广东兴宁县城西通书罗屋。自幼读书勤奋过人。1931 年赴广州升学，1934 年毕业于圣心中学初中（今广州市第三中学），1937 年夏毕业于广雅中学高中，因抗日军兴滞留家居一年。1938 年夏考入西南联合大学法学院政治学系，辗转奔波负笈昆明，1942 年 7 月毕业，获法学士学位，旋即考入清华大学法科研究所国际法组为研究生，师从闽侯邵循恪教授攻读，成绩斐然。1946 年 5 月以《中蒙边界问题》论文获法学硕士学位。在西南联大八年，深得名师张奚若、钱端升、陈序经、吴之椿等教授赞赏，与同窗五华钟一均、安徽端木正等友善相得。

1945 年 9 月至 1946 年 7 月任云南大学政治学系讲师，1946 年 9 月至 1947 年 12 月任广州岭南大学历史政治学系讲师。后来考取洛克菲洛基金会的资助，1948 年 1 月到美国西雅图城华盛顿州立大学留学，一年以后转到加州大学伯克利分校，师从知名学者汉斯・凯尔森攻读国际法。

之后，他接受了马克思主义并向往共产主义革命。1950 年 6 月朝鲜战争开始。尽管在研究生班的课上成绩优异，罗应荣没有完成他的博士学位。他排除多方困难，于 1951 年 1 月毅然回国，赴北京入华北人民革命大学政治研究院，学习马克思列宁主义、毛泽东思想。他的专业是国际法，他希望能进入新政府的外交部工作，未成。1951

① 罗应荣的小传由李峰同学整理。

年 11 月毕业，分配任岭南大学历史政治学系副教授，1952 年 9 月参加广东省司法改革运动。1952 年 10 月院系调整改任中山大学政法学系副教授，1953 年 4 月调入历史学系，仍继续从事“中俄蒙外交关系”之研究，所收集资料之多，见解之精，为同行所重视，时有论文发表于《光明日报》等报刊。

1957 年夏反右斗争扩大化后，被划为“右派分子”，受到不公正待遇，到农村“监督劳动”两年。1966 年“文革”开始，因“殴打红卫兵”的“反革命罪”被判刑 5 年。在采石场“劳改”被打伤后脑，得不到医治，于 1971 年 11 月病逝于广州。1976 年 10 月“四人帮”被除，拨乱反正，1978 年 10 月获改正，1979 年 4 月广东省高级人民法院撤销省军管会错判，恢复政治名誉，骨灰移葬广州银河公墓。

罗应荣的妻子钱蕴若，无锡人，毕业于辅仁大学英文系，是著名文史学者钱钟书的堂妹。育有两女，长女罗英，次女罗嘉。

十五、邵循恪[①]

邵循恪（1911—1975），字恭甫，福建福州人。邵循恪生于清政府覆亡、民国初建的动荡时期，家道中落，幼年由“四书”启蒙，后于 1926 年就读于北平清华大学，与兄邵循正（著名历史学家）同就学于政治学系，是清华大学政治学系始建后的第一批学子。1930 年，邵循恪就读于清华研究院法科政治研究所，并于 1933 年成为此院首批毕业生，后因成绩优异遣送留美，研究国际关系及国际法，获得芝加哥大学博士学位。

抗日战争开始之后，邵循恪于 1939 年归国受聘于西南联大，任法商学院政治系教授，开设《国际公法判例》等课程，与其他教授一起培养出陈体强、端木正等著名法学家。在教书育人期间，邵循恪仍为抗战救国不懈奔走，曾任昆明宪政讨论会研究委员会委员，并在《当代评论》周刊撰文讨论时政，多次参与西南联大、昆明广播电台、中国国际同志会等多个组织举办的国际关系问题讲座，发表《第二次世界大战与国际法》《国际和平组织的过去与未来》等演讲，为民众重拾理性与信心。抗日战争结束之后，邵循恪任清华大学法学院政治学

① 参见王振民主编 :《法意清华》，19 页。

系兼法律学系教授，也曾在武汉大学任教。

作为一名政治学家及国际法学家，邵循恪为中国的政治学及国际法学作出了开创性的贡献。他将国际法的研究与时局紧密结合，并在对西方民主国家的歌颂浪潮中敢于提出与大多数学者不同的观点，在抗战的激情中不忘保持理性和冷静，实为难得。其著述主要有《国际法上的情势变迁主义》（*The Clausula Rebus sic Stantibus*）（英文，1934 年），《最近欧洲疆界问题》（1939 年）等。

十六、邵循正

邵循正，中国历史学家，字心恒。1909 年 11 月 21 日生于福建侯官（今福州市）。1924 年入福州英华书院，1926 年入福州协和大学。同年秋入北平国立清华大学政治学系，1930 年毕业，同年入清华大学研究院，在蒋廷黻指导下专攻中国近代史。所着硕士学位论文《中法越南关系始末》二十余万字，被选刊于清华大学研究院毕业论文丛刊。1933 年获清华大学研究院史学硕士学位。

1934 年初赴欧洲留学，改习蒙古史。在法国巴黎法兰西学院东方语言学院师从著名汉学家伯希和攻蒙古史，学习古波斯文；次年转入德国柏林大学继续研究蒙古史。1936 年由法回国，被聘为清华大学历史学系讲师，讲授蒙古文。“七·七”事变后，随校南迁赴长沙临时大学、昆明西南联合大学任历史学系专任讲师、副教授、教授，担任“蒙古史”“元史”“清史”“波斯文”和“中国近代史”“中国近代史史料学”诸课，还为研究生开过“蒙古史研究”“西方学者对中国史地之研究”等课。1945 年秋应英国文化委员会之聘，与陈寅恪、洪谦、孙毓棠、沈有鼎联袂赴英，任牛津大学访问教授，研究蒙古史。并到比利时布鲁塞尔大学和鲁汶大学做短期讲学。1946 年冬归国，回清华大学任教。1950 年任清华大学历史学系主任。1952 年院系调整，任北京大学历史系教授、中国近代史教研室主任，兼中国科学院第三历史研究所（即今中国社会科学院近代史研究所）研究员，1952 年至 1958 年任该所史料编辑室主任。与中央民族学院翁独健、南京大学韩儒林为国内“蒙元史三巨擘”。1956 年先生与翁独健、韩儒林作为中华人民共和国蒙古史专家代表赴莫斯科，拟定由蒙、中、苏三国历史学家合作编写《蒙古通史》的研究计划，促进了国际学术文化交流。“文化大革命”期间，邵循正身体倍受摧残，却仍抱病主持点校《元史》，在劳悴中于1972年4月27日逝世。

邵循正先生是全国政治协商会议第三、第四届全国委员会委员，并担任全国政协文史资料委员会委员。

邵循正先生的著作有：《中法越南关系始末》，与翦伯赞、胡华合著有《中国历史概要》，与陈庆华合著有《中国史纲要》第四册，《盛宣怀未刊信稿》，其学术论文已编入《邵循正历史论文集》；主持编辑和出版了《中法战争》（七册）、《中日战争》（七册）两套大型资料图书；同时他积极推动和组织编辑《近代史料笔记丛刊》，自己率先校注出版了梁廷枏的《夷氛闻记》（中华书局1959年出版）；选编《中俄关系历史资料选辑》(1964年2月,《历史研究》编辑部印)；发表了《我国南沙群岛的主权不容侵犯》（载1956年6月5日《人民日报》）、《西沙群岛是中国的领土》（载1956年7月8日《人民日报》）和《两千年来中日人民的友好关系》（载1955年9月5日《人民日报》）等文章。

十七、孙碧奇

孙碧奇（1908—1986），号璧琦，浙江奉化人，1929年毕业于清华大学法学院经济学系，后入美国斯坦福大学，获硕士学位。

毕业后，曾任立法院统计处科员。后成为外交官，1931年任中华民国驻旧金山总领事馆主事、随习领事、副领事，1940年任驻吉隆坡领事馆副领事、领事。1946年任中华民国驻菲律宾公使馆一等秘书，1950年任“驻泰大使馆参事”，“外交部”秘书处，“行政院”对外事务协调委员会执行秘书。

1958年后再度回到驻旧金山“总领馆”,任“副领事”“额外领事”。1966年，出任“中华民国驻牙买加大使兼驻巴巴多斯大使”，1968—1971年，任“中华民国驻菲律宾大使”。亚银理事年会“中华民国代表团顾问”。1972年返台。

1986年2月10日在休斯敦逝世。

十八、王秉厚

王秉厚（1910—1992），江苏扬州人，1932年毕业于清华大学法学院经济学系。

王秉厚先后就读于扬州五师附小、省立八中、南京一中，中学毕业后入清华大学经济系就读，曾任清华大学经济系助教。后去美国哥伦比亚大学研读经济学，获博士学位，1946 年到联合国秘书处工作，任纽约联合国秘书处专员，直到 1978 年退休。1978 年退休后，负责纽约华侨子弟祖国文化教育事宜。王秉厚一直关心祖国教育事宜，曾捐助扬州中学并设立奖学金，在清华经济管理学院捐助设立“陈岱孙经济学奖学金”。

1992 年殁于纽约。

十九、王赣愚

王赣愚（1906—1997），原名王家茂，字贡予，祖籍江西南城，生于福建福州。1925 年考入清华大学法学院政治学系，1929 年毕业参加公费留美考试，被选派到美国哈佛大学留学，获政治学硕士和博士学位，旋即又赴英国伦敦大学和德国柏林大学短期进修、访问。1933 年底回国，于南京中央政治学院任教授。1935 年起任教南开大学，1937 年南开大学遭日军轰炸，王赣愚随校南迁昆明，后被熊庆来校长聘为云南大学教授。1941 年又返西南联大政治系任教，直至 1946 年联大结束。1946 年应聘到美国华盛顿州立大学政治系、远东系执教，1949 年任南开大学财经学院院长，1952 年院系调整后任经济系教授，1985 年后任国际经济系教授。

作为一名著名学者，王赣愚长期潜心于政治学和经济学两个领域的教学研究工作，并有较深的造诣。在不同时期，他关注的学科也有所不同。新中国成立前，他基本上侧重于政治学领域，新中国建立后，政治系被取消，他转向于经济学的教学和研究工作。其主要著作有：《中国的政治改进》（1941 年）、《民治独裁和战争》（1941 年）、《新政治观》（1946 年）、《民治新论》（1946 年）、《政治经济学史》。他还撰写了小册子《西德新自由主义》和长文《经济成长阶段论》，以及《我国宪法草案的人民民主性质》《资本国际化与跨国公司》《国际经济法初探》等。

二十、王铁崖

王铁崖（1913—2003），原名庆纯，号石蒂，出生于福建省福州市。1929 年考入上海复旦大学西语系，后改入政治系学习。1931 年转入清华大学法学院政治系，1933年本科毕业，以优异成绩保送进入清华大学研究院，攻读国际法。1936年获得法学硕士学位，并通过中美庚款留学考试。1937年赴英国伦敦政治经济学院留学，研究国际法。1939年，王铁崖满怀报国热忱回国，后历任武汉大学、中央大学、北京大学教授，中国政法大学、外交学院、南开大学兼任教授，中国社会科学院法学所研究院，北京大学国际法研究所所长。

图2-7-7 王铁崖

王铁崖长期从事国际法和国际关系的教学和研究工作，呼吁重视国际法的教学。1979年在北大创立全国第一个国际法专业，招收第一批国际法本科生。1980年倡议并协助创建中国国际法学会并任副会长，自1991年起任会长。1982年同陈体强教授共同创办《中国国际法年刊》并任主编。

作为中国当代杰出的国际法学家，王铁崖在国外赢得了崇高荣誉。1981年当选为国际法研究院副院士，并从1987年当选为正式院士；1983年被聘为加拿大国际法理事会咨询理事；1987年被选为世界艺术与科学院院士，同年还被选为亚洲学会理事会国际理事。1988年被“建立国际刑事法院基金会”授予“著名国际法学者”名誉奖状。此外，还担任《海洋管理与国际法》编委会委员和《亚洲国际法年刊》顾问。1993年当选常设国际仲裁法院仲裁员。1997年5月当选为前南斯拉夫国际刑事法庭法官，同年底赴海牙上任。

王铁崖著作等身，有多篇专著、论文和译著。1933年以来，发表有《在华领事裁判制度》《租借地问题》《条约与国内法的冲突》《联合国与国际法》等论文；主编有《国际法》教科书；撰有《新约研究》《战争与条约》《中国与国际法——历史与当代》（英文）、《国际法引论》等专题论著；编纂有《中外旧约章汇编》（3卷）、《海洋法资料汇编》等资料十几种；主要译著有《国际法原理》（凯尔森着）、《奥本海国际法》等。

王铁崖于20世纪50年代初参加中国民主同盟，1983年参加中国共产党。2003年1月12日，王铁崖在北京辞世，享年90岁。

二十一、巫宝三

巫宝三（1905—1999），原名巫味苏，江苏省句容县马庄桥人，1932年毕业于清华法学院经济学系，中国著名经济学家。

巫宝三于1927年考入南京中央大学，1929年转入清华大学，1932年毕业于清华大学法学院经济系，同年入南开大学经济学院，1933年经过同学汤象龙介绍，进入陶孟和主持的北平社会调查所从事研究工作，1934年并入中央研究院社会科学研究所。

1936—1938年巫宝三被中央研究院派往美国哈佛大学学习，师从著名教授柏拉克学习农业经济理论，曾听过熊彼特主讲经济理论课，1938年在硕士毕业同时，通过博士学位初试，准备的博士论文题目是“农业国家经济发展理论”。

1938—1939年在德国柏林大学进修。抗战胜利后，1947—1948年，巫宝三接受罗氏基金资助，再度赴美进修，完成博士学位论文《中国资本形成与消费支出（1933）》，随后回国，一直任职于社科院经济所。

中华人民共和国成立后，历任中国科学院经济研究所研究员兼副所长、代理所长、经济思想史研究室主任，现任中国社会科学院经济研究所研究员、顾问、学术委员会委员、《经济研究》编辑委员会顾问、研究生院教授，北京大学兼任教授，中国经济思想史学会副会长，外国经济学说研究会副理事长，中国民主促进会中央常委，中国人民政治协商会议全国委员会委员，北京市政协副主席。他还担任《中国大百科全书·经济学》编辑委员会委员。

巫宝三一生致力于经济学理论的研究，他学贯中西，学识渊博，著作甚丰。早期主要从事中国农业经济问题和西方经济学说的研究，他于1941年发表的《农业与经济变动》一文曾获杨铨社会科学研究奖。文中分析了在工业化国家和农业占主导地位的国家中，农业在国民经济中的不同地位及影响。1942年起，又从事中国国民收入的研究，1945年，他出版了《国民所得概论》一书，1947年出版了由他主编的《中国国民所得（1933）》（上、下册）一书，这是中国研究本国国民收入的第一部著作。得到国内外学术界的很高评价，在联合国编制的各国国民收入统计材料中，关于中国部分，亦参考此书。

50年代以后，巫宝三主要致力于中国经济思想史的研究，1959年与他人合编出版了《中国近代经济思想与经济政策资料选辑（1840—1864）》。巫宝三的主要著作还有：《中西古代经济思想比较研究绪论》（1983）、《先秦租赋思想的探讨》（1985）、《司马迁“法自然”的经济思想》（1985）、《管子经济思想研究》（1986）。此外，1985年还出版了由他主编的《中国经济思想史论》专题论文集和《中国经济思想史资料选辑（先秦部分）》。

主要译著有：P. 斯拉法的《用商品生产商品》。

巫宝三在经济理论研究中，一贯重视联系实际，在早期的西方经济理论研究中，他主要不是作一般的介绍和阐述，而是着眼于研究中国的经济问题。在中国经济思想史的研究中，他强调要从编辑经济思想资料入手，在详细占有第一手资料的基础上，对思想家的经济思想逐个进行专题研究，然后再在进行综合系统的研究的基础上，编写出有关各个时期的专著。这反映了他的脚踏实地、严肃认真的治学精神。为了充分论述中国经济思想史的特点，丰富经济学说通史的内容，把经济思想史的研究，在广度和深度上推向前进。他提倡进行中西经济思想的比较研究，主张批判地吸取西方经济理论中有用的因素，以适应我国经济改革与社会主义经济理论建设的需要，为此他十分强调学术研究中的创新精神。他认为创新是科学研究的生命，没有新见解、新发现，科学研究就停滞了，但创新必须建立在求实的基础上，必须实事求是，才能站得住，才会有说服力。本着这种精神，他对经济学界某些尚待解决的问题，提出了自己的新见解和新的论证，充分体现了他的求实精神与创新精神的结合。

1999年2月1日在京去世，享年94岁。

二十二、熊应栋

熊应栋（1913—1999），湖南澧县（今津市）人，1939年毕业于清华大学法学院经济学系。

1934年从长沙明德中学毕业，考入清华大学经济系，先后与姚依林、洪同、李崇淮、苏先勤、陈宝仁、徐萱等同窗共读。时值日寇入侵，民族危亡之际，熊万分痛恨，立志走实业救国之路，为刷洗民族耻辱和振兴中华贡献力量。

1939年，清华大学毕业，获法学学士学位，即进入昆明中央机器厂工作，随后受聘于中美飞机制造公司。次年，熊应栋入选高等考试院，任国家考试委员会襄试委员。之后，被分配到国民政府会计局工作。1943年，熊应栋进入永利银行，任副总稽核，在此期间，熊与中共地下工作者张潘川等人过从甚密，常利用公开身份，为其筹措资金，传递情报。1949年8月，津市和平解放。熊经中共地下工作者于天荫介绍，返乡入津市市军管会领导下的津市市人民银行从事接收工作。

1949年12月，熊应栋应邀赴西安任大华纺织厂副经理，同时被任命为西安市人民政府委员。他主持制订大华纺织厂生产经营计划，付诸实施后取得显著效益，受到军政首长彭德怀、习仲勋、赵伯平、贾拓夫的赞许。其时，印度驻华大使到厂参观后也大加赞赏。1957年，熊被任命为西安市工业局副局长、西安市轻工局副局长。20世纪60年代初，在全国人大会上，熊与其他代表就有关三门峡水库建设提出议案，受到周恩来总理的重视，并指示有关部门连夜召集会议研究解决。“文化大革命”开始后，熊应栋受冲击，被关进“牛棚”。

粉碎“四人帮”后，熊应栋于1977年复出，先后应栋担任陕西省政协副主席。不久，当选为陕西省工商联副主委、全国工商业联合会副主席，民主建国会陕西省委员会主任委员、民建中央常委。1980年后，熊历任陕西省第五、六、七届人大常委会副主任。他还是全国人大一届至七届的代表。

熊应栋于1999年12月病逝于西安，享年86岁。

二十三、徐毓楠

徐毓楠（1913—1958），江苏无锡人，1935年毕业于清华大学法学院经济学系，著名经济学家。

徐毓楠从清华经济系毕业后曾留学英国，获得英国剑桥大学博士。后返国，1942年任西南联大经济系教授，1946年在燕京大学兼课，1952年任教北大。

年轻教授徐毓楠是当时公认在经济学研究上极有天赋的学者之一，他翻译的凯恩斯所著《就业利息和货币通论》（徐毓楠译为《通论》)，是经典的传世译文。1956 年“大鸣大放”时期，徐毓楠联合陈振汉等六位经济学家，发表《我们对当前经济科学的意见》，批评当时的马克思主义政治经济学是教条主义、国家经济工作中有很大的缺点，后遭到批判。

1958 年，徐毓楠病逝。他的过早逝世曾经震动中国经济学界，陈岱孙等人对此深感悲痛，并一生介怀。

二十四、严中平

严中平（1909—1991），江苏安东（今涟水）人，1936 年毕业于清华大学法学院经济学系，中国经济史学家。

严中平于 1936 年在清华毕业后到中央研究院社会科学研究所工作。1947 年赴英国进修。1950 年回国，任社会学研究所研究员。1953 年任中国科学院经济研究所研究员、副所长。1982 年后任中国社会科学院经济研究所研究员、顾问，并任全国经济学团体联合会顾问、中国历史学会理事，中国经济史学会会长等职。他曾被选为第三届全国人民代表大会代表，第五、第六届中国人民政治协商会议全国委员会委员，并曾任政协文史资料研究委员会经济组副组长。

严中平对中国经济史颇有研究，先后撰有《中国棉业之发展》《老殖民主义史话》等著作，合著《上海棉纺织工人状况》。其中，严中平于 1942 年写成《中国棉业之发展》一书，分析了中国工业资本主义在半殖民地半封建社会中发展的条件和状况，得出中国资本主义不可能顺利发展的结论。这一著作于 1955 年修订再版，改书名为《中国棉纺织史稿》。1966 年日本人依田喜家将此书译为日文出版，书名为《中国近代产业发展史》。1958 年，严中平还与民主德国科学院院士 J. 库钦斯基合写有《上海纺织工人状况》一书。

二十五、杨联陞[①]

杨联陞（1914 年 7 月 26 日—1990 年 11 月 16 日），字莲生，原籍浙江绍兴，生于河北清苑（保定）。国际知名的汉学大师、史学家，胡适称其为最渊博的学人，著名学者余英时即是杨氏得意门生。

① 杨联陞的小传由李峰同学整理。

图2-7-8　杨联陞

先生在保定上初级中学，成绩优异，后到北京，考入师大附中。1933 年同时考取了清华大学经济系和北京大学中文系，由于家庭的期望，最终选择了清华。在大学学习期间，受教于陈寅恪和陶希圣两先生，发愤专攻中国经济史，先后在《食货》半月刊和《清华学报》发表《唐代高利贷及债务人的家庭连带责任》和《东汉的豪族》等关于汉唐两代社会经济史方面的论文。先生关于汉代和唐代社会经济的文章，当时很有影响。

卢沟桥事变前夕，清华学生左右派分野鲜明，先生因功课好，政治上又属于中间偏右，一时左右派学生都拥护他，被选为学生会主席。1937 年毕业于清华大学经济系，陈寅恪指导完成毕业论文《租庸调到两税法》。1940 年经挚友周一良推荐，就哈佛大学贾德讷（C.S.Gardner）博士之聘赴美，一面协助其进行研究工作，一面在哈佛就读。太平洋战争爆发后，协助赵元任先生在哈佛大学陆军特别训练班讲授中文，在教学上初露才华，以钻研语法受赵先生赏识，成为其得力助手。1942 年，获哈佛大学硕士学位。1946 年，以毕业论文《晋书·食货志译注》获哈佛大学博士学位。

1947 年，任哈佛大学远东语言文学系（后改称东亚语言及文化系）助教授，1951 年任副教授，1952 年出版《中国的货币与信用》，1958 年任教授，1959 年当选为台湾“中央研究院”院士，1961 年入美国籍。1962 年应法日两国之邀，先后分别赴法国法兰西学院及日本京都大学讲学，在巴黎曾用法文做公开讲演。1965 年获哈佛燕京中国历史讲座教授称号。1970 年至 1976 年相继获得美国圣路易华盛顿大学与中国香港中文大学名誉文学博士。1974 年获法国铭刻与文学学院德卢恩奖。1980 年在哈佛大学退休并荣膺荣誉退休教授。1990 年 11 月 16 日在美国麻州阿灵顿寓所安眠中去世，享年 76 岁。

先生从经济史入手，兼治文史，与胡适论学谈诗二十年，交情深厚，互相唱和，终身以师礼尊之。胡适预立遗嘱时，指定杨为其英文著作的整理人。

先生以学术批评的严厉著称，在美国学界有“汉学警察”之称。担任过多年《哈佛亚洲学报》编委会编委及新竹《清华学报》主编。除数百篇论文与书评之外，他结集成书的英文论著有《中国史专题讲授提纲》(1950)、《中国货币与信贷简史》(1952)、《中国制度史研究》(1962)、《汉学散策》(1969)、《国史探微》(中译本，台湾联经出版事业公司，1983)，与赵元任先生合编过《国语字典》(1947)，《论学谈诗二十年——胡适杨联陞往来书札》等。另外有十八篇中文论文，编为《杨联陞论文集》(中国社会科学出版社，1992)。

先生学养深邃，惜四十多岁后患抑郁症，每一二年即发作一次，故虽寿至高年，论者仍有千古文章未尽才之叹。

诗曰：剑桥岁月未蹉跎，铁幕周郎可奈何。汉学西洋称警察，如公堪继伯希和。

二十六、俞国华

图2-7-9　俞国华

俞国华(1914—2000)，浙江奉化人。少年时曾与蒋经国在锦溪小学同过学，后就读于效实中学、上海光华大学、北平清华大学，1934年作为优等生毕业于清华大学法学院政治学系，先后任职于军事委员会委员长南昌、武昌及重庆行营。1936年起任委员长侍从室秘书，历经西安事变、两广事变及抗日战争。1942年随蒋介石访问印度，翌年又随蒋介石出席开罗会议。1944年到美国哈佛大学主修经济学，1946年转赴英国伦敦政治经济学院继续从事经济研究。1947年夏天结束学术研究后，赴美出任国际复兴开发银行(即世界银行)副执行董事。1951年改任国际货币基金会副执行董事。1955年到台湾，任“中央信托局”局长，致力于发展外贸工作。1961年调任台湾“中国银行”董事长兼“中国产物保险公司”董事长。1967

年12月出任“财政部长”。1969年当选为国民党中央委员，同年转任“中央银行”总裁。1977年又兼任“行政院经济建设委员会”主任委员。1979年后任国民党中常委，进入中枢决策核心。在国民党高层派系中，为“官邸元老派”头面人物。曾参与主持20世纪70年代台湾经济建设规划设计，协助蒋经国调整经济发展战略，推展10项建设，对台湾经济起飞颇多建树。1984年6月由蒋经国提名任“行政院”院长，1989年5月辞职，由李焕接任，6月1日被聘为“总统府”资政。2000年10月4日，俞国华因前淋巴球性白血病在台北荣民总医院去世，享年86岁。

先生从政台湾期间，对台湾经济的发展、产业的升级以及人民生活水平的提高作出了重要的贡献，例如证券交易制度的建立、赋税制度的改革、央行调节金融的工具与制度的建立、经济自由化、国际化和制度化的推动等，是台湾地区关键性的重要政治人物。

俞国华先生晚年曾追忆清华园求学情景，在文集中自述：“在我脑海中，永远留着难以忘却的清华园生活：美丽的校园，宏伟的建筑，优良的仪器，丰富的藏书，成千成百的同学浓重向学的风尚，夏夜漫步校园，冬天踏雪上课，一幕幕的情景，重复在脑海中。……终觉的清华园的生活最为愉快，也是最值得留念的一段。”可见其对北京清华园的生活记忆犹新，感情深厚。

二十七、袁家麟

袁家麟（1914—？），河南项城人，袁世凯之孙，1936年毕业于清华大学法学院经济学系。

袁家麟先后获得清华大学法学学士、美哥伦比亚大学工商管理硕士学位，先后任职于全国经委会、交通部、经济部、物资局秘书，财政部税务署、中央信托局、中央银行等机构；并曾任教于上海交大和香港新亚书院。

1949年后赴美，并于1982年创立了北加州清华校友会（THAA-NC），成立的宗旨在于联络母校和校友，至今仍发挥重要的作用。

二十八、曾炳钧

曾炳钧（1904.6.14—1994.5.9），别号仲刚，祖籍四川泸县，三岁丧父，家境趋紧。先生奋发向上，于 1926 年进入清华大学政治学系，成为清华政治学系第一级毕业同学；并于 1934 年考取清华公费留美，为第二届留美公费生，赴美学习研究经济及政治学，先入伊利诺伊州立大学，以“英美预算制度”的硕士论文结业，获硕士学位；而后入哥伦比亚大学学习，师从 L.Rogers，并经导师引荐加入威尔逊学会，以“中日冲突在英国议会中的反映”的博士论文结业，获哥伦比亚大学博士学位。

图2-7-10　曾炳钧照片（照片由曾尔恕教授提供）

1941 年先生学成之时，正值山河破碎之时，东瀛疯狂轰炸我国重庆。先生毅然放弃在美国供职机会，接受地下党委托，作为中方唯一代表，押运挪威货船 S.S.Gunny 号，将一船新型战斗机带回祖国。至解放前，先生历任云南大学政治经济系教授、重庆国民政府经济部参事、武汉大学教授兼政治系主任、清华大学教授兼政治系主任、《清华学报》编辑、北京大学兼任教授。

家事国事天下事事事关心，先生于书桌之前，亦热忱于国家时事。1928 年“济南惨案”发生之后，先生与冯友兰等人发起组织了“济案后援会”，后发展成为“清华大学边疆问题研究会”。1947 年，先生与金克木、韩德培等六人在上海《观察》上发表《我们对于当前学潮的看法》，呼吁停止内战，恢复和谈，谋求统一；并且被推选担任教授善后委员会主席，营救参与反饥饿、反内战运动的学生。

新中国成立后，先生被调入北京政法学院，与吴恩裕教授、戴克光教授、严景耀教授（雷洁琼先生之夫）并称“北京政法学院四大教授”，1954 年分配至国家与法教研室准备财政法讲义，1956 年担任国家与法的历史教研室主任，全程参加彼时集体编写讲义。先生重视参加社会调查实践，曾兼任董必武同志领导的中国法学会筹备会委员，1966 年赴广西参加过四清运动。在历次运动中，先生虽受到批判，但仍傲然而立，坚守信仰。1979 年，中国政法大学复建，先生担任法制史专业导师组组长，虽早已过古稀之年，先生仍事必躬亲，严格治学。

先生笔耕不辍，着有时评、论文以及译著多篇，并不时参加演讲。新中国成立前，先生曾在《新经济》半月刊上发表论文《人治与法治》《学术与政治》(1942年);在英文中国年鉴上发表论文《中国战时的工业和商业管制》(1943年)；在《经济建设季刊》上发表书评《评罗滨汉斯教授的经济计划与国际经济》(1943年)；1943—1944年在武汉大学发表过演讲“宪政与图强”“二十年后的中国”。此外先生还着有《魏玛宪政时期德国的经济复兴》《英国的财务管理：预算控制》(英文)、《在放任主义与全盘社会主义计划之间》(英文)、《评柯尔的经济政策未来十年展望》《评拉斯基的美国的民主》等专论和书评。新中国成立后，先生亦著述甚丰，如主编《中国法制史》，翻译《当代世界政治理论》当代政治理论等，并于“运动”期间发表时评多篇。

二十九、张天开

张天开(1911—？)，广东省梅县人，1933年毕业于清华大学法学院经济学系，著名的劳工问题专家。

张天开于1933年获得清华大学法学学士后，通过庚款留英考试，后获得英国伦敦大学哲学博士学位。毕业后长期任职国民党官办劳工部门。历任社会部工检处副处长，台湾省劳工保险管理委员会专任委员，日内瓦“国际劳工局”局长特别助理，中国文化大学社会科学院院长、劳工关系学系系主任、劳工研究所所长、劳动教授协进会理事长。

三十、邹文海

邹文海(1908—1970)，字景苏，1908年2月10日生于无锡县泰伯乡(今硕放)竹桥头。

1920年，邹文海毕业于城内东林小学，同年秋，考入江阴南菁中学，由于他聪颖好学，校长董伯豪先生十分器重，亲自授以英文。1926年毕业后考入清华大学政治学系，1930年毕业。因成绩优异留校任助教，后于1935年被保送留学英国，入伦敦政治经济学院，师从拉斯基和怀纳等专攻西洋政治思想与制度。在英国伦敦期间，他每天至大英博物馆研读，曾六个月无一日缺席。

图2-7-11　邹文海

1937年夏，邹文海因国家多难而放弃学业，自英返国，途经法国、比利时、德国、波兰、苏联诸国，沿路考察各国政情民意。归国后，他抱着“教育救国”的理想，历任上海私立沪清中学校长、国立湖南大学教授、江苏省立江苏学院政治系主任兼教务主任、国立厦门大学教授、国立暨南大学教务长及法学院院长、国立政治大学教授等职。

1949年，邹文海去往台湾，初在花莲的测量学校任教，后任台湾省立行政专科学校教务主任及改制后的法商学院（今中兴大学）教授。1955年，政治大学在台湾复校，邹文海被聘任教授，并先后兼任副教务长、教务长、政治学系主任、法学院院长及政治研究所主任等职。

1970年1月5日，邹文海因肺癌在台北病逝，终年62岁。

邹文海学识渊博，著述甚丰。主要著作有《自由与权力》《比较宪法》《各国政府与政治》《西洋政治思想史稿》《政治学》《代议政治》等，后来辑成《邹文海先生政治科学文集》问世。

邹文海过世后，长女捐出邹文海遗著和学生募集，成立奖学基金，以纪念先人。该基金在台湾地区与邹文海家乡江苏无锡设立“邹文海奖学金”，用以嘉奖优秀学子。

附录

附录一 1909—1929 法政学生概况

姓名	字号	生卒年	籍贯	求学经历
1909 考选留美学生				
唐悦良	公度	1888—1956	广东中山	教育——B.A.(Yale)'13 政治——M.A.(Princeton)'15 详见第一辑第三章第三节"外交列传"
1910 考选留美学生				
何竣业	文彬		江苏嘉定	政治——B.A.(Wabash)'17 M.A.(Chicago)'18
胡 适	适之	1891—1962	安徽绩溪	政治——A.B. (Cornell) '14 哲学——Ph.D. (Columbia) '16 北京大学教授兼文学院长、上海公学校长、驻美大使、北京大学校长、"光复大陆设计委员会"副主任委员、"中央研究院"院长
胡继贤	孟愚	1890—?	广东番禺	政治，经济，普通文科——B.A. (Univ. of Mich.) '14 南京审计部审计兼第三厅厅长
刘寰伟	寰伟	1891—1982	广东台山	政治经济——B.A.(Cornell)'14 土木工程——C.E. (Ibid)'15 军事工程——Graduate (U.S.Amry Sevice Sch.) '16 清华大学、上海圣约翰大学、大同大学、市立工业专科学校、同济大学等校任教；天津水利委员会测量技师、上海华侨教育委员会总务秘书及沪杭甬铁路产业课课长；1930 年代后期至 1959 经营"刘氏药局"
1911 考选留美学生				
王 赓	受庆	1895—1942	江苏无锡	历史，政治，经济——B.Litt (Princeton) '15 详见第一辑第三章第五节"军事列传"
司徒尧	尚一		广东开平	宪政——B.A. (Cornell) '15；Ph.D. (Ibid) '17 香港广东省银行香港分行经理
徐 光	子明		江苏宜兴	政治——B.A. (Wisconsin) '12 法律——Ph.D. (Heidellery) '16

续表

姓名	字号	生卒年	籍贯	求学经历
梁基泰			广东番禺	政治——B.A.(Wisconsin)'14 M.A.(Columbia)'16 南京实业部商标局服务
柴春林	东生		甘肃皋兰	政治——B.A.(Wisconsin)'15 鲁豫区统税局局长
陆守经	达权	1881—1946	江苏青浦	政治——B.A.(Wisconsin)'14 详见第一辑第三章第四节“司法列传”
张国辉	光甫	1893—1968	福建邵武	经济,历史——B.A.(Mich.)'14 法律——L.L.B.A.M.(Columbia)'16; J.D.(Chicago)'17 详见第一辑第三章第四节“司法列传”
张福运	景文	1890—1983	山东福山	法律，经济——A.B.(Harvard)'14; LL.B.(Ibid)'17 详见第一辑第三章第二节“政经列传”
陈嘉助	绶荃		湖南湘阴	政治,经济——B.S.(Columbia)'15; M.A.(Ibid)'16 上海国立交通大学训育长
黄宗法	约三		安徽无为	法学，经济——L.L.B.(Univ.of Mich.)'17; J.S.D.(N.Y.U.)'17 详见第一辑第三章第四节“司法列传”
陆懋德	泳沂	1885—?	山东历城	政治——B.A.(Wisconsin)'13 教育——M.A.(Ohio State)'14 北平师范大学历史系主任、清华大学、辅仁大学、西北师范学院教授；西安临时大学、西北联合大学、西北大学历史系教授、系主任；陕西省立师专史地科教授
邓宗瀛	中莹	1892—?	江西高安	政治——A.B.(Wisconsin)'14; M.A.(Columbia)'16 详见第一辑第三章第三节“外交列传”
卫挺生	琛甫	1890—1977	湖北枣阳	文理——(Michigan) 政治经济——A.B.(Harvard)'16 银行财政——M.B.A.(Harvard)'18 详见第一辑第三章第二节“政经列传”
谭齐蓁	万陶		四川荣经	政治——B.A.(Univ. of Mich.)'15 经济——M.A.(Ibid)'16
1911 选派幼年学生				
李　达	宏章		江苏吴县	政治经济——A.B.(Harvard)'20; M.A.(Ibid)'21 汉口中央银行经理

续表

姓名	字号	生卒年	籍贯	求学经历
陈宏振	君毅		福建	政治经济——（Philips Exeter Academy）；（Harvard） 上海财政部监务稽核总所
薛学海	汇东	1898—?	江苏无锡	政治经济——B.A.（Univ. of Wisconsin）;（Columbia）;（Phlips Andover） 无锡商会执行委员，无锡豫康纱厂整理委员会，庆丰豫康等厂董事
1912 留美预备部毕业学生				
何　穆			广东番禺	政治——Ph.B.（Chicago）
余文燦	育三		广东台山	经济——Ph.B.（Chicago）'16　法律——L.L.B.（Harvard）'19 上海 Hamilton House 三楼经济委员会任职，北京大学任教
马国骥	邵良		江苏青浦	政治——M.A.（Harvard）'15 国定税则委员会委员
徐也箴			福建闽侯	历史政治——Litt B.（Princeton）'17; M.A.（Columbia）'19　法律——（Columbia） 上海广东路 51 路飞运公司服务
1913 留美预备部毕业学生				
余日宣	日宣	1890—1958	湖北蒲圻	政治——M.A.（Princeton）'17;（Wisconsin）　文科——B.A.（武昌文华大学）'11　政治及教育——（Columbia） 详见第一辑第三章第一节“教者列传”
余曹济	寿沧		浙江海宁	经济——（Univ. of Penn.）　商法——（Law Sch. Chica.） 开封四省农民银行行长
杨永清	惠庆	1891—1956	浙江镇海	政治，公法——M.A.（Washington）'19　法律——L.L.B.（Washington）'18 详见第一辑第三章第一节“教者列传”
鲍明钤			浙江余姚	政治——B.A.（Yale）'18; M.A.（Johns Hopkins）'18 Ph.D.（Harvard）'21 详见第一辑第三章第一节“教者列传”

续表

姓名	字号	生卒年	籍贯	求学经历
1914 留美预备部毕业学生				
金岳霖	龙荪	1895—1984	湖南长沙	政治——B.S. (Univ. of Penn.) '17; PhD. (Columbia) '21 清华大学哲学系主任和文学院院长、北京大学哲学系教授和系主任、西南联大哲学系教授；中国科学院和中国社会科学院哲学研究所研究员和副所长；中国科学院哲学社会科学部学部委员、中国逻辑学会会长
黄凤华	威伯		广东四会	政治——Ph.D.（Columbia）
戴恩赛		1896—1955	广东五华	法律——A.M.（Columbia）'15 详见第一辑第三章第二节“政经列传”
1915 留美预备部放洋学生				
何孝元	达峰		福建闽侯	政治——B.A.(Columbia)'17　法律——J.D.(Chicago) 上海宁波路 109 号正明法律事务所任职 详见第一辑第三章第一节“教者列传”
何傑才	其伟	1894—1969	江苏上海	政治——B.A.(Yale); M.A.(Harvard); (Columbia) 详见第一辑第三章第二节“政经列传”
洪锡麟	启文		安徽婺源	政治——B.A.; M.A.; Ph.D.（Brown Univ.） 上海市政府公安局科长
钟可成	振锡		广东梅县	政治——B.A.（Reed Col.）'17· 上海四川路中国营业公司服务
1916 留美预备部放洋学生				
黄　华	叔巍		广东东莞	政治经济——B.A.（Dartmouth）'18　法学——L.L.B.（Harvard）'21 上海市政治公安局服务
赵　泉	鉴康		河北苏县	政治——B.S.（Wesleyan）'18　法律——B.S.（Genior） 平津执行律师职务
1916 专科男生同学				
燕树棠	召亭	1891—1984	河北定县	法律——(Harvard); LLM(Columbia)'17; JD(Yale)'19 详见第一辑第三章第一节“教者列传”

续表

姓名	字号	生卒年	籍贯	求学经历
1917 留美预备部放洋学生				
向哲濬	明思	1892—1987	湖南宁乡	法律经济——Litt.B.（Yale）'20; B.J.（Yale Law Sch.）'23 详见第一辑第三章第四节“司法列传”
泰振鹏	凌九	1894—?	河北滦县	政治——B.A.(Bowdoin)'19; M.A.(Harvard)'21 全国经济委员会工程处秘书
彭尧祥			广东南海	国际公法——B.S.(Maimi)'21; M.A.(Columbia)'22; Ph.D.（Ibid）'25
1918 留美预备部放洋学生				
汪世铭（心渠）	佩之	1896 1977	安徽桐城	军事，政治——A.B.(Virginia)'20; M.A.(Columbia)'21 详见第一辑第三章第五节“军事列传”
谢实添			广东南海	政治——（Dartmouth Col.）
1918 专科男生同学				
康时敏			江苏南汇	法律——L.L.B.(北洋)'17; L.L.M.(Columbia)'19; J.D.（Yale）'27
1919 预备部留美放洋学生				
孙浩烜	宇刚	1898—?	江苏崇明	政治——Ph.B.（Chicago）'21　法律——J.D.（Chicago）'23 大夏大学法学院院长
华秀升	秀升	1895—1954	云南通海	政治经济——B.A.(Missouri)'21; M.A.(Florida)'22 详见第一辑第三章第一节“教者列传”
乔万选	子青		山西徐沟	政治——B.A.（Wisconsin）'21; M.A.（Columbia）'22; Ph.D.（Ibid）'26
钱端升		1900—1990	上海	政治——B.A.（North Dakota）'20; M.A.（Harvard）'22; Ph.D.（Ibid）'24 详见第一辑第三章第一节“教者列传”
谢保樵	实潮	1896—?	广东南海	经济——B.A.（Johns Hopkins）'20; 政治——Ph.D.（Ibid）'23 详见第一辑第三章第二节“政经列传”
严继光	佐兴		云南大理	政治——B.A.（Stanford Univ.）'20 南京实业部总务司司长、东陆大学教授

续表

姓名	字号	生卒年	籍贯	求学经历
1920 留美预备部放洋学生				
甘介侯		1896—1984	江苏宝山	政治——B.A.（Wisconsin）'22; A.M.（Harvard）'23; Ph.D.（Ibid）'26 详见第一辑第三章第三节“外交列传”
李赓昌	炳飏	1898—?	河北天津	政治，经济——A.B.（Indiana）'22; M.A.（Columbia）'23 天津开滦矿务局北平分局经理
李耀慈	叔扬		河北天津	政治经济——B.A.（Johns Hopkins）'23 南京训练总监部服务
施宗岳			广东鹤山	国际公法——B.A.(Johns Hopkins); M.A.(Columbia) 苏浙皖统税处副处长
陈复光	勋仲			政治经济——A.B.(Harvard)'22; M.A.(Ibid)'23 详见第一辑第三章第一节“教者列传”
游嘉穀	畀吾		江西乐安	政治——B.A.（Harvard）
杨宗翰	伯屏	1901—1992	江苏镇江	政治——A.B.（Harvard）'24 北京大学、辅仁大学、四川大学、山东大学、河南大学、香港大学教授，国立北平师范大学名誉教授；中德学会的中方会长
杨光泩		1900—1942	浙江湖州	政治经济——B.A.(Colorado);M.A.(Princeton); 国际公法——Ph.D.（ Princeton）'24 详见第一辑第三章第三节“外交列传”
刘世芳		1901—?	浙江镇海	法律——AB（Oberlin）'21; LLB.（Yale）'24 Research Fellow（Goettingen, Berlin&Grenoble Uni）'24-'26 详见第一辑第三章第四节“司法列传”
刘师舜	琴五	1900—1996	江西宜丰	国际公法——A.B.（Johns Hopkins）'21; A.M.（Harvard）'23; Ph.D.（Columbia）'25 详见第一辑第三章第三节“外交列传”
刘驭万	子君	1896—1966	湖北宜昌	国际公法——B.A.(Oberlin)'21; M.A.(Wisconsin)'22 政治——（Sch of Social Research Harvard） 详见第一辑第三章第三节“外交列传”

续表

姓名	字号	生卒年	籍贯	求学经历
卢廷英	子才	1898—?	河北清苑	政治史及国际公法——B.A.（Columbia）'23; M.A.（Ibid）'25;（London Univ.） 国民政府外交部情报司科员
萧公权		1897—?1981	江西泰和	政治——A.B.（Wisconsin）'22; A.M.（Ibid）'23; Ph.D.（Cornell）'26 详见第一辑第三章第一节“教者列传”
1921 留美预备部放洋学生				
沈乃正	仲端	1899—?	浙江嘉兴	国际公法——A.B.（Indiana）'23; M.A.（Harvard）'24; Ph.D.（Ibid）'27 详见第一辑第三章第一节“教者列传”
沈　良	仲芬		浙江嘉兴	经济法律——（Indiana Butler Col.）
吴国桢	时之	1903—1984	湖北建始	历史，政治——B.A.（Grinnel）'23; M.A.（Princeton）'24; Ph.D.（Princeton）'26 详见第一辑第三章第二节“政经列传”
姚永励	叔高	1900—?	浙江绍兴	政治经济——B.A.（Yale）'24　法律——J.D.（Chicago）'26 详见第一辑第三章第四节“司法列传”
段茂澜	观海	1899—1980	安徽合肥	法国文学——B.Sc.（N.Y.U.）'23; 政治经济——M.A.（Columbia）'24; Ph.D.（Ibid）'28 详见第一辑第三章第三节“外交列传”
浦薛凤	狄生	1900—1997	江苏常熟	政治——B.A.（Hamline）'23;M.A.（Harvard）'25 详见第一辑第三章第二节“政经列传”
黄博文	约礼		广东台山	化学工程——B.A.（Ohio）'22　国际公法——A.M.（Columbia）'23 商——M.B.A.（Harvard）'25
区沛玫	兆荣		广东番禺	法律——Ph.B.（Chicago）'23; J.D.（Ibid）'25 上海市九江路 31 号财政部驻沪办事处服务
1922 留美预备部放洋学生				
王际真	稚臣	1899—?	山东桓台	政治——B.A.（Wisconsin）'24 纽约艺术博物馆（Metropolitan Museum of Art）东方部，哥伦比亚大学东方系 / 中文系。最先将《红楼梦》译为英文者

续表

姓名	字号	生卒年	籍贯	求学经历
何　标	少薇		广西	商科——B.S.(New York Univ.)'25; M.B.A.(Ibid)'26 政治——M.A.(Columbia)'27 广州燕塘军事政治学校政训处处长
时昭瀛	怡清	1905—1958	湖北枝江	国际法——B.A.(Minesota)'24; M.A.(Minesota)'25 详见第一辑第三章第三节"外交列传"
张　睿	建民		河南新蔡	政治，经济，法律——B.A.(Cornell); M.A.(Northwestern)
黄卓凡（卓繁）	劲秋		广东梅县	政治经济——B.A.(Yale)'24　英国文学—— Graduate(Yale)'24-'25 南京立法院编译处专员
程德谞	少夔		江苏江宁	政治，工商管理——A.B.(Grinell Col.)'24; M.A.(Columbia)'25 复旦大学、大同大学教授
曾锡珪		1899—1966	河北沔阳	军事——B.A.(V.M.I)　政治——M.A.(Columbia) 详见第一辑第三章第五节"军事列传"
赵锡麟	仁溥	1900—1979	四川荣经	政治——A.B.(Reed College)'24; M.A. (Columbia)'25; Ph.D.(Johns Hopkins)'31 详见第一辑第三章第二节"政经列传"
罗隆基	努生	1896—1965	江西安福	政治——B.A.(Wisconsin)'24; Ph.D.(Columbia)'28; M.A.(Ibid)'25 详见第一辑第三章第二节"政经列传"
1923 留美预备部放洋学生				
王化成		1903—1965	江苏丹徒	国际法——B.A.(Minesota)'24; Ph.D.(Univ. of Chicago)'24 详见第一辑第三章第三节"外交列传"
王世富	善赏		新疆迪化	国际法——B.A.(Wisconsin)'25 详见第一辑第三章第一节"教者列传"
李迪俊	涤镜	1901—?	湖北黄梅	政治经济——B.A.(Wisconsin)'25; M.A.(Ibid)'26;Ph.D.(Ibid)'29 详见第一辑第三章第三节"外交列传"
张忠绂		1901—1977	湖北武昌	政治——A.B.(Wash Univ.)'24; M.A.(Harvard); Ph.D.(Johns Hopkins) 详见第一辑第三章第三节"外交列传"

续表

姓名	字号	生卒年	籍贯	求 学 经 历
沈麟玉	公瑞	1902—?	江苏吴县	政治与经济——B.A.（Oberlin）'25 商业管理——M.B.A.（Harvard）'27 上海中央银行经济研究出协纂
吴之松	鹤龄		湖北江陵	会计学——B.A.（Wisconsin）'26 政治学——（Harvard）
胡道维		1898—?	湖北枝江	政治—— Ph.D.（Princeton） 北京大学、清华大学政治系、北京女子师范学院经济组教授；北京市政府参事，中华教育总会委员；《武汉英文日报社》社长兼总编辑；汪伪政府外交部美洲司司长，汪伪政府宪政实施委员会委员
翟　桓	毅夫		安徽芜湖	政治——B.A.（Beloit Col.）'25 详见第一辑第三章第二节"政经列传"
潘白坚（敏）			湖南湘乡	政治——A.B.(Wm.& Mary Col.)'25; M.A.(Columbia)'26 详见第一辑第三章第五节"军事列传"
1923专科男生同学				
石　颎			广东藤县	法律——L.L.M.（Mich. Univ.）; J.S.D.（Yale）'25 在上海执事法律职务
1924留美预备部放洋学生				
王思蕃	季侯		四川成都	政治——B.A.（Stanford）'26
吴祥骏			浙江嘉兴	政治——Ph.B.(Wisconsin)'26; M.A.(Columbia)'27 杭州浙赣铁路局
胡敦元		1902—1975	浙江杭县	政治——B.A.(Wisconsin)'27; M.A.(Columbia)'29 北京外贸学院教授；中华人民共和国外贸部任职
梁朝威		1900—1975	广东开平	政治——B.A.（Stanford）'26; Ph.D.（Johns Hopkins）'30 详见第一辑第三章第二节"政经列传"
冀朝鼎		1903—1963	山西汾阳	法律;外交——Ph.B.（Chicago）; J.D.（Ibid）'28 详见第一辑第三章第二节"政经列传"
徐永煐		1902—1968	江西龙南	经济——B.A.（Stanford）'27 法律——（Univ. of Chicago） 详见第一辑第三章第三节"外交列传"

续表

姓名	字号	生卒年	籍贯	求学经历
高荫棠			广东 新会	政治——A.B.（Williams）'26; A.M.（Columbia）'27; Ph.D.（Ibid）'31 南京立法院编修
黄培坤		1900— ?	广东 台山	政治——B.A.（Wash）'26　国际公法——硕士（Penn.） 立法院专员
梅汝璈	亚轩	1904— 1973	江西 南昌	经济——B.A.（Stanford）'26 法律——J.D.（Chicago）'28 详见第一辑第三章第四节“司法列传”
潘大逵		1902— 1991	四川 开县	政治——B.A.（Stanford）'27 详见第一辑第三章第一节“教者列传”
苏益信			河北 交河	政治——B.A.（Wisconsin）'26; Ph.D.（Columbia）'28
1925 留美预备部放洋学生				
王造时		1903— 1971	江西 安福	政治——B.A.（Wisconsin）'27; M.A.（Ibid）'28; Ph.D.（Ibid）'30; 研究院（Chicago）;（London） 详见第一辑第三章第二节“政经列传”
曹寿昌 （炽丞）		1905— ?	山东 惠民	市政——B.A.（Univ. of Wash.）'27 政治学说——M.A.（Chicago）'29 汽车工程——C.A.E.（Greer Col.）'28 广州市交通管理处处长
陶贞元	子固		云南 昆明	商业管理；政治——（Univ. of Washington）
彭文应		1904— 1962	江西 安福	政治——B.A.（Wisconsin）'27; M.A.（Columbia）'28 详见第一辑第三章第二节“政经列传”
贾幼惠		1902— ?	陕西 韩城	历史，政治——B.A.（Stanford）'27　军事政治——M.A.（Stanford） 财政部税警总团炮兵营营长
1925 专科男生学生				
曾友豪		1900— ?	广东 梅县	历史政治——L.L.D.（Johns Hopkins）; Ph.D.（Columbia）'28 详见第一辑第三章第四节“司法列传”

续表

姓名	字号	生卒年	籍贯	求学经历
1926 留美预备部放洋学生				
史国刚			江苏溧阳	国际公法——（Harvard）
包华国		1902—1963	四川成都	政治学——B.A.（Stanford）'30; M.A.（Stanford）'31 详见第一辑第三章第二节"政经列传"
林同济		1906—1980	福建福州	政治——B.A.（Univ. of Mich.）'28; M.A.（California）'29; Ph.D.（California）'34 详见第一辑第三章第一节"教者列传"
金通艺	游六		江苏宝山	政治——M.A.（Harvard）'30 光华大学政治系讲师
徐敦璋	元奉	1904—?	四川垫江	经济——B.A.（Wisconsin）'28; M.A.（Wisconsin）; Ph.D.（Wisconsin）'31 国际法——瑞士日内瓦大学国际法研究院 四川大学法学院兼政经系主任，燕京大学教授，北京政法学院教授
梁思忠		1907—1932	广东新会	政治——（Univ. of Wisconsin） 陆军——（U.S. Field Artillery Sch.） 详见第一辑第三章第五节"军事列传"
张国安			安徽合肥	政治（Yale） 齐鲁大学教授
张葆恒	宝恒	1905—?	广东东莞	经济——A.B.（Stanford）'28 法律——J.D.（Chicago）'30 文学——（London） 国立中山大学英国语言文学系主任，香港新亚（书院）研究所教务长
崔钟秀		?—1951	山西沁源	政治——B.A.（Illinois）'30 1930 年代任教哈佛大学，1941 年回国，初为中央大学教授，后调任上海作协翻译，1951 年逝。
杨昌龄			江苏无锡	政治——（Harvard） 江苏阜宁淮南税警大队部大队长
刘家骐	驷群		上海	政治——A.B.（Wisconsin）'30; M.A.（Ibid）'31 南京外交部欧美司

续表

姓名	字号	生卒年	籍贯	求学经历
1927 留美预备部毕业学生				
朱都范（进夫）	晋夫	1906—?	湖南长沙	政治——B.A.（Wisconsin）'29 国际法与国际关系——M.A.（Columbia） 南京军政部秘书
向理润	泽荪	1907—?	四川金堂	政治——B.A.（Wisconsin）'29; M.A.（Wisconsin）'30 Ph.D.（Wisconsin）'32 南京军事委员会委员长广州行营第二厅少将组长，南京中央军校政治主任教官，西康省政府教育厅代理厅长
沈惟泰	岱如	1906—?	江苏嘉定	政治，外交——B.A.（Columbia）'29; M.A.（Ibid）'30; Ph.D.（Columbia）'32 外交部专员
张启贤			云南通海	经济——B.A.（Wisconsin）'29 政治——M.A.（Wisconsin）'30; Ph.D.（Wisconsin）'32 南京外交部情报司编译专员及英文中国年鉴社总编辑
陈洋溢		1905—?	福建龙溪	政治——B.A.（Oberlin）'29; 商科——M.B.A.（Univ. of Penn.）'30 上海税专第一分校注册组组长
翟　楚	晋夫	1903—?	安徽泾县	教育——B.A.（Stanford）'29 法律——J.D.（Northwestern）'32 立法院编译处专员，湖南大学国际法教授
缪经田		1906—?	安徽巢县	政治——B.A.（Ohio State）'29 政治，行政管理——M.A.（Harvard） 江西省农业院总务主任
1928 留美预备部毕业学生				
王季高		1905—?	湖南常德	政治——B.A.（Ohio State）'30 政治思想——M.A.（Chicago）'31 政治制度——Ph.D.（Columbia）'34 中央大学教授
何义均			湖南礼县	政治——A.B.（Stanford）'30 南京中央大学
张汇文	叔海	1905—1986	山东临朐	政治——A.B.（Stanford）'29; M.A.; Ph.D.（Ibid） 详见第一辑第三章第一节“教者列传”

续表

姓名	字号	生卒年	籍贯	求学经历
张彝鼎		1904—?	山西灵石	国际公法——Ph.B.(Chicago)'29　政治学——M.A.(Chicago)'30; Ph.D.(Columbia)'33 详见第一辑第三章第二节“政经列传”
陈之迈		1908—1978	广东番禺	History——A.B.(Ohio State)　Public Law——Ph.D.(Columbia)'33 详见第一辑第三章第三节“外交列传”
燕　夔	絜人	1905—?	江西南昌	政治——B.A.(Univ. of Calif.)'30; M.B.A.(Ibid)'33
谌志远			贵州织金	政治——B.A.(Stanford)'30 大夏大学教授
1929留美预备部毕业学生				
李德明			浙江吴兴	政治——B.A.(Illinois)'31
吴志毅			江西南昌	政治——B.A.(Stanford)'31; M.A.(Ibid)'31
凌均吉			四川宜宾	政治——B.A.(Wisconsin)'31 四川大学教授
邹邦梁	君任	1907—?	江西高安	政治——B.A.(Stanford)'31 云南大学文法学院政治系
郑家颐	仲和		福建闽侯	法律——B.A.(Swarthmore)'31
苏宗固	重威	1907—?	江苏苏州	国际法——B.A.(Illinois)'31; 政治——M.A.(Columbia)'32
1909—1936津贴生				
邱昌渭	毅吾	1898—1956	湖南沅州	政治——A.B.(Pomona)'23; M.A.(Columbia)'24; Ph.D.(Ibid)'28 东北大学、北京大学、清华大学、中山大学教授；国民政府外交部秘书，广西省政府教育厅厅长，中央设计局副秘书长，第四届国民参政会参政员，立法院立法委员；“总统府”顾问，“行政院设计委员会”委员，国民党中央委员会设计委员，“光复大陆设计研究委员会”秘书长

续表

姓名	字号	生卒年	籍贯	求 学 经 历
秀惕凡（警洲）		1897—?	江苏崇明	政治学——M.A.（Wisconsin）'22 外交部科长
韦卓民	作民	1888—1976	广东中山	政治哲学——B.A.（文华）'11; M.A.（文华）'15; A.M.（Harvard）'19; Hon. D.C.L.（南方）'27　比较伦理——Ph.D.（London）'29 文华大学训育主任、教授，私立华中大学教务长、副校长、校长，华中师范学院教授，全国基督教反帝爱国、三自革新运动委员会领导人之一
张博文			山东临朐	政治——B.A.（Park College）'24; M.A.（Kansas）'26 道清铁路材料课长
陆幹臣		1897—1963	浙江吴兴	政治学——M.A.　社会学 全国青年协会干事，中华基督教青年会全国协会市会组干事、主任，曾任麦伦中学和东吴大学董事长多年
曹伯权		1892—?	江苏川沙	政治——B.A.（Oberlin）'18 江苏高邮县县长
潘健卿	家鹤		江苏吴县	法律——B.S.（金陵大学）; M.A.（Columbia）; L.L.B.（Cumberland） 私立江苏女子职业中学校校长，东吴大学教授
1909—1936 肄业生				
石作章	璱玫	1903—?	山西忻县	政治——B.A.（山西大学） 太远新云中学会计兼教员
池宝善			上海	外交政治——M.A.（Univ. of Wash.）'16
林？庆	荣庆		江苏南京	法律——J.B.（北洋大学）　政治　经济 律师
姚纯（克让）	晰端		山西沁源	法学士——（日本明治大学）
张李华芳		1905—?	四川南充	政治——（清华）
冯宝仁	善荄		广东鹤山	法政——B.A.（东吴）'25 上海商务印书馆总管理处推广科服务

续表

姓名	字号	生卒年	籍贯	求学经历
郑思祖			江苏镇江	政治学 实业部商业司办事员
邓继镃	时生		湖北荆县	法政——（国立法政专门毕业） 北平地方法院检察处书记官
罗集谊	浩然		陕西扶风	政治经济——B.A.（日本民治大学）'21 北平中国大学讲师

附录二　1929—1952年清华法学院毕业生名单

一、1929—1952年清华法学院本科毕业生名单（不含联大期间联大学籍者）

1929年毕业名单（政治22，经济10）[①]

政治

张企泰　张景琨　章　熊　陈晓钟　许孟雄　赖世珍　李克长
李述庚　梁嗣模　刘信芳　罗兴林　宋益清　戴克光　汤象龙
曾炳均　汪家曾　王赣愚　吴作民　杨汝金　朱定山　钟一帆
杨光宗

经济

张江泉　程毓岐　谢兆芬　刘心铨　孙碧奇　王堃藩　吴庆宣
吴祖光　楼福卿　陈长济

1930年毕业名单（政治19，经济24）[②]

政治

赵德洁　周胤之　郭宣霖　刘大白　沈汝直　张德昌　蒋中和
姜书阁　冯家藩　谢子敦　邵循正　邵循恪　邹文海　吴益斋
杨润玉　司徒尹衡　杜朝馥　张毓鹏　杨迺庚

经济

陈晓钟[③]　冯鹤龄　徐曰智　张企恭　章宗传　赵　夔　陈仲秀
周　勉　邢必信　徐学易　黄廷鉴　黄玉佳　郭可詠　梁方仲
马全鳌　曹曾禄　崔自新　王元照　吴志翔　姚　巽　张近恒
龚邦佐　林沅藩　刘炜俊

---

① 《清华大学史料选编》第二卷（下），782～784页。
② 《清华大学史料选编》第二卷（下），790～792页。
③ 曾于1929年六月在政治学系毕业。

1931年毕业名单（政治21，经济36）[①]

政治

曹毓俊　朱　章　何会源　侯厚吉　李兆瑞　宋迪夏　邓尉梅
王金标　张永懋　徐义生　高永晋　赵康节　徐雄飞　邝体乾
邸维周　蒋寿骏　鞠秀熙　范维城　郭济邦　李进崧　王肇征

经济

张昌培　顾汉三　李景清　谭国栋　罗凤超　张钦益　张国威
张民醒　陈元骥　郑保璋　曲秀芳　萧仁树　徐文祥　胡龙骧
黄恭仰　李植泉　戴世光　曹盛德　曾迪先　王家栋　王义儒
温庆昌　杨祖宏　姚琮铭　尹道恪　陈凤翚　酆传诗　李大璋
潘载生　史镜涵　张人杰　赵永余　郑殿祥　杨少堂　张启德
陈通声

1932年毕业名单（政治17，经济34）[②]

政治

李成藩　赵光贤　张馥莪　陈明翥　陈元屏　任庆煜　刘汉文
刘炳燊　田保生　鞠宏德　黄　涪　黄秀章　李启明　叶叶琴（女）
张锡龄　王世德　于涤川

经济

陈　松　李龙伯　罗　毅　王肇征[③]赵燕生　金郁彩　卓宝瑄
朱世杰　傅绍霖　顾迺谦　刘　嶅　邵尚文　董兆凤　汪一鹤
王秉厚　王赐曾　阳明炤　姚　均　张振寰　姜书麟　徐钟翰
黄华庭　牛佩琮　宋尚宾　杜俊东　汪　镳　纪文勋　傅永汉
李锡尔　邵中和　陈　益　胡景权　王德成　巫宝山

1933年毕业名单（政治24，经济39）[④]

政治

陈彪如　郑康祺　高　让　凌世俭　刘心显　潘　照　尚传道

① 《清华大学史料选编》第二卷（下），797～799页。
② 《清华大学史料选编》第二卷（下），806～807页。
③ 曾于1931年六月在政治学系毕业。
④ 《清华大学史料选编》第二卷（下），817～819页。

宋长波　邓叔良　丁尚权　曾宪英　王克勤　王彦美　吴世英
周凤岐　张天开　朱蕴章　何维藩　胡愚一　高士铭　郭颂平
彭俊材　华志荪　王铁崖

经济

丘申文　王殿武　沈　胜（女）吴　靖（女）黎尚曙　张昌龄
张镜蓉（女）张伯健　张　杕　陈承志　陈绍勋　綦秀英（女）
迟镜海　卓牟来　朱宝镇　钟书箴（女）黄春云（女）李景羲
李祥煜　李国干　梁綖武　刘振廷　刘全忠　刘友滦　卢　晋
石　伟　石裕华（女）宋亨豫　王志超　王金铭　王光琦
吴季班（女）杨大士　侯　铮　康维清　梁学彬　丁修爵
薛铭三　刘德钧

1934 年毕业名单（政治 13，经济 19）[①]

政治

王维显　陈乐桥　姜春华　林良桐　丁致中　王之珍　王炳文
张慧令　黄万杰　李　琦　楼邦彦　俞国华　谢　嘉

经济

张承恩　黄仕林　陈　超　陈蔚文　郑曾期　何思恭　向景云
黄开禄　李震东　童元校　李家斌（女）万鸿开　汪学熙（女）
刘古谛　杨懋科　许家骏　高德超　王蔚华（女）李盛唐

1935 年毕业名单（政治 10，经济 19）[②]

政治

唐明伦　李斯彦　魏继武　靳文翰　龚祥瑞　雷华钿　林公侠
吕若谦　翁和庆　范先烨

经济

孙浩然　王星海　王元鸣　郑林宽　贺更苏　黄菊如（女）
李召南　李　钧　陆大年　王靖轩　王　庸　詹文赞　刘续亨
刘广琮　徐毓楠　宁嘉风　陈德君（女）汪毓钤　耿鸿烈

① 《清华大学史料选编》第二卷（下），826 ~ 828 页。
② 《清华大学史料选编》第二卷（下），834 ~ 835 页。

1936 年毕业名单（政治 15，经济 34）[①]

政治

陈耀庭　郑 秀（女）　纪富升　周世逑　傅裕文　龚国粹
郭登皞　吴秉仁　彭永馨　宋士英　曹保颐　王庭泰　池世英
富宝昌　万赓年

经济

薛兆棠　王耀墉　司 征　张琬华（女）　赵泽同　郑润昌
戚长诚　周新民　曲郁民　祝懿德　侯国璠　胡家驹　高思勤
林元枝（女）　罗仲和　单昆峰　邵循怡　戴鸣钟　唐宝鑫　蔡 淳
王万福　杨胜惠　严中平　袁家麟　张骙祥　张亦赞　李朝光
李曜钧　彭世元　陈景褫　朱 元　罗孝胥　吴长赋　朱耀奎

1937 年毕业名单（政治 13，经济 45）[②]

政治

张椿华　葛连祥　林 亮　杨德骅　李侠文　梁邦彦　卢宗堉
马肇彭　孟 复　屠 双　朱家源　李宗霖　穆渭琴

经济

邹树大　郑行初　朱国英（女）　韩 鸣　李汝翰　刘 因（女）
罗大严　沈海清　曹觐虞　邹思齐　叶学俭　喻诚京　杜维坤
章惠中　赵寿贞　陈 说　籍传质　乔森显　徐日洪　胡传明
许留芬（女）　葛宗瀚　龚家麟　李捷参　刘佩兰（女）　刘本堃
刘天宏　马惠章　孙澄波　孙益国　宋绍尧　王世杰　王达仁
杨联升　王玉发　张景璞　陈逸天　钟冠明　何尚民　冼子恩
刘振宇　孙宝华　邓友金　董爱慈　张忠铨

1938 年毕业名单[③]**（政治 5，经济 36）**

政治

方钜成　郭 铎　刘振鹏　曹世穆　王慰苍

① 《清华大学史料选编》第二卷（下），845 ~ 847 页。

② 《清华大学史料选编》第二卷（下），859 ~ 861 页。

③ 1938—1946 年为西南联大时期，此处只统计原属清华学籍者，不包括原属北京大学、南开大学学籍者，也不包括联大入学者。1938 年毕业名单见《清华大学史料选编》第三卷（下），460 ~ 461 页。

经济

艾光曾　陈福德　朱箕元　全广辉　何怀祖　夏壮图　徐　昭
许　倬　徐寿寅　徐绥昌　许　攸　徐燕秋　寇淑勤　郭惠成
李家丰　黎禄生　李天璞　李为扬　梁　粲　林兴育　刘树森
刘友锵　陆家驹　马　瑛　裴元龄　沈如瑜　陶　亿　蔡祖德
王爱荣　王思源　王一天　杨锡祥　韩克信　阎锡瑛　陈斯恺
丁务谆

1939 年毕业名单（政治 8，经济 29）[①]

政治

陈体强　纪　莼　周应霖　顾作铭　莫德全　温　瑜　姚梓繁
朱世璋

经济

张亮祖　赵泽丰　赵关华　陈锦源　陈舜礼　萧嘉魁　熊应栋
徐竞存　崔芳棠　许桐华　陈国庆　张定今　高承修　李士亭
李宗熹　刘明侯　桑恒康　苏先勤　谭顺瑜　邓铿章　铁作声
蔡孝敏　左大炘　段　龙　王正宪　吴春曦　郁振镛　喻治年
云选卿

1940 年毕业名单（政治 7，经济 31）[②]

政治

王　旸　吴明金　胡　琛　钟一均　贺善徽　瞿维熊　王绍坊

经济

李云鹤　周锡荣　袁荣生　庄　晖　李志伟　蔡幼琦　霍天一
沈宝琦　秦崇模　张自存　陈举乾　江爱钟　蒋庆琅　徐燕榴
黄元盛　高廷章　桂世祚　李宏纲　刘允中　曹宗震　钟烈錞
洪绥曾　李增德　郑兆琛　欧阳诩　杨名聪　杨少任　刘毓琳
司徒润麟　杜润生　王学伟

① 《清华大学史料选编》第三卷（下），463 ~ 464 页。
② 《清华大学史料选编》第三卷（下），467 ~ 468 页。

1941 年毕业名单（政治 5，经济 12）[①]

政治

高葆光　李　祈　张时俊　叶　英　邓敦旺

经济

罗宗兴　张钜泽　赵恩浩　钱有伦　胡绍安　顾水生　李舜英
林　川　文志杰　徐兆华　罗慨才　丁永龄

1942 年毕业名单[②]**（经济 1，社会 1）**

经济

栗恩堤

社会

李仲民

1943 年毕业名单（经济 4）[③]

经济

阎文炳　赖湘祥　邵循恺　彭瑞鋆

1944 年毕业名单（经济 3）[④]

经济

周葆文　徐　萱　方思让

1945 年毕业名单（经济 2）[⑤]

经济

周宝玮　郑　垚

① 《清华大学史料选编》第三卷（下），472 页。
② 1940 年 5 月 14 日文学院历史社会学系分立为历史系和社会学系，但自 1942 年起，社会学系毕业生始归于法商学院之下。1942 年毕业名单见《清华大学史料选编》第三卷（下），474 ~ 476 页。
③ 《清华大学史料选编》第三卷（下），479 ~ 480 页。
④ 《清华大学史料选编》第三卷（下），484 ~ 485 页。
⑤ 《清华大学史料选编》第三卷（下），488 ~ 489 页。

1946 年毕业名单[①]

1947 年毕业名单（政治 19，经济 36，社会 22）[②]

政治

石通岭　肖英华　房润府　焦厚民　赵明洁　储家干　谢雪桥
张自谋　罗典荣　王守让　王福田　李长纶　李钟仁　何凤成
梁建豪　赵　瑞　韩宗尧　郑学纯　张承箴

经济

胡文焴　江滚泉　陈以修　胡道稷　李维翰　蔡麟笔　陈禾嘉
白修雯　秦铨和　易廷镇　李从元　林富德　邓伟南　张自庄（女）
褚巽元（女）　朱宝璋　胡思辽　毛邦基　甘　增　吕永泰
宋授俊　张万程　陈景芝　陈锡标　梁　采　黄占荣　傅元彬
魏朝勋　王连生　关演安　王林甡　李　炜　关崇煌　陈炳熙（女）
郑兰芝（女）　江　夹

社会

郑　昭（女）　朱文章　刘世海　林炽坤　梁琢如　徐学富
樊自勋　熊　湉　徐裕荣　杨炯宗　黎永昭　卢集炜（女）
金多芬　左绍琪（女）　孙执中　黎启颖　曾祥鹏　杨佐镇
郭宁然　程文铎　施巩秋（女）　蓝蒲珍（女）

1948 年毕业名单（政治 13，经济 53，社会 20）[③]

政治

关品枢　涂必憬　李永汇　齐锡玉　毛俊达　黄天河　林大成
敖　平　高鑫田　崔德昌　章德安　刘峻鼎　张遵修（女）

经济

许衍志　李炳炎　王后尧　徐建华　缪　中　明　暭　李仲福
彭鹤仙　张健民　赵建玺　陈友聪　郑士元　戚庆云　徐振寰
李　铭　刘和信　李嗣曾　南纪德　戴宜生　臧耆龄　杨海帆（女）

① 1946 年毕业生名单中未对毕业生学籍予以标明，估计全属联大入学者。
② 《清华大学史料选编》第四卷，488 页。
③ 《清华大学史料选编》第四卷，491 页。

叶孔嘉　龚器一　陈为汉　吴锡兰（女）张尚元　张延福
陈美英（女）许仲钧　郎宝书　刘孝志　王仕俊　陈国彦
陈蕴珊（女）冯雁楠　郑福荣　田治存　李扬苏　王士华
毛广意　田尚义　吴振海　吴景都　何　振　汪敬珊　段树德
高同庆　陈顺麟　刘仁懋　刘家治　李稷耕　柯之钧　刘信升

社会

岳　瑞　宋汝礼　唐崇山（女）郑若洋　余才友　何孝达
王文英（女）刘振泽　杨家福　欧阳鸿　杨　诚　陈楚熊
陈启麟　陈绚文　徐子奇　李玉润　林玉屏（女）王根槐
陈复初　刘立信（女）

1949 年毕业名单（政治 12，经济 54，社会 3）[①]

政治

左栋高　袁伯香　田云汉　吕克强　耿廷阁　陈允惠　杨润田
董希武　尹润田　冉和光　高凤璋　郭景贤

经济

张德声　朱益宏　刘怡之　胡家忠　李务本　金鼎新　罗振诜
张效英　吴名祺　熊国桢　刘崇武　李茂兴　罗会文　李家愉
魏宗华　于文池　王友梅（女）王世隆　王家宾　王学义
李士隐　李天恩　李功焘　李耕田　佐瑞麟　施家珍　马家琛
孙以康　高继国　王兆苍　张孙桓　陈莹（女）陈佩芝（女）
舒先礼　杨秋珉　杨魁信　杨龙章　赵宗云　刘卓奇　刘鸿凯
邓延烈　钱　濬　刘圣谟　范凌燕（女）任崇焕　曲元芳
李铁铮　奉弼世　段树德　马恩成　袁凌云　陈顺麟　冯　宪
赵天锡

社会

尚赞勋　杨　诚　胡克瑾（女）

① 《清华大学史料选编》第五卷（下），880 ~ 882 页。

1950 年毕业名单（政治 14，经济 48，社会 4）[①]

政治

文继汤　王贞坤　李传三　陈润昌　刘　捷　董　森　陆应铁
赵　忠　张万石　何燕生　王　宾　任鸿略　潘丽中（女）
王意宏

经济

吴祖耀　梁齐生　廖发扬　刘　青　傅柯亭　任光鉴　关崇忻
蒯兆德　邢忠修　何　蓥　李光远　孙耀清　徐芸芳（女）
江诗永　叶朴诚　胡毓源　洪厚崑　蒙仁民　郎　兹　祝惠民
张扬名　袁建章　吴曼卿　戴云蒸　杨昌喜　范超南　张孝直
马祖彭　关颉仁　牛秉智　朱世铎　宋万里　金武宣　施永锡
袁榴庄（女）　郭金华　傅宏旭　刘诚权　潘宗祥　郑光寅
韩鸿书　王　强　苗绍武　曹振武　赵晋彰　谷玉如（女）
冯士媛（女）　诸葛培诚

社会

薛　寅　周光淦　解希文　段锺楣（女）

1951 年毕业名单（政治 5，经济 26，社会 9）[②]

政治

谢兆崇　张伏然　石铁生　李玉润　陈赞威

经济

桑　华　李幼衡　王家珍（女）　王务灼（女）　徐贤启　吴万永
谢生春　蔡烈义　黄心钦　彭皓北　杨魁馨（女）　彭锡祜
冯思孝　胡世凯　王松霈　焦鼎文（女）　李迪成　孙家和
陈振洲　杨橹泰　向锡三　易漫白　宋光炜　张爱华（女）
胡积德　谈震铨

社会

方润常　孟庆时　王汉川　谢逢我　魏新武　陈业华　耿　杰
胡　茜（女）　吴家茵（女）

① 《清华大学史料选编》第五卷（下），891 ~ 893 页。
② 《清华大学史料选编》第五卷（下），910 ~ 911 页。

1952 年毕业名单（政治 3，经济 30，社会 4）[①]

政治

杨昭清　高志成　娄　雄

经济

于曾敏　王世宜　沈宗徵　黎东群　陈泽涵　张键元　唐绍明
才金城　唐纪明　米鸿才　郑华民　叶惠权　戴健群　张春辉
郭和平　曾俊伟　张伯昭　纪树立　陈慧芳（女）　常卓超
冯尔佑　云冠平　陈咸章　江拥勤　谭振樵　胡宗德　刘文晔
谭杰华　唐涵英（女）　罗宗贡[②]

社会

周九培　王胜泉　杨瑞光　刘馨兰[③]（女）

合计：931 人

二、1929—1952 年清华法科研究所毕业生名单

1933 年毕业名单（政治 1，经济 1）

政治

邵循恪　毕业论文：*The Rebus sic Standibus Clause*[④]

经济

梁方仲　毕业论文：《明代田赋史》[⑤]

1936 年毕业名单（政治 1）

王铁崖　毕业论文：《租借地问题》

① 《清华大学史料选编》第五卷（下），923 ~ 924 页。

② 湖南大学学生在本校借读，仍在原校毕业。

③ 齐鲁大学学生在本校借读，仍在原校毕业。

④ 参见《清华大学史料选编》第三卷（上），清华大学出版社 1994 年版，103 页。另有 The Clausula of Rebus sic Stantibus 之表述，参见《清华大学史料选编》第二卷（下），599 页，北京，清华大学出版社，1991；以及 The Clausula Rebus sic Stantibus 之表述，见前引书 597 页。

⑤ 《清华大学史料选编》第三卷（上），103 页。

1937 年毕业名单（经济 1）①

王秉厚　毕业论文题目：《Marshall 的经济体系》

1944 年毕业名单（社会 2）②

戴震东　毕业论文：*A Study of Registration of Birth, Death Marriage and Migration in China*

张荦群　毕业论文：《战时昆明工业劳工》

1946 年毕业名单（政治 1）③

罗应荣　毕业论文：*The International Relation of Outer Mongolia in Relation to Russia and China*

1947 年毕业名单（政治 1）④

端木正　毕业论文：中国与中立法

1948 年毕业名单（政治 1，社会 1）⑤

政治

钟一均　毕业论文：《不列颠自治领的宪法地位》

社会

韩明谟　毕业论文：《社会选择与士大夫阶级》

1949 年毕业名单（社会 1）⑥

黄显经　毕业论文：《西汉社会经济史》

1951 年毕业名单（社会 1）⑦

孙轨中

---

① 《清华大学史料选编》第三卷（上），102、105 页。

② 《清华大学史料选编》第三卷（上），107 页。

③ 《清华大学史料选编》第三卷（上），108 页。

④ 《清华大学史料选编》第四卷，493 页。

⑤ 《清华大学史料选编》第四卷，493 页。

⑥ 《清华大学史料选编》第五卷（下），885 页。

⑦ 《清华大学史料选编》第五卷（下），921 页。

1952 年毕业名单（社会 2）①

周光淦　毕可生

合计：14 人

①《清华大学史料选编》第五卷（下），960 页。